云南民族自治地方金融排斥及其治理政策研究

何晓夏 章 林／著

YUNNAN MINZU ZIZHI DIFANG JINRONG PAICHI
JIQI ZHILI ZHENGCE YANJIU

目 录

导 论 ………………………………………………………………… 1

第一章　相关理论综述 ……………………………………………… 12
　第一节　中国民族经济政策研究综述 …………………………… 12
　第二节　中国民族自治地方金融发展研究 ……………………… 24
　第三节　金融排斥及其治理研究综述 …………………………… 26
　第四节　云南民族地区金融发展与金融排斥研究综述 ………… 38

第二章　云南民族自治地方金融排斥研究的背景框架：金融发展、
　　　　金融生态、经济金融政策 ………………………………… 43
　第一节　云南民族自治地方金融发展 …………………………… 43
　第二节　云南民族自治地方金融生态 …………………………… 59
　第三节　云南民族自治地方经济金融政策 ……………………… 78

第三章　云南民族自治地方金融排斥评价体系的构建 …………… 99
　第一节　云南民族自治地方金融排斥的界定 …………………… 100
　第二节　云南民族自治地方金融排斥因素分析 ………………… 102
　第三节　云南民族自治地方金融排斥指标评价体系的构建 …… 114
　第四节　云南民族自治地方金融排斥案例评价体系的构建 …… 119

第四章　云南民族自治地方金融排斥的实证研究 …… 127
第一节　云南民族自治地方金融排斥的维度指标评价 …… 129
第二节　云南民族自治地方金融排斥的田野调查案例评价 …… 135

第五章　云南民族自治地方金融排斥效应研究 …… 163
第一节　民族地区金融排斥效应的理论分析 …… 163
第二节　云南民族自治地方金融排斥效应 …… 169

第六章　云南民族自治地方金融排斥治理路径研究 …… 207
第一节　典型经济体金融排斥治理实践发展 …… 207
第二节　中国金融排斥治理实践发展 …… 215
第三节　云南民族自治地方金融排斥的治理路径 …… 223

第七章　云南民族自治地方金融排斥治理政策建议 …… 232
第一节　云南民族自治地方金融排斥治理政策的原则 …… 233
第二节　外部环境的营造——提升效率上限，夯实安全下限 …… 235
第三节　市场主体的培育——多元化和规范化的道路 …… 239
第四节　金融商品的创新——差异设计、逐层发展 …… 246

结　语 …… 249
附　录 …… 252
参考文献 …… 310

导 论

加快民族自治地方的经济发展是当前我国民族问题的核心与本质。但是，由于云南民族自治地方有着独特的经济、地理和文化环境，加之制度因素和外部环境的异化，这些地方与省内非民族地区和省外发达地区间的经济社会发展水平差距越来越大。特别是其落后的金融发展已经成为其经济发展的桎梏。其中突出的问题是云南民族自治地方金融排斥态势日趋加剧，进一步使其金融发展从宏观、中观到微观都呈现出弱势格局；而且金融排斥影响着地区的经济和社会结构，云南民族自治地方的金融排斥与其社会排斥交融，进一步加深了其社会排斥程度，从而深刻地影响着这些地方的社会关系和社会稳定。如果不能遏制金融排斥态势的发展，对其实行有效的治理，不仅会直接影响云南民族自治地方的经济、金融发展，也会影响其社会发展和全国的稳定。

金融排斥治理政策是对现实经济发展中金融排斥态势的一种纠偏，云南民族自治地方应成为金融排斥治理政策最大受益者和重点关注对象，因而研究云南民族自治地方金融排斥的治理路径及其治理政策是治理其金融排斥的有效手段。本书以马克思主义民族政策理论、发展经济学、金融发展理论、区域经济学、经济地理学和边疆经济学理论等多学科理论为基础，试图构建一个评价云南民族自治地方金融排斥态势的指标体系和案例模式；同时分析云南民族自治地方金融排斥治理路径及其治理政策；在云南民族自治地方金融发展水平、金融生态环境和金融经济政策实践和效应的背景框架下，用实地考察调研的方式深入分析各民族自治地方的具体金融排斥态势和金融排斥治理实现路径，结合该领域相关前沿研究方法和计量分析模型，分析云南民族自治地方的金融排斥效应，以此探究最适宜的云南民族自治地方金融排斥治理路径，提出切实可行的云南民族自治地方金融排斥治理政策，以期为云南民族自治地方实现金融资源的有效配置，充分实现金融"普惠性"目标功能，实现云南民族地区金融体系的"包容性"发展，提供一定的政策建议。

一、问题的提出

金融是经济的血脉，是现代经济的核心。完善的金融体系有助于优化金融资源配置，提高资本的使用效率，调整产业结构，促进经济增长，最终达到金融体系和经济发展的良性循环。金融发展与实体经济增长之间存在互为因果的关系。金融发展水平的差异从多个角度表现并从不同路径制约着实体经济的发展。[①] 区域金融发展实践证明，中国区域金融发展水平的差异已经成为区域经济不协调发展的重要原因，同样，我国民族自治地方金融发展的滞后也成为其经济发展的桎梏。

加快民族自治地方发展，尤其是经济的发展是当前我国民族问题的核心与本质。我国的民族理论特别强调各民族的平等和共同繁荣。党和政府一直以马克思主义民族理论为指导，致力于在民族自治地方实行倾斜优惠发展政策，这些举措和方针长期以来成为促进民族自治地方经济快速发展，实现民族自治地方稳定与团结的重要保障。但是，民族自治地方有着独特的经济地理和文化环境，加之制度因素和外部环境的异化，使得这些地区的发展现实与理论目标存在着巨大差异，与内地间的经济社会发展水平差距越来越大。特别是金融发展方面，在现行的制度环境下，金融资源这种可以撬动其他资源的特殊资源已经成为各地方政府谋求本地区经济增长，从而积极争夺的重要经济资源。随着市场经济体制改革的不断深化，市场规则在金融资源的配置方面作用日益强劲，原来对民族自治地方特殊的金融优惠政策优势逐步弱化，这也使得这些地区金融发展从宏观到微观都呈现出弱势格局，从而进一步制约着其经济实现跨越式发展。因而，研究现行体制下民族自治地方金融发展政策问题成为业界的共识。然而，现有的相关文献多是集中在对民族地

---

① 何晓夏、章林：《中国区域金融结构差异研究》，载《金融论坛》2010年第1期。

区资本形成对经济增长贡献方面，或是农村金融机构及其产品开发方面等等，缺乏一个从宏观到微观逻辑一致的研究路径。

金融排斥（financial exclusion）是指在金融体系中某些地区和群体缺少分享金融资源的一种状态。笔者认为这一概念的内涵和外延能够很好地反映经济体金融资源从宏观到微观的一种匮乏态势。特别是对于中国民族自治地方，其金融发展的历史与现实在某种程度上与金融排斥的状态不谋而合，这种金融排斥态势至少表现在三个方面：第一，金融产品供给不足。在市场化取向的中国金融体制改革的背景下，我国民族自治地方公民作为弱势群体和低收入人群，民族自治地方中小企业（特别是民营企业）作为制度性信贷配给的直接对象，他们接触到的金融产品越来越少，得到的金融服务机会越来越小。第二，金融机构供给不足。国有商业银行逐渐收缩撤并县及县以下的网点，民族自治地方面临着银行业金融机构网点覆盖率低、金融有效供给不足、竞争不充分、资金净流出等问题，金融排斥程度十分严重。第三，金融资源流失严重。金融机构融资是民族自治地方获得资金的主要途径，由于目前这些地区金融体系存在诸多问题，金融资源配置的效率低下，金融资源在民族自治地方并没有进行合理、有效的配置，更多是以净流出的方式扮演着储蓄动员的角色。

金融排斥影响着地区的经济和社会结构，我国民族自治地方的金融排斥与其社会排斥交融，进一步加深了其社会排斥程度，从而深刻地影响着民族自治地方的社会关系和社会稳定。胡锦涛主席曾指出："实现包容性增长，根本目的是让经济全球化和经济发展成果惠及所有国家和地区、惠及所有人群，在可持续发展中实现经济社会协调发展。"[①] 从这种理念出发，金融排斥偏离了金融"普惠性"目标功能，而研究金融排斥评价体系及其治理路径，寻求能够将包括少数民族在内的金融服务有机地溶入于微观、中观和宏观三个层面的金融体系，使过去被排斥于金融服务之外的大量民族自治地方客户群体均能获益的金融排斥治理政策是一个重大而意义深远的课题。

---

① 胡锦涛：《深化交流合作，实现包容性增长》，第五届亚太经合组织人力资源开发部长级会议开幕式上的致辞，2010年9月16日。

云南省地处祖国西南边陲，拥有5000人以上的世居少数民族25个，是全国少数民族种类和特有民族最多的省份。全省16个州市中有8个民族自治州、29个民族自治县，少数民族人口1400万，占全省总人口的三分之一。在与越南、缅甸、老挝接壤的4061公里的国境线上，居住着少数民族近350万，占国境线总人口近60%，其中16个少数民族跨境而居。所以云南省具有典型的民族特质，因此，选取云南民族自治地方作为本文的研究对象，既具有典型性，也会有一定的普遍性。

二、选题的意义

我国民族自治地方金融发展水平的提升，是其尽快缩小因历史、地理和社会等因素所造成的与发达地区的发展差距，实现经济和金融跨越式发展的重要途径，也是其全面构建社会主义和谐社会，实现民族平等和社会繁荣的主要条件。研究云南民族自治地方金融排斥评价体系及其金融排斥治理政策是马克思主义民族理论与政策研究中的重要内容，具有重大的理论意义和现实意义。

三、理论意义

发展是民族问题中最本质最核心的问题。如何进一步加快民族自治地方经济社会发展，是马克思主义民族理论与政策的重要课题。马克思主义民族理论与政策研究中特别强调各民族的平等和共同繁荣。党和政府一直以马克思主义民族理论为指导，致力于在民族自治地方实行倾斜优惠发展政策，这是国家处理民族问题的一贯方针，也是民族区域自治法在民族自治地方经济发展方面的具体体现，是促进民族自治地方社会和经济快速发展，实现边疆稳定和民族团结的重要保障。这些倾斜优惠发展政策使我国民族自治地方的社会、经济取得了巨大发展，但是，各民族有着独特的经济地理和人文生态环境，其社会经济发展路径也别具特色，加之长期以来制度因素和外部环境的异化，使得这些地区的发展现实与理论目标存在着巨大差异，与内地间的经济社会发展水平差距越来越大。民族自治地方金融发展严重滞后，其金融排斥趋势却日益加剧，成为制约其社会发展和经济发展的重要原因。因此，通过实现民族自治地方经济的包容性增长、金融的普惠性发展来缓解民族地区发展的不平衡，实现其与发达地区同步和谐发展的目标是当前中国民族理论界的共识。然而，在民族自治地方如何建立研究金融排斥态势的评价体系？民族自治地方实现金融普惠发展中金融排斥治理可以有哪些路径选择？对此需要制定什么样的政策，政策实施过程中又要解决好哪些问题？理论界对此尚缺乏系统的研究。本书将马克思主义民族理论和政策、发展经济学、金融发展理论、区域经济学和边疆经济学等多学科知识作为理论基础，试图构建一个评价云南民族自治地方金融排斥态势的指标体系和案例体系；同时分析云南民族自治地方金融排斥治理路径及其治理政策；以云南民族自治地方为研究对象，在"桥头堡"战略的背景下，用实地考察调研的方式深入分析各民族自治地方的具体金融排斥态势和金融排斥治理实现路径，结合该领域相关前沿研究方法和计量分析模型，分析云南民族自治地方的金融排斥效应，以此探究最适宜的云南民族自治地方金融排斥治理路径，提出切实可行的云南民族自治地方金融排斥治理政策。如此，一方面，可以丰富共建社会主义和谐社会和经济包容性增长的理论框架，另一方面，可以为加快民族自治地方以科学发展观为指导，促进金融跨越式发展提供决策时的理论依据，为民族自治地方民族平等、民族团结、民族繁荣，贯彻落实党在民族问题上提出的"两个离不开"、"两个共同奋斗"提供生动、丰富的佐证，丰富和深化中国特色社会主义经济理论、马克思主义民族理论与政策。

四、现实意义

加快民族自治地方发展，尤其是经济的发展是当前民族问题的核心本质问题。而解决好民族发展问题，金融起到了重要作用。但云南民族自治地方金融发展与经济发展长期都处于滞后状态，云南民族自治地方金融排斥呈现加剧态势已经成为不争的事实，在市场化取向的中国金融体制改革的背景下，云南民族自治地方公民作为弱势群体和低收入人群，云南民族自治地方中小企业（特别是民营企业）作为制度性信贷配给的直接对象，他们接触到的金融产品越来越少，得到的金融服务机会越来越小；国有商业银行逐渐收缩撤并县及县以下的网点，云南民族自治地方的农村地区面临着银行业金融机构网点覆盖率低、金融有效供给不足、竞争不充分、资金净流出等问题，金融排斥程度十分严重。金融机构融资依然是民族地区获得资金的主要途径，由于目前民族地区金融体系存在诸多问题，金融资源配置的效率低下，金融资源在民族地区并没有进行合理、有效的配置①，更多是以净流出的方式扮演着储蓄动员的角色。在一定程度上，金融排斥问题不仅制约云南民族自治地方的金融发展，还直接成为其经济发展长期滞后和社会动荡的重要原因。

在国家加大实施西部大开发战略的背景下，从金融政策的角度提出西部大开发战略，民族自治地方，特别是云南民族自治地方利用建设面向西南开放重要"桥头堡"建设的重要机遇，实现跨越式发展中，研究云南民族自治地方需要什么样的金融政策支持，什么样金融政策的优惠，从治理金融排斥的理念出发，研究云南民族自治地方的金融排斥评价和治理问题，与解决其经济发展的诸多现实"瓶颈"问题（如脱贫问题、维稳问题等）不谋而合。然而，由于云南民族自治地方的特殊性，各民族金融发展路径别具特色，加之长期以来制度因素的诸多异化，使得其金融排斥日益加剧而金融普惠实现程度与其他地区有着非常大的差距，因此系统评价其金融排斥态势和金融排斥治理政策，从其最根本的"原生态"金融演进路径出发，结合其特有的"边界效应"、"民族特质"等，建立符合云南民族自治地方实际情况的金融排斥指标评价体系和案例评价模式，深入实地分析云南民族自治地方的金融排斥效应，以此得出切实可行的金融排斥治理政策，从而使云南民族自治地方能够按照自身特有的金融系统演进逻辑来提升其金融功能效应，无疑有着重要的现实意义。

该选题的重要现实意义还在于：通过评价云南民族自治地方金融排斥态势，研究其金融排斥治理路径和政策，从而将金融普惠发展理念植入云南民族自治地方金融体系的构建中，对于完善云南民族自治地方金融体系的服务功能、明确云南民族自治地方新一轮金融改革的突破点具有重要的现实意义。一直以来，云南民族自治地方金融机构的改革着力于金融机构的存在形态，

---

① 严瑞珍、刘淑贞：《中国农村金融体系现状分析与改革建议》，载《农业经济问题》2003年第7期。

金融改革的思路主要着眼于农业发展银行、农业银行和农村信用社这些机构的分分合合、框架体系。邮政储蓄银行的改组和设立就是沿着这种思路进行的。这种思路在现有的金融框架下，遵循的是"结构—功能—行为—绩效"的传统思路，虽然出台的举措不少，但效果不佳。因此，未来云南民族自治地方金融改革的方向应从单纯地注重机构变革的思路向注重功能和服务水平转变。将改革的重心从微观层次的金融"改革"转向宏观层次的金融"发展"，即从健全国有金融机构的微观体制、创造金融产品等转移到健全国家金融体制、完善金融政策体系、创新金融服务功能等方面，从而实现民族自治地方平等繁荣发展，共建社会主义和谐社会的经济包容性增长。

更为重要的是，无论是评价云南民族自治地方金融排斥态势，还是研究云南民族自治地方金融排斥治理政策，着眼点都在于加快云南民族自治地方的经济和社会发展。发展问题是当前民族问题的核心及本质问题，而解决好民族发展问题，金融将起到至关重要的作用。金融是经济发展的命脉，金融政策对云南民族自治地方的社会和经济发展起着极其重要的作用，如何更好地发挥金融政策对民族经济发展的促进作用，当前学界尚没有系统的研究和论述，因此有必要从理论上进行系统地梳理，以充分发挥金融在云南民族自治地方社会和经济发展中的作用，促进云南民族自治地方金融体制的改革，并以此丰富和补充马克思主义民族政策实践。

五、基本框架与研究方法

本书的基本研究框架是：以马克思主义民族政策理论、发展经济学、金融发展理论、区域经济学、经济地理学和边疆经济学理论等多学科理论为基础，试图构建一个评价云南民族自治地方金融排斥态势的指标体系和案例模式；同时分析云南民族自治地方金融排斥治理路径及其治理政策。本研究兼容民族学与金融学研究技术路线，以田野调查、案例分析和金融学实证计量分析模型为主要分析方法。

六、研究的基本框架

本书以云南民族自治地方为研究对象，用规范的金融排斥评价指标体系，同时结合田野调查的实地考察调研方式深入分析云南各民族自治地方的具体金融排斥案例和金融排斥治理实现路径，结合金融发展领域相关前沿研究方法和计量分析模型，分析云南民族自治地方的金融排斥效应，以此探究最适宜的云南民族自治地方金融排斥治理路径，提出切实可行的民族自治地方金融排斥治理政策，以期为云南民族自治地方实现金融资源的有效配置，充分实现金融"普惠性"目标功能，实现云南民族自治地方金融体系的"包容性"发展提供一定的政策建议。

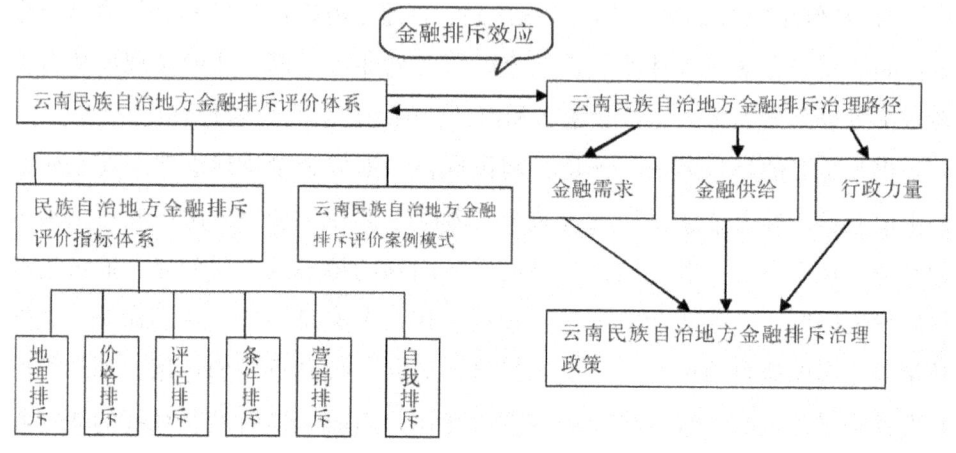

七、本书的研究方法

田野调查：民族问题研究普遍采用田野调查的方法，这也是本书大量采用的方法，尤其是在对云南各民族自治地方进行实地调查，并进行个性化分析方面。

指标评价：运用规范的金融排斥指标评价体系构建云南民族自治地方金融排斥评价指标，并对云南各民族自治地方进行指标评价分析。

案例评价：结合云南民族自治地方的特殊金融生态和金融演化路径，实地问卷调研，对其金融排斥具体的态势作出案例分析。

金融计量分析：应用金融领域的研究前沿模型，在利用相关田野调查数据进行统计计量分析的基础上，采集样本数据进行各民族地区个性化实证分析。并运用人口统计学模型等工具，具体分析云南民族自治地方金融排斥效应，以此为依据研究云南民族自治地方金融排斥治理路径与政策。

八、章节安排及主要内容

本书按照所研究问题的内在逻辑对论题进行深入分析,将全文分为七个章节,主要内容如下:

导论部分,首先提出问题,并对选题的意义进行了分析;进而对本文的基本框架和研究方法、章节安排和主要内容进行说明;最后陈述了本文的创新和特色。

第一章是本书研究的相关理论综述。首先全面检索了中国民族经济政策研究文献,包括主要的理论和实证方面的研究成果;进而分析综述了我国民族地区金融发展的相关理论成果;最后分析了金融排斥及其治理理论和研究文献。按照本书研究问题的逻辑,为本研究积奠了理论基础。

第二章为本研究建立背景框架。其中第一部分主要分析了云南民族自治地方金融发展水平与其社会经济发展;第二部分研究了云南民族自治地方的金融生态环境:结合云南民族自治地方独特的经济态势和民族特质,研究在此基础上产生的金融发展情况和金融生态环境特征,特别针对云南民族自治地方的民族文化教育水平与金融发展的关系作了实证分析。第三部分研究云南民族自治地方经济金融政策的实践和效应:首先分析云南民族自治地方的经济金融政策特点;重点对新中国成立以来云南民族自治地方的经济金融政策进行回顾和总结;进而分析这些经济金融政策效应,并对政策执行过程中影响效应的因素进行剖析,对政策效率提升的方式进行阐述。主要目的是论证金融政策对民族自治地方金融发展水平的重要作用及其实践指导意义,为本书研究金融排斥治理路径与政策作铺垫。

第三章是本文研究的主体部分,在背景框架研究的基础上,规范地、开创性地构建了一个云南民族自治地方金融排斥评价体系。按照民族自治地方金融排斥的界定、民族自治地方金融排斥的影响因素、云南民族自治地方金融排斥指标评价体系和云南民族自治地方金融排斥案例评价模式四个层次构建全面评价云南民族自治地方金融排斥态势的研究框架。

第四章是本文实证研究部分,根据第三章建立的云南民族自治地方金融排斥评价体系,对云南民族自治地方金融排斥进行了实际的指标评价;

从云南民族自治地方金融体系实际发展状况，运用田野调查等方法，设计了三大类共计44个指标，深入各个云南民族自治地方的村落，取得了将近5万个一手调研数据，详尽地分析和评价了云南八大民族自治州的金融排斥案例模式。

第五章在前面研究的基础上，对云南民族自治地方金融排斥效应进行研究。首先分析我国民族地区金融排斥效应的一般理论；进而仍然采用田野调查的方法，结合案例调查的相关数据，实证分析云南民族自治地方的金融排斥效应。

第六章研究云南民族自治地方金融排斥治理路径，首先介绍有关国外典型经济体对金融排斥治理的实践发展；进而分析我国金融排斥治理的实践发展；最后结合云南各民族自治地方自身实际情况，同时从金融体系的供给方、需求方以及行政力量三个方面对其金融排斥治理路径进行了分析。

第七章是我们研究的政策建议部分。在上述研究的基础上，结合全文研究路径，给出具体的云南民族自治地方金融排斥治理政策建议。

九、本研究的创新和特色

本文在对马克思民族政策理论、金融发展理论的深入研究、提炼和升华的过程中，在对典型云南民族自治地方民族金融发展实践的案例分析中，对云南民族自治地方金融排斥评价和金融排斥治理路径与政策进行了系统而具有一定创新性的研究，主要表现在如下方面：

第一，建立一个逻辑一致的、系统评价云南民族自治地方金融排斥态势和金融排斥治理路径与政策的研究框架，从理论上提出了一个研究民族自治地方如何按照自身民族特质、金融生态和金融演进路径来评价分析其金融排斥态势、治理金融排斥，使其金融体系最大限度的发挥金融功能效应，实现金融资源最合理配置的分析框架。

第二，对民族自治地方的金融排斥状态作出全面而准确的评价，结合民族自治地方金融发展实践，规范地、开创性地构建了一个民族自治地方金融排斥评价体系。其中指标评价部分从地理排斥、评估排斥、条件排斥、价格排斥、营销排斥、自我排斥六个维度建立了民族自治地方金融排斥态势评价指标体系。

第三，云南民族自治地方金融排斥评价体系的案例评价部分是本文的一个最主要特色：从云南民族自治地方金融体系实际发展状况，建立了评价民族自治地方金融排斥的案例模式，运用田野调查等方法，设计指标，深入各个村落，取得第一手调研数据，详尽地分析和评价了云南八大民族自治州的金融排斥案例模式。

第四，根据建立的指标评价体系和案例评价模式，依据云南民族自治地方金融排斥表现的层面、金融排斥的性质、种类和发生机制等特征深入分析了其金融排斥效应，根据这些效应因素，进行了统计学模型分析，并以此为据，结合云南各民族自治地方自身实际情况，对其金融排斥治理路径进行分析。

第五，从马克思民族理论与民族政策视角出发，结合金融发展理论研究前沿，以云南民族自治地方为研究对象，丰富了民族自治地方的民族自治政策，支持了民族自治地方经济和社会发展的理论和现实研究框架。

第一章 相关理论综述

中国民族经济政策研究体系是本书研究云南民族自治地方金融排斥治理路径和政策的理论基础；我国民族地区金融发展方面的成果越来越多，但是专门研究民族自治地方金融排斥的文献却少之又少，因此本章通过相关文献的检索和梳理，结合民族地区金融发展理论和金融排斥理论，在一般性的理论氛围中把握本文所研究问题的理论范畴；进而通过笔者对文献的深度加工，按照本书研究问题的逻辑来积奠理论基础。

第一节 中国民族经济政策研究综述

一、中国民族经济政策的思想基础与来源

国家政策体现国家在处理民族问题、调整民族关系上的价值倾向。马克思主义民族理论是我国民族经济政策的思想基础与主要来源。马克思主义民族理论认为：民族问题是社会总问题的一部分。而解决民族问题，只能依靠解决和发展生产力，不断加快少数民族和民族地区的发展。马克思主义唯物史观认为，生产力在生产方式中起着主要的、决定性的作用。"各民族之间的相互关系取决于每一个民族的生产力、分工和内部交往的发展程度。"① 马克思主义同样重视意识形态对物质生活的影响，辩证地分析生产力与生产关系、

---

① 布赫主编：《民族理论与民族政策》，内蒙古大学出版社1995年版，第135页。

经济基础与上层建筑的作用与反作用关系，但始终坚持生产力的发展是最根本的力量，各民族生产力的发展是协调各民族之间相互关系的基础。总而言之，马克思主义把民族问题放在无产阶级的彻底解放和人的全面自由发展的高度，提出了民族平等、民族繁荣的基本原则。所以，建立实现民族平等，共享繁荣的民族经济金融政策是完全符合马克思主义民族理论核心思想的。

二、中国民族经济政策研究体系

中华人民共和国的民族政策，是针对中国境内与汉民族相对应，处于相对弱势地位的少数民族及其分布区域而制定的，旨在促进其政治、经济、文化和社会事业快速发展，经济政策是其中的重要组成部分。

（一）中国民族经济政策的原则

我国民族经济政策的基本原则包括：

1. 坚持国家帮助和少数民族自力更生相结合，通过国家在财政、投资方面的倾斜，依靠少数民族和民族地区的自我发展能力，加速民族地区经济文化的发展。由于历史的原因，民族地区经济发展相对落后，有些地区的温饱问题还没有解决。经济文化发展仍然非常落后的少数民族，只有以比汉族经济发展快得多的速度发展才有可能赶上或者接近汉族的发展水平。但是，对于底子薄、基础差，人力、物力、财力和技术资源都很稀缺的少数民族来说，单靠自身的力量去发展经济是比较困难的。为此，需要国家给予大力帮助，国家的帮助主要是少数民族经济建设迅速发展的决定条件。国家的帮助主要体现在发展少数民族地区的交通、能源、水利等重要设施，进行资源勘察，以及可能的资金、技术、人才的资源，目的是奠定民族地区发展经济的基础，提高民族地区自力更生的能力。

2. 兼顾国家利益和少数民族的利益，坚持国家对民族地区的资源开发与少数民族的发展繁荣以及少数民族的具体利益相结合。开发民族地区的资源既是国家建设、增强国力的需要，也是少数民族经济发展、人民物质生活水平改善的有力支柱，既符合国家整体利益，又符合少数民族的利益。比如，1986年3月，第六届全国人大常委会第十五次会议通过了《中华人民共和国矿产资源法》（1996年又进行了修订）。其中第十条规定：国家在民族自治地方开采矿藏资源，应当照顾民族自治地方的利益，作出有利于民族自治地方经济建设的安排，照顾当地少数民族群众的生产和生活。民族自治地方的自治机关根据法律规定和国家同意规划，对可以由本地开发的矿产资源，优先合理开发利用。又如，1994年国务院颁布的《矿产资源补偿征收管理规定》中规定，中央与其他地方的分成比例为5∶5，与民族自治区的分成比例是4∶6。①自新中国建立以来，我国政府根据少数民族地区的实际情况和需要，在当地投资建立以农业、工矿业、水利能源为主的重大建设项目，为促进少数民族地区的经济发展、提高少数民族生活水平起了积极的推动作用。

3. 坚持改革开放，逐步建立和完善市场经济体制，增强民族地区内在活力，形成具有自我调节、自我发展的相对独立的经济体系。改革开放20多年来，经济发展水平相对落后的主要原因就是市场经济发育相对迟缓，区域市场难以与国内和国外市场相对接，无法承受日益激烈的市场竞争。在改革开放以前，我国民族地区与东部沿海地区相比，其经济发展水平有一定的差距，而后，差距逐渐拉大，究其原因，就是东部沿海地区利用开放初期的大好契机，逐渐建立并完善了其自身的市场经济体系，建立了相对完善明晰的产权制度，确立了开放的价值机制，不断以供求关系为导向完善经济结构，并逐步规范了政府间接调控的经济管理行为。因此，在较短的时间里，在全国甚至世界范围内，在生产要素不断配置的过程中，使得大量优势要素向自身流动，实现了经济社会的良性循环。民族地区的经济发展可以利用《民族区域自治法》修订出台的大好契机，不断完善自身的市场经济体制，实现资源配置优化的战略目标。

（二）中国民族经济政策主要内容和发展实践

中国民族经济政策的形成和演变，既受不同时期国际环境背景的作用影响，又受不同历史发展阶段国内政治、经济、文化等特定环境的影响制约，此处所指的中国民族经济政策的主要内容和发展实践包括：

1. 新中国成立之前的民族经济政策内容和发展实践

1925年中国共产党在关于蒙古问题的决议案中提出应当注意蒙古民族的

---

① 吴仕民：《中国民族政策读本》，中央民族大学出版社1998年版，第89页。

"经济利益"①。1926年提出不要损害回民"在政治上、经济上的生存权利"②。1930年《中华苏维埃共和国根本法(宪法)大纲草案》提出,"苏维埃政权……还要努力帮助他们发展经济的生产力,造成进到苏维埃的以致社会主义的文明的物质基础"。③同年,《中国共产党对目前时局的宣言》提出,"帮助各少数民族之各个民族文化经济的发展"。④1930年《中共中央关于内蒙古工作计划大纲》分析了内蒙古南部和北部的经济差异,提出了一些比较具体的政策。1931年《关于中国境内少数民族问题的决议案》提出,"特别注意中华苏维埃共和国的少数民族共和国或自治区域内的生产力的发展"。⑤红军长征时期,中国共产党和红军对于发展民族经济的问题进行系统性研究,关于发展民族经济的政策内容非常丰富,制定和实施的民族经济政策非常成功。中共七大提出"必须帮助各少数民族的广大人民群众,包括一切联系群众的领袖人物在内,争取他们有政治上、经济上、文化上的解放和发展"。随着解放区的扩大,中国共产党更加重视和关心少数民族的发展,制定了相关的政策,发展少数民族经济,改善少数民族人民的生活。

2. 新中国成立之后的民族经济政策内容和发展实践

1956年,毛泽东在《论十大关系》中指出:"我们要诚心诚意地积极帮助少数民族发展经济建设和文化建设"。党和国家根据少数民族和民族地区经济发展的实际情况,制定了一系列特殊政策和措施,采取多种方式帮助、扶持少数民族和民族地区加快经济发展。在制定国民经济和社会发展计划时,尽可能地加大对民族地区的投资力度和重点项目安排,提高民族地区的对外开放水平和经济发展活力。进入80年代,邓小平指出:"我们帮助少数民族地区发展的政策是坚定不移的"。⑥江泽民在党的十五大报告中进一步强调,要"更加重视和积极帮助少数民族地区发展经济"。江泽民同志在1999年中

---

① 中共中央统战部:《民族问题文献汇编》,中共中央党校出版社1991年版,第38页。
② 中共中央统战部:《民族问题文献汇编》,中共中央党校出版社1991年版,第46页。
③ 中共中央统战部:《民族问题文献汇编》,中共中央党校出版社1991年版,第123页。
④ 中共中央统战部:《民族问题文献汇编》,中共中央党校出版社1991年版,第129页。
⑤ 中共中央统战部:《民族问题文献汇编》,中共中央党校出版社1991年版,第170页。
⑥ 《邓小平文选》第3卷,人民出版社1993年版,第246页。

央民族工作会议上提出，要"抓住历史机遇，加快少数民族和民族地区发展"。新中国成立以来，党和国家根据少数民族和民族地区经济发展的实际情况，制定了一系列特殊政策和措施，采取多种方式帮助、扶持少数民族和民族地区加快经济发展。

改革开放以后，随着市场经济体制的逐步建立和发展，我国民族问题比较集中地表现在少数民族和民族自治地方迫切要求加快经济文化的发展。因此，加快民族和民族自治地方经济发展是我国民族政策的基本内容，按照政策内容和实践的不同性质，主要有以下几个方面（见表1.1—表1.7①）：

表1.1 民族地区财政优惠政策

序号	政策名称	起止时间
1	国家设置少数民族地区补助费	1955至今
2	国家实施少数民族地区财政三照顾政策	1964至今
3	国家规定民族自治地方财政超收分成全额留用	1964—1988
4	国家对边疆民族地区设置补助专款	1972—1975
5	国家设立边疆建设事业补助费	1977至今
6	国家设置边疆建设专项补助投资	1977—1988
7	国家设立支援不发达地区发展资金	1980至今
8	国家规定对民族自治区补助数额每年递增10%	1980—1988
9	国家对贫困地区棉布提价实行补贴	1983—1985
10	国家对少数民族地区实施政策性财政转移支付	1995至今

---

① 温军：《中国少数民族经济政策稳定性评估（1949—2002年）》，载《开发研究》2004年第4期。

表 1.2 民族地区税收优惠政策

序号	政策名称	起止时间
1	国家对边疆民族地区实行减免工商税	1950—1993
2	国家对少数民族地区农牧业实行轻税照顾	1953 至今
3	国家对生活困难的少数民族地区减征农业税	1958 至今
4	国家对边疆县和民族自治县乡镇企业免除工商所得税 5 年	1979—1985
5	国家对少数民族八省区基建企业按降低成本额三七分成	1979—1985
6	国家对老、少、边、贫地区减免所得税	1985 至今
7	国家对边境贸易实行税收优惠政策	1991—1994
8	国家规定减免少数民族地区固定资产投资方向调节税	1992 至今
9	国家对 12 大类 162 个品种的边贸进口商品免税及减税	1992—1995
10	国家规定老、少、边、贫地区新办企业减免所得税 3 年	1994—1997
11	国家对收购边销茶原料企业减按 10% 征收农业特产税	1994 至今
12	国家对设在中西部地区的外商投资企业给予 3 年减按 15% 税率征收企业所得税	2000—2002
13	国家对西部地区民族自治地方企业可以定期减征或免征企业所得税	2001—2010
14	国家对西部地区新办交通、电力、水力、邮政、广播电视企业实行 2 年免征、3 年减半征收所得税	2001—2010
15	国家对地点生产和经销边销茶免征增值税	2001—2005
16	国家对西部地区实行为保护生态环境,退耕还生态林、草产出的农业特产品收入,在 10 年内免征农业特产税	2001—2010

表 1.3 民族地区农业发展政策

序号	政策名称	起止时间
1	国家对少数民族地区制定农业生产政策	1952 至今
2	国家设立农业专门委员会	1979 至今
3	国家对边远山区和少数民族地区实行放宽政策	1982—1986
4	国家决定建立乡级政权和乡镇企业	1983 至今
5	国家对民族自治地方林业生产建设作了特殊照顾规定	1984 至今
6	国家设立少数民族地区乡镇企业专项贴息贷款	1992—1995
7	国家对中西部地区乡镇企业实行三不限一免税政策	1993—2000
8	国家对西部地区实行突出加强生态环境保护和建设政策	2001—2010
9	国家对西部地区实行土地优惠政策	2001—2010
10	国家对西部地区实行加强农村基础设施建设、改善农民生产生活条件政策	2001—2010

表 1.4 民族地区工业发展政策

序号	政策名称	起止时间
1	国家确立优先发展重工业化道路	1950—1978
2	国家适当照顾少数民族地区的工业发展政策	1952 至今
3	国家提出全党全民大办工业的建设方针	1958—1960
4	国家提出调整、巩固、充实、提高的八字方针	1960—1963
5	国家实行集中力量建设三线战略后方的工业发展政策	1964—1978
6	国家提出建立独立的工业体系战略思想	1970—1978
7	国家实行优先发展轻工业的政策	1979—1985
8	国家提出积极扶持帮助民族地区发展经济	1980 至今
9	国家实行企业放权让利政策	1984 至今
10	国家对开发利用民族自治地方矿产资源给予照顾	1986 至今
11	国家实行宏观调控和充实基础产业的战略思想	1990 至今
12	国家实行优先发展中西部地区资源劳动密集型产业政策	1997 至今

(续表)

13	国家实行鼓励西部地区发展特色经济的产业政策	2001—2010
14	国家对西部地区实行矿产资源优惠政策	2001—2010

表1.5　少数民族贸易和民族特需用品生产企业政策

序号	政策名称	起止时间
1	国家实行民族贸易政策	1951—1970
2	国家对民族贸易企业实行价格补贴照顾	1951—1970
3	国家对民族贸易企业自有资金给予照顾	1952—1983
4	国家对民族贸易企业利润留成给予照顾	1952—1983
5	国家对民族贸易企业实行优惠贷款	1981—1995
6	国家对民族贸易三照顾地区民族用品手工业企业定期减征所得税	1979—1993
7	国家对民族贸易三照顾县商业企业免征建筑税三年	1985—1988
8	国家对民族贸易三照顾地区医药商业免征建设税和能源税	1985—1993
9	国家对民贸边销茶生产加工定点企业实行信贷贴息照顾	1991至今
10	国家规定对民族贸易县商业企业流动资金贷款实行优惠	1991—1995
11	国家对民族用品定点生产企业流动资金贷款实行优惠	1991—1995
12	国家对民族用品生产定点企业减免税	1991—1994
13	国家安排专项贷款用于扶持基层民族贸易网点和民族用品定点生产企业技术改造	1992至今
14	国家对民族贸易和民族用品生产实施优惠政策	1997—2000
15	国家对民族贸易实行新的民贸三项照顾政策	2001—2005

表 1.6 民族地区扶贫开发政策

	序号	政策名称	起止时间
优惠政策	1	国家对温饱问题尚未解决的贫困户减免农牧业税	1985—1989
	2	国家对缺衣少被的严重困难户赊销布匹和絮棉	1985 至今
	3	国家对贫困县不分配或少分配国库券和其他债券	1985 至今
	4	国家增加贫困地区乡镇企业平价汽油、柴油供应	1985 至今
	5	国家减免贫困户子女学杂费	1985 至今
	6	国家确定重点扶持的贫困县标准	1986 至今
	7	国家对少数民族贫困地区给予农用物资分配比例照顾	1989 至今
	8	国家对少数民族贫困地区资金分配比例给予照顾	1989 至今
	9	国家对少数民族贫困地区民族贸易企业给予低息、低税、价格补贴照顾	1989 至今
	10	国家对少数民族地区贷款还款期限予以照顾	1989 至今
	11	国家规定贫困县上缴税收超基数部分全部留县	1991 至今
	12	国家对少数民族贫困地区的交通建设给予资金扶持	1991 至今
	13	国家对少数民族地区工作的科技人员给予补贴	1993 至今
开发计划	14	国家实施"以工代赈"计划	1984 至今
	15	国家实施"温饱工程"计划	1989 至今
	16	国家实施"八七扶贫攻坚计划"	1994—2000
	17	国家实施"兴边富民"行动计划	2001—2010
	18	国家扶持人口较少民族发展计划	2001—2005
	19	国家全面实施"中国农村扶贫开发纲要"	2001—2010
专项资金	20	国家设立"三西"农业建设专项资金	1983—2002
	21	国家设立扶贫贷款	1983 至今
	22	国家安排牧区扶贫专项贴息贷款	1987 至今
	23	贫困地区县办企业专项贷款	1988 至今
	24	国家建立少数民族贫困地区温饱资金	1990 至今
	25	国家安排边疆贫困国营农场专项贴息贷款	1991—1995
	26	贫困残疾人康复专项贷款	1992—1993
	27	贫困县基本农田建设专项贴息贷款	1992
	28	贫困县水毁工程项目专项贴息贷款	1992

表1.7 民族地区开放联合政策

	序号	政策名称	起止时间
对口联合政策	1	国家实行对口支援政策	1979至今
	2	国家对横向经济联合给予照顾	1983至今
	3	国家对横向经济联合企业计划物资予以照顾	1987至今
	4	国家对横向联合企业税收实行优惠	1986—1990
	5	国家对西部地区实施推进地区协作与对口支援政策	2001—2010
外贸边贸政策	6	国家对边境小额贸易实行五项原则	1984—1995
	7	国家对少数民族地区出口商品外汇留成给予照顾	1985至今
	8	国家对少数民族地区实行外汇补助	1991—1995
	9	国家对边境市县及边境经济合作区实行优惠照顾	1990至今
	10	国家对内陆省会（自治区首府）开放城市对外投资实行优惠政策	1992至今
	11	国家推出少数民族地区改革开放试验点、农村改革试验区和高技术开发区	1994至今
	12	国家对西部地区实行扩大外商投资领域、拓宽利用外资渠道、大力发展对外经济贸易政策	2001—2010

3. 改革开放以来民族自治地区的经济政策内容和发展实践

在民族自治地区，中央少数民族经济政策的效应和力度都体现得较为充分。目前，全国共建立有156个自治地方，具体有5个自治区、30个自治州、121个自治县（包括3个自治旗）。[①] 改革开放以来，党和国家制定了一系列促进少数民族和民族地区发展的优惠政策，西部大开发战略、"八七扶贫攻坚计划"、"中国农村扶贫开发纲要"，以及组织实施的东部沿海发达地区和西部地区对口支援行动，都将帮助民族地区加快发展作为重要内容。党和国家还专门出台加快新疆、西藏、宁夏、青海、广西、云南等省区经济社会发展的

---

① 据2010年第六次全国人口普查，我国55个少数民族人口为113792211人，占全国总人口的8.49%。实行区域自治的少数民族人口占少数民族总人口的71%，民族自治地方的面积占全国国土总面积的64%左右。

专门文件。

在财政支持方面，从20世纪80年代开始，我国实行"划分收支、分级包干"的财政体制。《民族区域自治法》对民族自治地方的财政收支制度和国家有关的补助办法作了相应规定，即该法第33条第三款、第四款规定："民族自治地方的财政收入和财政支出的项目，由国务院按照优待民族自治地方的原则规定。""民族自治地方依照国家财政体制的规定，财政收入多于财政支出的，定额上缴上级财政，上缴数额可以一定几年不变；收入不敷支出的，由上级财政机关补助。"第58条规定："上级国家机关合理核定或者调整民族自治地方的财政收入和支出的基数。"1994年我国实行分税制财政体制后，民族自治地方财政上仍存在较多困难。全国150多个民族自治地方，除少数几个自治州、自治县财政收支平衡或略有上缴外，其他均靠上级财政补贴过日子。在实行分税制财政体制下，国家对财政困难省区（包括少数民族省区）的支持，主要是通过财政转移支付制度实现的。因此，修改后的《民族区域自治法》按照分税制财政体制，将原第33条第三、四款合并修改为："民族自治地方在全国统一的财政体制下，通过国家实行的规范的财政转移支付制度，享受上级财政的照顾。"将原第58条修改为："随着国民经济的发展和财政收入的增长，上级财政逐步加大对民族自治地方财政转移支付力度。通过一般性财政转移支付、专项财政转移支付、民族优惠政策财政转移支付以及国家确定的其他方式，增加对民族自治地方的资金投入，用于加快民族自治地方经济发展和社会进步，逐步缩小与发达地区的差距"。这样，民族自治地方将得到更多照顾，有利于自治地方在财政上行使自治权，有利于加快民族地区发展，有利于社会稳定和国家安全。

在投资方面，政府增加规定："国家根据统一规划和市场需求，优先在民族自治地方合理安排资源开发项目和基础设施建设项目。国家在重大基础设施投资项目中适当增加投资比重和政策性银行贷款比重"。国家以往在民族自治地方安排基础设施建设，一般都要求民族自治地方负担与其他地方同样比例的配套资金。民族自治地方由于财政困难，拿不出足够的配套资金，争取不到国家的基础设施建设项目。为此，增加规定："国家在民族自治地方安排基础设施建设，需要民族自治地方配套资金的，根据不同情况给予减少或者免除配套资金的照顾"。

在金融方面,政府增加规定:"国家根据民族自治地方的经济发展特点和需要,综合运用货币市场和资本市场,加大对民族自治地方的金融扶持力度。金融机构对民族自治地方的固定资产投资项目和符合国家产业政策的企业,在开发资源、发展多种经济方面的合理资金需求,应当给予重点扶持。""国家鼓励商业银行加大对民族自治地方的信贷投入,积极支持当地企业的合理资金需求"。

4. 中国民族经济政策研究成果概述

长期以来,我国相关的研究机构和研究人员对民族经济政策的制定和内容的研究很重视,尤其是当我国由计划经济体制转变为市场经济体制时,有不少学者开始探索我国少数民族地区经济发展所面临的问题及对策。这方面的相关研究成果主要有:中国少数民族经济研究会编著的《开拓与发展——民族经济学 20 年》(中央民族大学出版社 1999 年版)、王希恩著《当代中国民族问题解析》(民族出版社 2002 年版)、毛公宁著《民族问题论集》(民族出版社 2000 年版)、吴仕民著《西部大开发与民族问题》(民族出版社 2001 年版)、铁木尔主编《当代中国民族政策研究文丛》(民族出版社 2001 年版)等等,与此相关的论文更是颇丰,在此不一一举例。

多年来,此方面研究的重点主要集中在少数民族和民族地区财政税收方面的经济政策内容,而对金融政策,特别是金融排斥治理政策方面还很薄弱;从已有的研究成果来看,它们似乎都缺乏对我国民族金融经济政策过程中的许多规律性的问题进行深入系统的研究,特别是在我国,迄今还未曾见到一本将民族经济政策的理论阐述与民族地区金融实证分析结合起来,运用多学科的理论成果对我国民族金融政策进行全面、系统、深入探讨的理论专著,相比之下,对民族金融发展政策的理论研究仍然是我国民族地区行政管理理论研究领域的薄弱环节之一。尤其是本轮金融危机之后,少数民族地区在面临挑战的同时,也面临着开放的机遇、知识的机遇、改革的机遇、市场的机遇和追赶的机遇。为此,不仅是一些形成于计划经济时代、曾对少数民族和民族地区金融发展起过推动作用的民族金融政策面临着严峻的冲击和挑战,必须进行调整、改进和完善,而且还必须出台适应新形势的新的民族金融发展政策。总之，确定中国民族地区金融排斥治理政策作为研究主题，一方面可以通过这项政策案例研究，丰富和发展区域金融发展理论特别是区域金融排斥治理政策理论；另一方面，它可以为我国的民族地区行政管理的公共政策理论分析，尤其是西部地区民族金融发展援助提供理论依据和政策措施参考方案，这即是该选题的理论价值和实践意义所在。

第二节 中国民族自治地方金融发展研究

发展尤其是经济发展始终是我国民族问题的核心内容，而民族自治地方金融发展是其经济发展的重要内容。研究民族经济学和在民族地区金融系统工作的学者们注意到了民族地区经济发展中的金融支持问题。刘尚智（1996）、陈克贤（2003）、曹刚（2003）等在分析了少数民族区域经济发展的资金困难之后，分别提出了如何进一步加大对少数民族区域金融支持的政策和建议。郑长德（1999）指出民族地区由于历史和地理的原因，经济落后、发展水平低、资金短缺、资本形成不足、财政自给能力低、技术管理薄弱、人力资本水平不高、市场发育程度低，利用外资和建立民族地区资本市场是解决这些问题，加快民族地区经济发展的一条有效途径。廖群云（2005）分析了民族地区金融支持弱化问题的产生根源，提出了民族地区强化金融支持应采取的相应对策。李昌南、魏润卿（2005）研究了西部少数民族地区经济发展的资金瓶颈及资本形成的途径。

还有一些学者从金融支持民族地区的经济发展中的某一领域来研究。梁平、郭曦、马智利（2005）针对西南民族地区农村经济劣势和对金融支持的迫切需要，认为应通过完善农业投融资机制、发展农业保险、谨慎开展金融创新等措施推动该地区农村经济发展的步伐。解天林（2003）探讨了金融业如何支持民族县域经济发展。张万志（2005）研究了民族贫困地区农业信贷投入的效率约束与路径选择的问题。徐珊（2003）对四川省凉山彝族自治州实行农户小额信贷的个案研究，提出对于西部民族地区的金融支持主要应采取合作金融的形式，即以农村信用社为主体，农户小额信用贷款为手段，拉动这些地区的经济增长。

另外一些学者从金融发展的角度来研究民族地区的金融支持问题。何民（1999）通过对国家投资政策、货币政策、经济体制和金融体制等方面的分析，指出少数民族地区金融发展滞后的原因和金融发展所存在的难点及困难，提出少数民族地区金融发展策略。彭国铭（1999）以湘西自治州为例，研究了民族不发达地区商业银行信贷萎缩、亏损成因及对策。刘华富、尹志超（2006）认为西部民族地区的金融存在货币化程度低、突出的二元结构、金融市场发育不良、金融的行政管制明显等问题，必须通过金融创新才能为加速民族地区的经济发展提供有效的金融支持。郑飞跃（2002）以四川甘孜州区为例，提出为保证其经济的快速增长，需要国家政策性银行大力支持的观点。张延军（2003）分析了少数民族地区农村信用社经营风险及监管的问题，提出了促进农村信用社健康发展的相关建议。

另外，近年来随着民族金融和金融生态成为国内理论界研究的热点，关于民族金融以及金融生态环境的研究成果越来越多，但相关研究中还是鲜有论及金融生态环境与金融发展两者的关系，更没有作系统深入的阐述或论证。同时，尽管金融生态环境这一概念是国内首创，国外没有这一提法，但国外学者针对金融生态环境各个构成方面与金融效率相关性研究的成果相对较多。在广袤的民族自治地方，特别是在云南这样的欠发达多民族聚居地区，金融生态环境具有更加浓郁的文化性、民族性和特殊性。因此，必须进行专门的系统研究，才能获得第一手资料，才能准确深入地掌握民族自治地方金融生态环境的状况、缘由和发展，从而深入研究民族金融发展水平。

从已有的研究成果可以看到：对民族地区金融这个话题，研究还不够系统和深入：一是民族地区的经济发展不是研究的热点，研究的人较少，主要是研究民族经济学的和在民族地区金融系统工作的学者们会予以关注。二是研究者往往局限于自己的专业领域，研究的不够全面。在民族地区金融系统工作的研究人员主要从自己工作的需要出发，针对实际工作中出现的问题"头痛医头，脚痛医脚"地提出政策建议，缺乏系统性。研究民族经济学的学者们指出了少数民族地区在经济发展中缺少资金，提出金融系统应该加大支持力度的政策建议，但他们一般缺乏对民族地区金融系统的深入了解，对民族地区金融支持中的各个经济变量之间的关系没有深入分析。此外，针对某一特定地区民族自治地方金融排斥问题的研究几乎还是空白。

第三节 金融排斥及其治理研究综述

金融排斥及其治理是一门较新的金融经济学研究范畴，国外学者对它的研究始于 20 世纪 90 年代初期，它最初被作为地理学的研究议题，后来它的研究领域突破了经济学、社会学，进一步拓展到金融学。

一、金融排斥理论研究

金融排斥（financial exclusion）一般被界定为：在金融体系中某些群体缺少分享金融服务的一种状态。这些人缺少足够的途径或方式接近金融机构，也没有能力经恰当的方式获得必要的金融服务。更具体些，金融排斥是指部分经济主体包括个人、特定群体、特定组织人群、特定行业人群、特定地区人口等由于自身缺陷以及制度因素而无法通过合适的渠道获得金融产品或者无法获得低成本、公平、安全的金融产品。从成因分析，金融排斥包括功能性排斥和结构性排斥。其中功能性排斥是指由于个人能力、行为、态度导致的金融排斥。结构性金融排斥是指由于制度和文化产生对部分群体社会认同的差别而导致的金融排斥。

金融排斥是从经济层面的角度上对社会排斥深入分析。所谓的社会排斥原意是指大民族完全或者部分排斥少数民族的各种歧视或者偏见，随着对社会排斥发生原因的深究，金融排斥逐渐进入社会各界研究人员的研究范畴。目前，金融排斥已经成为美国、英国以及欧洲地区发达国家政府在制定政策时所考虑的一个非常重要的因素。

关于金融排斥的研究源于金融地理学，金融地理学基本上被视为源于 20 世纪 70 年代出现的政治经济学派。当时一些地理学者开始研究城市和区域内部金融资本的动态性，关注金融机构在引导特定地区资本流动过程中所起的作用，特别是金融系统通过信贷配给等对社会产生的影响。20 世纪 80 年代，西方国家的地理学者开始关注于服务业的空间性研究，集中于分析金融地理的格局及其发展过程，金融服务空间的不均衡性，金融在资本主义积累中扮演的角色，特定金融制度的空间组织与运作，金融中心的发展，金融流动与产业发展的关系等。20世纪90年代以来，西方一些发达国家的金融业出现了一系列重要变化，如放松管制、信息技术的广泛运用等，这些变化使金融业者对其内部进行一系列的改革和重组。这一时期金融地理学的研究也开始大规模的展开，其研究的主要议题有三个：（1）金融活动的区位问题——金融中心；（2）金融地理研究中的社会文化转向——金融排斥；（3）货币地理研究。

在金融排斥最初的研究中，研究者们一般从地理学的视角对金融排斥性进行探讨，即研究居民到金融服务网点（尤其是银行零售营业点）的实际距离对居民获得金融服务便利性的影响。学者们主要从银行分支机构的关闭、几乎没有金融服务（特别是低收入人群的聚集）的社区、汽车所有权的缺少等角度，来分析金融排斥对社会经济空间产生的影响。随着经济地理学研究重点转向，经济地理学者们越来越多地从社会文化和制度角度来分析实际的金融排斥问题，开始从更微观的层面研究金融地理的发展。学者们通过分析金融排斥的对象及对象群体活动的社会和空间环境，找出金融排斥的经济和社会影响，以此为基础来明晰金融排斥在对城乡间不平等的经济发展过程中所扮演的角色，从而揭示出阶级和收入差距是导致金融部门对弱势群体不同程度社会排斥的根源。基于此，金融排斥突破了单纯的金融地理视角，即排斥性并不仅仅因金融服务网点的数量不足或在某一地理区域的撤并，一些人群如果有获得金融服务的需求，但却因社会经济因素（如收入水平高低及收入分配状况、劳动力市场变迁、人口结构的变化、住房政策的变更、社会福利及财政改革等）和金融服务市场因素（如金融市场的再管制、信息技术的发展、金融产品的开发、风险评估、市场细分和金融产品的上门服务等）而很少或从未获得金融服务也被视为受到了金融排斥。

总之，目前业界一般赞同金融排斥是一个多维度的动态复合概念，它不仅与金融服务的地理可达性即地理排斥有关，而且还包括评估排斥，如通过风险评估程序限制了客户接近金融资源；条件排斥，指附加于金融产品的条件不适合某些人群的需要；价格排斥，即金融产品定价过高，超出了某些经济主体的偿付能力而将其排斥在外；营销排斥，即一些人被排除在金融机构产品营销目标群体之外；自我排斥，即人们认为申请获得金融产品的可能性很小，被拒绝的可能性很大，从而自动被排除在获得金融服务的范围外。关于金融排斥因素的研究，目前学界已普遍认同上述六维度因素，其他造成金融排斥的原因也基本是从这六点或其中几点引申或延展开来讨论的。比如金融个体由于收入原因而被排斥在外，可以说是引起价格排斥或条件排斥或营销排斥的原因；再如劳动力市场的变化是引起条件排斥和自我排斥的原因等。因此，可以说，地理排斥、评估排斥、条件排斥、价格排斥、营销排斥、自我排斥这六种排斥的存在，较全面地阐释了金融排斥产生的原因。在相关文献研究方面，许多国外学者已经开始关注金融排斥的本质、原因及其对经济社会的影响，并且提出一些可行方案。Leyshon 和 Thrift（1993）最先提出金融排斥概念，他们仅从地理学的角度关注金融排斥。Morrison 和 Bncen（2001）将金融排斥的外延拓展到非物质性排斥，如营销排斥。Panigyrs, Theododis 和 Vefoutsou（2002）则认为金融排斥是指由于没有合适的获取渠道，部分群体不能以合适的方式使用主流金融系统提供的金融服务，ChantLink（2002）将金融排斥外延拓展至企业和区域层次。Collard（2002）也将金融排斥外延拓展至涵盖微观企业的商业社群这一层次。Burchardt 从社会学的层面研究了金融排斥的成因与后果。至于如何降低金融排斥程度，Conaty 等提出了发展信用联盟、社区银行等一些具体措施。国外在量化研究方面有开创性贡献的要数英格兰东南发展机构，该机构收集了大量原始数据和二手数据，利用传统的线性回归模型，使用逐步回归法确定与金融排斥相关的变量，计算出相应的金融排斥指数，描绘了英格兰东南部区域的金融排斥程度和地理分布的全景。该机构选取复合剥夺指数（Index of Multiple Deprivation）作为计量模型的因变量，该指数同金融排斥程度高度正相关，并且可以通过官方统计渠道获取原始数据。然而，目前许多发展中国家的各级统计部门还未能提供相关资料，因而影响了该量化方法的推广和使用。

目前，国内学者对金融排斥的研究基本处于空白状况，最早引入金融排斥概念的是田霖和武巍（2005）合作撰写的《金融地理和区域金融》，但该文献没有就金融排斥理念进行深入剖析。田霖（2007）根据金融综合竞争力和金融排斥程度的负相关的关系，建立一元回归模型和多元回归模型，分析了我国金融业的地理排斥，确定影响我国金融排斥的各要素，论证金融排斥对中原崛起的机遇与挑战，同时提出相关的政策建议，田霖的研究角度主要是从金融资源的地理分布入手，较少涉及结构性金融排斥的研究。何德旭和饶明（2007）合作撰写的《金融排斥性与我国农村金融市场供求失衡》从金融排斥性视角分析我国农村金融市场的供求失衡，认为农村金融机构的风险评估程序限制农户接近金融资源，过于苛刻的贷款附加条件如担保、偿还能力以及提供详细的个人信息把农户排斥在金融系统之外。此外，农村金融机构在市场营销方面也把农村地区的金融需求排除在目标市场之外。何德旭和饶明的研究表明了我国三农主体主要遭到地理排斥、条件排斥以及营销排斥，从较新的角度分析我国农村金融市场主要存在的问题。

目前已有的对于金融排斥的研究多属于定性分析，并且研究方向多为农村金融服务方向。谭露（2009）在《基于供给偏好视角下的我国农村金融排斥问题研究》一文中从农村金融供给主体的行为层面出发，运用成本和收益的经济学分析方法，从农村金融机构供给偏好的角度探求金融排斥产生的原因。田霖（2009）在《金融地理学视角城乡金融地域系统的演变与耦合》一文中运用金融地理学这一新兴边缘交叉学科的分析方法和理念，探求城乡金融地域系统的内涵、研究范畴及有效耦合机制。何德旭、饶明所撰写的《我国农村金融市场供求失衡的成因分析：金融排斥性视角》从金融资源配置尤其是信贷资源配置的角度考察了我国农村金融市场的供求状况，运用金融排斥性理论，从我国正规农村金融机构的经营取向层面，重点从农村金融机构供给的经营取向角度对农村金融市场供求失衡的成因进行了剖析。另外一些学者也从金融排斥的角度，运用坎普森与韦利提出的六维度分析方法定性地描述我国农村金融排斥的具体状况，这方面的论文包括王修华、曹琛、程锦、胡冠学撰写的《中部地区农村金融排斥的现状与对策研究》，张雄撰写的《金融排斥理论视角下的我国农村金融发展对策》，王修华撰写的《新农村建设中的金融排斥与破解思路》，陈贺撰写的《农村金融排斥问题分析》，汪鑫撰写的《论基本银行服务排斥及其治理》，田霖撰写的《金融排斥理论评价》，孔秀叶撰写的《金融排斥与我国民间金融的发展》，等等。这些研究较好地从制度层面上分析了我国农村金融服务弱化的原因。

在定量分析方面，针对金融排斥多维度动态性的定量研究并不多见，国内对金融排斥的定量分析也是少之又少，较有突破性的定量研究是王修华、马柯、王翔（2009）尝试建立六维度分析指标以探讨我国31个省（区、市）金融排斥的状况和原因，评价指标体系的设计为：以银行类金融机构数量与人口数量之比作为地理排斥的指标；以各地区人均银行承兑汇票余额作为评估排斥指标值；以各地区人均贷款余额作为条件排斥的指标；以各地区金融机构加权贷款利率水平为指标评估地区的价格排斥程度；以各地区贷款与存款之比作为度量地区营销排斥的指标；以非金融机构融资规模与贷款余额之比为自我排斥指标进行测度。

关于我国农村金融的金融排斥的课题，许多专家学者也作了大量的研究：何广文（2001）分析了我国农村金融供给主体区域布局和金融商品供求失衡的表现，并结合我国农村金融需求主体及其金融需求特征，得出要构建需求导向型农村金融组织机构体系来达到均衡农村金融商品供求。何广文（2004）提出农村金融结构未能实现优化，存在制度和功能缺陷。田力（2004）提出农村地区受到了金融的供给约束和金融供给受到了农村经济的需求约束，以及中国农村经济体制和农村金融的双重制约。周立（2005）以广东东莞、惠州和梅州三地的农村金融供求状况调查为依据，提出在我国广大农村，农村金融需求难以通过目前的金融供给得到满足，农村信用社在每个地方发挥的作用并不一样，广大农民的农业生产和生活性融资需求仍然没有得到满足等问题，并进一步提出进行农村金融供给结构调整，放开民间组织、发挥农村户作组织作用等调节措施。何德旭、饶明（2008）从农村金融机构的经营层面，重点从农村金融机构供给的经营取向角度出发，运用金融抑制性理论框架解析我国金融市场供求失衡的深层原因。许圣道、田霖（2008）通过建立计数模型，解析影响我国农村金融排斥的主要因素，提出我国农村金融机构比较单一，应根据实际的地区发展状况构建区域化、新型化、多元化的农村金融组织体系。

二、金融排斥治理理论研究

金融排斥治理理论主要从两个主要线索展开：一是传统的小额信贷理论；另一个是金融普惠体系。

（一）小额信贷理论研究

很长一段时间金融排斥治理方面的主要路径集中在对小额信贷的研究。小额信贷开始出现于20世纪70年代，许多专家学者对小额信贷的理论分析和实证研究后认同小额信贷是一种有效的金融扶贫方式。孟加拉国的穆罕默德·尤努斯成功地推行了贫困农户小额贷款的模式，建立了孟加拉国乡村银行，因此获得了2006年诺贝尔和平奖。小额贷款作为一种以低收入阶层为服务对象的小额度、持续性、制度化的信贷服务方式，主要向农、牧、渔各种微型的非农经济体以及小商、小贩等发放短期无抵押的小额贷款，而且贷款的发放还伴随着一系列的综合技术服务，旨在通过金融服务让贫困农民获得生存与自我发展的机会。

我国小额信贷最早起步于1993年的易县信贷扶贫合作社，随着多年的发展，我国小额信贷正在从扶贫方式逐步向制度创新和组织创新方面转变。近年来，我国金融监管部门一直积极推动小额信贷的发展，这一贷款服务呈现较快的增长态势。自2005年以来，商业性的小额贷款公司在山西、四川、贵州、陕西、内蒙古5个省内开始试点；2008年5月，由银监会和人民银行共同签发了《小额贷款公司试点指导意见》，这标志着我国小额信贷已经逐步向商业化、多元化转变。

国内的专家学者也在长期专注于中国小额贷款的研究和实践。杜晓山、孙若梅、苏于轼等是在小额信贷研究和实践方面比较突出的几位。杜晓山在《中国农村小额信贷的实践尝试》一文中介绍了中国小额信贷的类型和实践中的具体操作，曹子娟在其主编的《中国小额信贷发展研究》中通过对中国159个地区的小额信贷发展情况进行了调查，揭示了小额信贷发展中存在的问题。在小额信贷的可持续发展方面，也有很多学者进行了探讨，董积生在《农村信用社"小额贷款"的可持续发展探讨》一文中重点关注的是农信社贷款利率放开以及提高资金使用效率的问题，郑振东、杨智斌则认为政府放松对开展小额信贷金融机构的管制，以及采取较高利率是小额信贷可持续发展的必要条件。杜晓山（2008）认为政府公益性的扶贫小额贷款应该起到一个"鲶鱼效应"，在小额信贷市场中引入创新和压力，成为该市场中的有机组成部分。黄毅（2005）从已有的扶贫型小额信贷机构的运作实践来看，虽然在一定阶段对扶持特定群体，特别是贫困人口的发展提供了有力支持和帮助、发挥了积极作用，但绝大部分小额信贷机构面临资金来源枯竭的问题，在可持续发展上面临严峻挑战，因此以市场化原则为导向，发展商业性、可持续性的小额信贷组织即商业型小额信贷机构才是可取的选择。杜晓山、孙若梅（2004）认为，小额信贷项目非完全政府行为，亦非完全市场行为，它在一定程度上依靠捐助机构或国家优惠政策，同时需要有健全的市场。此外，小额信贷机构持续性或财务自立要求的重要性在于将一个非市场问题转换为市场问题，小额信贷扶贫和自身持续发展的双重目标决定了它必须充分利用市场机制又不完全依靠市场机制。汤敏（2006）认为尤努斯的实践证明在适合的机制下，小额信贷完全可以以商业化的形式存在并大规模发展。小额信贷可以在服务范围内减少信息不对称性，同时通过团体担保的形式来缓解金融服务缺乏担保抵押的难题，因此小额信贷在很大程度上是解决农村金融排斥的适应途径。冯兴元（2004）提出金融供给者应该更多地在贴近局部的地方设立营业网点，满足当地的局部的对金融服务需求，从而通过提供适合当地的服务获得利润，同时从局部来看，通过不同的金融机构之间的竞争，可以促进更多金融创新，使市场逐步近似于完全竞争市场。

（二）金融普惠理论

目前对于金融排斥治理的研究与金融普惠研究不谋而合，世界范围对金融的"inclusive"研究来源于 2005 年联合国系统率先对小额信贷进行宣传时广泛运用的词汇"inclusive financial system"，联合国方面的研究结论主要有三项：（1）信贷权是人权。每个人都应该有获得金融服务机会的权利。（2）为了让每个人都获得金融服务机会，就要对金融体系进行创新，包括制度创新、机构创新和产品创新。（3）建立普惠金融体系的主要任务就是为传统金融机构服务不到的低端客户甚至是贫困人口提供机会。

目前，金融普惠研究领域的主流观点包括：

1. 金融在发展进程中起着核心的作用。在坚实的经验证据的支持下，Aghion，Howitt 和 Mayer-Foulkes（2005）确信高效率、运作良好的金融体系有利于资金转移到那些高生产率的项目中去，并能有效分散风险，从而有利于带动经济增长，增加投资机会，改善收入分配和减轻贫困。相反，从某种程度上来说，从金融机构获得融资以及金融机构提供的金融服务的范围是有限的，金融发展带来的好处有可能绕开一部分人和企业，特别是那些贫困的人群。Kuznets（1955，1963）认为，不平等现象在发展的初期都是存在的，而且会逐渐增大，直到经济效益的增长蔓延到整个经济体。美国和其他发达国家早期发展的经验证据也支持了库兹涅茨的这一假说。但是，从发展中国家来看，显然这一假说是不成立的。Galor 和 Zeira（1993）的模型认为，对于穷人而言，由于金融市场的不完善，尽管对于教育的投资边际生产率很高，但他们也无法投资于教育。Banerjee 和 Newman（1993）则强调，在初始禀赋状态下个人职业的选择是有限的。Demirgu-Kunt 和 Levine（2007）指出，人们能否成为企业家或是打工者，对于职业的选择是很重要的，这同时又决定了他们可以承受风险的能力，对经济增长和收入分配都有长远影响。因此，这些模型表明，金融准入机制的缺乏是导致收入不平等和贫困陷阱的重要机制，进而阻碍了经济的增长。大量的研究文献，如 Aghion 和 Bolton（1997）；Aghion，Caroli 和 Garcia-Penalosa（1999）都表明，如果金融市场的缺陷不加以改善，缺乏一个良好的循环机制，那么就长远而言，实施长远的再分配政策是有必要的。Aghion 和 Bolton（1997）的研究指出，一个更有效和持续的发展方法应该是直接有利于解决金融市场的不完善，而没有产生不良的效应。大多数的再分配政策对工作机会和储蓄都带来一些负面的影响因素，尽管这些因素的影响程度目前还存在激烈的争辩。就像 Demirgu-Kunt 和 Levine（2007）所说的，这些争辩关系的消失，才是金融部门改革的重点。我们应该积极采取相关政策措施，逐步完善金融市场，增加人们的经济机会，而不是采取一些消极的激励措施。因此，对于现代发展理论而言，与其强调金融部门的改革，金融的包容性发展才应该是发展议程的核心。解决金融部门的不完善还应该与再分配政策结合起来，这样才能达到一个更加稳定的均衡，有利于金融体系服务功能的发挥。

2. 金融普惠制度赋予企业更多的融资机会。这方面的研究话题包括：

(1) 企业的融资门槛问题。企业获得资金的渠道有很多，不同公司选择的融资方式是不同的，重要的是这种选择方式是否对他们有利。无论公司以何种代价从何处得到融资，其资金来源是由内部和外部的多方面因素决定的。Tirole（2006）的研究表明，由于信息的不对称和代理问题，外部融资是否成功也取决于公司管理者的自身能力，其所设立的项目是否是一个可信的融资方案，如他们是否乐于分享控制权，他们商业计划的性质是什么，以及在执行项目中的不确定风险等因素。当然，该提案的可信性不仅取决于该商业计划的内容，同时也取决于企业的内部治理状况与其业务和财务状况的透明度。Beck，Demirgu-Kunt 和 Maksimovic（2005）的研究表明，融资障碍对企业的发展有抑制的作用。Ayyagari，Demirgu-Kunt 和 Maksimovic（2006）的研究指出，通过准入原则进行的融资似乎是制约企业成长最重要的一个因素。

(2) 融资渠道对企业发展的影响。微观和宏观证据表明，一个运作良好的金融体系，需要一个有效的监管机制才能有效服务于企业的发展（如成熟的会计机制和财产制度）。Malesky 和 Taussig（2005）指出，经济增长与金融发展是有关系的，一个企业的发展需要一定的金融支持才能运行。当然，Beck，Levine 和 Loayza（2000）；Love（2003）研究发现，经济的增长是需要金融来改变生产率而不是简单地增加投资就行的，金融还可以根据不同的生产部门的需求来调配资金。金融发展要对经济发展提供一定的支持，必须要达到一定规模的水平，如果低于一定规模的水平，看起来一些较小的变化不会给经济增长带来帮助。但是在一些国家，金融的发展可以提高居民的收入，但是不能给长期的增长带来支持。没有合理的金融准入机制，那么这些企业的改革发展的投资需求将得不到满足。

(3) 不同规模企业的融资差异。Aghion，Fally 和 Scarpetta（2006）通过研究发现，降低金融准入壁垒，尤其有利于小企业的发展。一个公司的绩效会受到外部金融支持的影响：金融的发展给小企业带来的帮助往往要比大公司大，但是在投资环境较差的地方，小企业需要更多的金融支持才能发展。不仅小企业有更多的融资障碍，小企业在遇到这些障碍时，它们受到的影响也更严重。根据 Beck，Demirguc-Kunt 和 Maksimovic（2005）的调查研究显示，在融资方面，小企业比大企业有更多的障碍，这对扩展小企业的经营发展和活力是不利的。Laeven（2003）指出，随着金融自由化的深入，小企业面临的融资限制将会越来越小（包括利率的自由化、信贷配给的移除、金融机构民营化、外资银行的进入等），而大企业的融资实际上将会越来越困难。尽管在提供长期融资方面市场更具优势，但是在对经济的发展作用中，二者并没有多大差别（Allen 和 Gale，2000；Demirguc-Kunt 和 Levine，2001；Levine，2002）。对于银行而言，大量非正式的关系型贷款依然存在。债务融资是各种规模的企业外部资金的主要来源，非正规金融已经填补了正规金融系统约束下的空白部分（Allen 和 Qian，2005；Qian，2008）。同时还可以用其他形式的贷款提供金融支持，进行信贷登记和信用评级，这样可以扩展小企业的融资渠道（Miller，2003；Love 和 Mylenko，2003；Brown，Jappelli 和 Pagano，2006；Powell 和 others，2004）。

3. 金融普惠制度赋予家庭更多融资机会，这方面的研究话题包括：

（1）共享式金融的发展有利于降低不平等和减少贫困。Pitt 和 Khandker 通过运用计量经济学方法发现，信用状况对于家庭在支出、资产积累、劳动供应和后代接受教育等方面的选择都有很重要的作用。研究还发现，与资产和支出的回报率相比，劳动供应所得的回报率较低。因此，增加金融的支持应该更注重生产率的改进而不仅仅是数量上的增加。Khandker（2003）利用面板数据进行研究，通过控制变量，得出了一些更为精确的估计数据，这一研究结果本质上也就是和 Pitt 与 Khandker 得出的信用影响理论一致。最近，Karlan 和 Zinman（2006a）指出，消费贷款人要对贷款申请人的风险评估准则进行适当放松，对贷款的分配进行随机选择，这才有助于绕开一些偏见。与拒绝发放贷款相比，Karlan 和 Zinman 发现，申请贷款后的 6 到 12 个月内，进行随机选择的贷款发放更有助于借款人收入水平的增加，而不会致使其家庭受到饥饿甚至贫困。接下来进一步的研究中，最好要进行一些真正的实验，说服那些对小额信贷的作用还持怀疑态度的人，使其成为变成小额信贷的观察者或实践者。当然必须说明的是，目前对小额信贷效应的研究还比较少，这就缺乏一种证据支持。Morduch（2006）研究发现，如果一个村庄只有一个家庭获得信贷支持以抚平消费支出，那么该家庭将哄抬非贸易商品的价格，这样就对整个村庄带来了负面冲击，相比没有人获取信贷而言，排除一些家庭获取信贷反而更加糟糕。Ravallion（2001）通过实证研究指出，如果穷人的收入增长速度与其他人差不多一致，那么经济总量的增长意味着绝对贫困将会减少，越来越多的人会摆脱贫困线。只有这部分穷人的收入大幅下降，才会导致绝对贫困人群的收入增长的下降。Li, Squire, Zou 和 Li, Xu（1998），以及 Zou（2000）通过利用基尼系数来测量金融与收入不平等之间具有负相关关系，Clarke, Xu 和 Zhou（2006）利用横截面和面板回归的方法也证实了这一观点。Honohan（2004）通过对金融与贫困关系进行研究表明，更深层次的金融体系有利于降低绝对贫困，这些证据也表明，金融的发展不仅有利于经济的增长而且还有利于减少贫困。

（2）怎样为贫困家庭和小型企业提供更好的金融服务。Stiglitz 和 Weiss（1981）提出在某些情况下，贷款人将倾向于保持贷款率低于市场水平以遏制逆向选择风险。Robinson（2001）指出，在过去几十年的改革发展过程中，一些专门的小额信贷机构已经为上百万的客户提供服务，其中有许多的客户已经从金融服务中获取可观的回报率。Williamson（1987）认为，如果借款利率过高会导致市场利率水平失衡，而不能确保贷款的安全。Ghatak 和 Guinnane（1999）利用传统的工具来克服逆向选择、道德风险以及监测和执法成本，推行连带责任有利于减少这三者给贷款的障碍。Besley 和 Coate（1995）提出连带责任也会出现一些战略性问题，有些借款人预见其他贷款小组成员不偿还贷款，那么他们也会产生少偿还贷款的动机，因此连带责任贷款不适合同一组中具有不同需求的成员之间。Gine 等（2006）通过研究还发现，要想使联合贷款取得成功，对借款人进行贷前检查和贷后监管是很有必要的，他们也发现只有形成群体自愿的时候，才能降低道德风险。Karlan（2007）的研究则说明了，联合负债更多发生在一些社会团体，因此团体与成员之间必须连接好，以防止有些成员把资金挪用于一些风险项目或作其他用途。Ahlin 和 Townsend（2007）对泰国的研究发现，对于联合负债团体而言，没有亲戚关系的团体要比有亲戚关系的团体的资金回报率要高。同样的，Gine（2006）和其他研究者也通过实验说明了，小组成员之间进行充分的沟通也许会进行高风险的投资从而导致更大的损失。Gine 和 Karlan（2006）指出，这种把私人债务关系转化为集团承担的形式并没有改变预先存在的还款率，但可以使更多的人获得借款。

一些研究人员认为，很多信贷金融机构脱离了服务穷人这个焦点，Cull、Demirgu-Kunt 和 Morduch（2007）通过对 49 个国家的 124 个信贷金融机构进行的调查研究发现，无论给私人或是群体提供金融服务，他们都能从中获利，但是对于那些特别贫穷的人来说，其从中享受到的金融服务质量很低。同时，可以采取一定的动态激励机制，如重复贷款承诺，这样有利于减少贷款的道德风险，这在 Karlan 和 Zinman（2006b）对南非的信贷研究中得到了证实。同样的，Gine（2006）和其他一些研究者也证实，通过给予重复贷款可以提高还款的积极性，减少投资风险，还可以推行逐步贷款政策，这样随着时间的推移，其贷款违约的时间成本和机会成本会逐渐变大，从而减少贷款拖欠。①

总之，金融普惠拓宽了研究视野——将其置于全球框架下，有利于调和国内外需求，重构了国际合作的机制，为金融工具创新提供了理论依据，并且融合了多门学科的知识，为经济学和其他学科的研究提供了一些研究范式，为以后的研究积累了有益的经验和教训。当然作为一门新兴的学科，其没有形成逻辑严密的体系，即怎样测度金融普惠的有效供给？怎样解释政府行为在经济中的成功与失败？金融普惠在全球的差异到底反映了怎样的偏好？这些问题目前金融普惠理论都还没有给出很好的回答。

国内提出"普惠制金融"概念的杜晓山从赫尔姆斯（Helms，2006）关于普惠制金融"覆盖所有人"的原始定义出发，提出了普惠性金融体系框架——只有将包括以穷人和低收入阶层为对象的金融服务有机地融于微观（金融机构）、中观（金融基础设施）和宏观（法律和政策框架）三个层面的金融体系，才能使过去被排斥于金融服务之外的大规模客户群体获益。

---

① Beatriz Armendáriz de Aghion & Jonathan Morduch, *The Economics of Microfinance*（2005），The MIT Press, Cambridge, Massachusetts.

且这种包容性的金融体系能够对发展中国家的绝大多数人，包括过去难以到达的更贫困和更偏远地区的客户开放金融市场。在此基础上，焦瑾璞和杨骏（2005）从三个方面界定了普惠制金融的含义：一是服务对象的特定性，普惠制金融体系以价格相对合理的产品为中小企业、微型企业、农户等低收入群体提供服务。二是金融服务产品和功能的全面性，普惠制金融不仅为客户提供贷款服务，还为其提供存款和保险、汇款、养老金等全方位的金融服务。三是金融机构的多样性、体系的多层次性和保持适度竞争。之后，该领域的研究成果主要集中在对不发达地区，特别是农村金融发展方面的小额信贷研究，及至2011年北大学者就此论题到边远地区进行田野调查后，金融普惠方面的研究结果还是主要针对小额信贷方面，关于金融普惠框架之内的其他研究少有涉及，而分析民族地区金融排斥治理路径的研究成果基本上还是空白。

第四节　云南民族地区金融发展与金融排斥研究综述

目前，以云南民族地区金融排斥和金融发展为主题的研究文章并不多见，大部分文章是在探讨民族地区经济发展、社会发展、扶贫工作的大话题之下谈及金融排斥和金融发展的问题，金融普惠政策作为扶贫工作的一个有力抓手，在各类政策建议中频频出现，具体政策建议包括提升金融支付便捷程度、缩短收入差距等等。

晏淼（2010）认为云南民族地区社会发展的首要问题仍然是经济金融问题，要通过经济金融的全面发展缩小民族地区与经济发达地区的发展差距，以更加平衡的发展姿态实现"同步小康"。而发展劳务经济是突出民族地区人力资源优势的一种可行的发展措施，既符合特殊历史条件下少数民族可以抓住机遇呈现跳跃式发展的理论观点，也符合当前民族地区的客观实际，云南民族地区应当实事求是地选择民族经济发展政策，以更好地促进民族地区经济跨越式发展和现代化建设。文章在此观点基础上，对云南民族地区发展输出劳务经济进行了政策引导、设计，提出了一套较为系统、全面的政策方案。

文娜（2012）认为云南民族自治地区具有较为复杂的社会矛盾和独特的地理环境，这些因素增加了经济发展过程中的不确定性。在民族政策制定过程中，信息不对称可能导致省级政府针对民族关系、民族问题出台的政策不能够产生预定的效应，其中最为关键的矛盾体现在财务资源的分配上。今后若云南实行"省直管县"的行政改革，有可能进一步增加省县两级在信息交流方面的不对称性，进一步扩大了政策偏差的可能，这对于经济发展相对落后的云南民族自治地区来说无疑是一个挑战。

刘扬（2012）认为云南不仅是少数民族的聚集地，而且人口较少，民族很多，在我国的22个人口较少民族中云南省就有布朗族、德昂族、普米族、怒族、独龙族、基诺族、阿昌族和景颇族8个民族，其中还有5个民族是直接从原始社会过渡到社会主义社会的。这些民族生产水平极其落后，贫困程度较为严重，应当成为全国扶贫工作的重点、难点和主要关注点，应该在政策设计过程中予以更多的倾斜和关照。

徐志超（2013）认为云南民族地区具有民族构成多样、生活水平较低、医疗资源落后等特点，在这些地方开展贫困治理具有减轻贫困和振兴经济的双重作用。云南民族地区的贫困治理要借鉴先进国家经验，在主体构成上要以民间慈善为主过渡到以政府为主，再发展到政府、企业与民间力量合作，共同治理贫困；在治理对象上要从物质资本救助为主的救助式治理到人力资本开发为主的开发式治理，再到以社会资本投资为主的参与式治理。

王宇航（2013）建议要从民族地区综合经济实力、人民生活水平和质量、社会事业发展、生态环境建设、民族工作5个方面为目标出台政策，严格考核，并以云南扶贫开发工作经验为基础，探索具有中国特色、云南模式的"我国民族团结进步边疆繁荣稳定示范区"。

曲别金曲（2013）从二元经济结构理论、大推进理论、人力资本理论出发，追溯了云南少数民族地区贫困的历史原因、经济原因、政治原因，总结了 80 年代以来我国政府为帮助少数民族地区发展所出台的主要扶贫政策，详细分析了政策的利弊效应，进而提出了一个适合民族地区扶贫工作改进调整的思路。

李海江（2009）认为收入差距是民族地区最为显著的，影响范围最广的发展差距。他从定性和定量两方面对云南民族地区城乡居民收入差距进行分析与研究，得出的结论是：经济发展和体制发展水平综合得分最高的是红河；大理、版纳、楚雄的经济发展也处于较高水平，但体制发展因子是负，这三个地区要通过加强城镇化工作、提高对外开放水平来缩小城乡居民收入差距；德宏体制发展因子得分最高，但经济发展因子得分较低，需要在固定资产投资，财政支出结构等经济类方面加强发展步伐，逐步缩小城乡居民收入差距；文山、迪庆和怒江的经济发展水平和体制水平在全省都处于较低水平，应该注意加快经济发展和激活体制机制。

邓海滨（2010）通过进行统计分析和实地调研，得出以下结论：第一，云南民族贫困地区的农户储蓄意愿和程度普遍偏低，不利于形成有积累的资金，对经济发展尤其是投资不利；第二，造成当地储蓄率偏低的原因主要是收入绝对水平很低，此外民族风俗中没有积累储蓄的习惯；第三，舒尔茨对传统小农储蓄水平较低的解释并不符合云南民族贫困地区农户的储蓄行为；第四，在上述地区鼓励消费的政策不具备实用性，不能解决资金的源头问题，在这些民族地区首要的问题是鼓励储蓄和投资。

陈永剑（2010）认为云南边境民族地区的经济发展不仅关系到云南经济整体水平的提高，更关系到边疆的稳定和民族团结的核心利益，他以澜沧县为例，采用"麻雀解剖"的方法，运用比较分析、系统分析、文献分析和个案研究分析了边境民族地区经济发展政策制定的特点，政策的执行及其功能，政策执行手段，查找了边境地区经济发展存在的主要问题及其原因，并对优化和完善边境地区经济发展政策提出了具体建议。

李若青（2011）全面总结归纳了云南省扶持 7 个人口较少民族发展的政策体系、经验和执行中存在的问题，他认为省级政府应着重于决策职能，要为地方政府留足一定的政策执行空间，或将直接执行权留给具体的政策执行机构，以充分发挥基层执行机构根据实际情况对政策进行修正调整的作用；另外，省级政府还应当重点行使监督职能，不断健全政策执行监督与评估机构，针对政策执行的各个环节进行严密的监督与控制，确保政策执行效果及目标的实现。

吕怀玉（2013）认为国家新的贫困标准确立后，云南边疆民族地区的减贫工作正处于减贫战略的转向阶段，减贫工作的理论依据应当是科学发展理论和增权理论，具体内涵应当是促进人的全面发展，主要手段应包括开发扶贫、社会减贫、教育减贫、文化减贫，主要机制应当是通过统筹城乡实施可持续发展规划实现协调发展，主要评价标准应当定位是否促进了富裕与社会公平正义，主要实现路径应包括政府推动、社会推动、参与推动和市场推动。

徐丽华、武友德（2007）从产业化的角度提出了新的思路，他们认为经济欠发达的难题主要和城市化密切相关，云南民族区域要实现区域的协调发展，可以以产业集群与城市化为突破口，核心问题是在分析云南民族地区产业集群与城市化互动发展现状的基础上，选择符合自身发展的互动发展模式。

李灿松、武友德、斯琴（2007）认为在西部大开发战略推动之下，云南民族地区出现民族产业集群这种新的经济增长形式，为民族地区提供就业机会、增加人民收入、完善民族地区的市场体系和促进城镇化的发展提供了新的机遇，但目前产业集群还处于起步阶段，存在着集群程度低、生产网络不紧密等问题。由于产业集群以民族地区特有的资源为基础，与地方文化性、民族互动性的关系非常密切，因此发展产业集群的先决条件是对当地的特有资源和民族文化进行深度了解，形成规律性认识之后正确的指导实践。

陈贻娟、吴映梅、胡秀玉（2008）选择德宏傣族景颇族自治州作为研究云南民族地区经济发展的样本，他们对联合国开发计划署（UNDP）提出的人文发展评价指标体系（由预期寿命、受教育程度和人均 GDP 三个指数构成）进行修正，在综合评价德宏傣族景颇族自治州经济和金融发展基础上，提出促进云南民族地区经济社会和谐发展的思路。

张金湛（2011）对边疆民族地区民族群众使用金融支付结算产品的便利程度进行了分析，他认为当前民族地区还存在商业银行对人民银行要求落实不到位、银行支付结算产品推出滞后、创新应用不足等问题，需要引起重视。

徐丙琰、朱启才（2010）认为民族地区的对外贸易对促进民族地区经济的繁荣起着重要的推动作用，但整体来看对经济的带动作用还比较小。对外贸易是发挥民族地区地缘优势和资源优势的有利选择，加快云南民族地区的贸易发展，对于促进云南民族地区的经济发展具有重要的现实意义。

章林、何晓夏（2013）认为金融排斥态势的日益扩大是云南民族地区金融发展面临的主要矛盾，其主要表现是金融产品供给不足、金融机构供给不足、金融资源流失严重，金融排斥的日益扩大使得民族地区以金融发展带动经济发展社会发展的思路面临一系列挑战。因此，通过引入金融普惠理念和机制破解金融排斥成为当前民族地区发展和扶贫工作的核心。

综上所述，专门研究云南民族地区金融排斥的已有文献除了我们已做的初步尝试外，还没有其他深入研究。

第二章 云南民族自治地方金融排斥研究的背景框架：金融发展、金融生态、经济金融政策

金融排斥是对金融功能属性的一种偏离，其成因是多方面的。为了能够深入研究云南民族自治地方的金融排斥，本章将建立一个背景框架，从金融发展水平、金融生态环境、经济金融政策实践及其效应等主要方面分析云南民族自治地方的金融排斥形成背景因素。

第一节 云南民族自治地方金融发展

金融是经济的血脉，是现代经济的核心。完善的金融体系有助于优化金融资源配置，提高资本的使用效率，调整产业结构，促进经济增长，最终达到金融体系和社会经济发展的良性循环。金融发展与实体经济增长之间存在互为因果的关系。金融发展因素可以从多个角度深刻影响经济体的社会发展程度，并从不同路径制约着经济体的经济发展水平。[①] 同样，云南民族自治地方的发展实践也说明：云南民族自治地方金融发展对其社会经济发展有较强的促进作用，呈现出显著的正相关关系；当然其金融发展的滞后也成为形成金融排斥的主要原因。

一、云南民族自治地方社会经济发展

经过几十年的经济和社会建设，特别是近十年来国家和云南省加大了民

---

① 何晓夏、章林：《中国区域金融结构差异研究》，载《金融论坛》2010年第1期。

族地区的经济扶持政策后，云南省民族自治地方的经济发展有了极大的改善。这种改善首当其冲体现在规模和量级的迅速增长上。

表2.1 主要年份云南省少数民族自治地方主要指标[①]

指标	1952年	1957年	1965年	1978年	1980年	1985年	2006年	2011年
总人口（年末数）（万人）	866	955	1118	1597	1638	1752	2228.38	2273.19
少数民族人口（万人）	478		537	801	828	909	1229.46	1279.00
工农业总产值（亿元）	13.07	20.17	22.57	47.17	47.12	75.50	1904.45	3805.97
农业总产值（亿元）	11.52	16.09	16.79	27.60	26.84	41.30	1295.54	2517.36
工业总产值（亿元）	1.54	4.08	5.79	19.57	20.29	34.19	608.91	1288.61
财政收入（亿元）	0.63	1.18	1.98	3.02	3.02	7.79	101.15	285.50
财政支出（亿元）	0.28	0.77	1.34	5.04	5.68	13.03	328.93	1156.19

2010年，云南省民族自治地方 GDP 达 2800 亿元，2005年该指标不足 1300 亿元；人均 GDP 达到 1.2 万元，2005年该指标不足 0.5 万元；社会消费品零售总额超过 850 亿元，2005年该指标仅为 354 亿元；财政一般预算收入超过 220 亿元，2005年该指标仅为 80 亿元；财政支出超过 880 亿元，2005年该指标约为 260 亿元；全社会固定资产投资超过 2700 亿元，2005年该指标仅为的 642 亿元。

表2.2 2011年云南省少数民族自治地方生产总值（单位：亿元）[②]

地区	生产总值	第一产业	第二产业	第三产业
总计	3395.95	752.37	1437.86	1205.72
自治州小计	2763.55	566.65	1206.42	990.48

① 数据来源：《云南统计年鉴2008》、《云南统计年鉴2012》。
② 数据来源：《云南统计年鉴2012》。

第二章 云南民族自治地方金融排斥研究的背景框架：金融发展、金融生态、经济金融政策

(续表)

地 区	生产总值	第一产业	第二产业	第三产业
楚雄彝族自治州	482.50	108.32	208.43	165.75
红河哈尼族彝族自治州	785.64	124.23	422.54	238.87
文山壮族苗族自治州	401.40	91.53	154.16	155.71
西双版纳傣族自治州	197.59	57.39	59.81	80.40
大理白族自治州	568.10	123.45	238.21	206.44
德宏傣族景颇族自治州	172.32	45.41	59.85	67.06
怒江傈僳族自治州	64.63	8.22	24.03	32.38
迪庆藏族自治州	96.39	8.12	39.40	48.87

2010年，25个边境县（市）的GDP为683亿元，是2005年的2.2倍；人均GDP超过10000元，是2005年的2.1倍；社会消费品零售总额超过220亿元，是2005年的2.4倍；财政一般预算收入超过45亿元，是2005年的3.2倍；财政支出超过250亿元，是2005年的4倍；全社会固定资产投资超过630亿元，是2005年的4.7倍。

2010年，云南省民族自治地区的农村固定资产投资超过330亿元，这个数字是2005年的6倍多，民族地区农村的交通、水利、通信等基础设施比2005年之前有了显著的改善。2010年，民族自治地区下辖的7300多个建制村中，通自来水的村数超过了6900，占建制村总数的94%；通公路的村数超过7200个，占建制村总数的99%；通电话的村数超过7100个，占建制村总数的97%；通电的村数超过了7300个，占建制村总数的99%。民族地区城镇化率达27%，2005年该指标仅为提高24.2%。

整村推进、培育特色种养业等产业工程帮助民族地区群众提高了收入水平，群众生活水平明显提高。2010年，民族自治地方农民人均纯收入超过3500元，在"十一五"期间，民族地区农民收入水平年均增长11.18%，而同期全省农民收入水平增长率为10.67%；25个边境县农民人均纯收入也超过3100元，"十一五"期间，边境县农民人均纯收入年均增长12%，比全省同期平均水平高2.6%。

表 2.3 云南省少数民族自治地方职工平均工资（单位：万元）[1]

地区	2007年职工平均工资				2011年职工平均工资			
	合计	国有单位	城镇集体单位	其他单位	合计	国有单位	城镇集体单位	其他单位
楚雄彝族自治州	1.96	2.16	1.89	1.42	3.35	3.79	5.09	2.31
红河哈尼族彝族自治州	1.93	2.16	1.52	1.43	3.22	3.61	3.37	2.22
文山壮族苗族自治州	1.93	2.02	1.57	1.67	3.01	3.09	3.84	2.75
西双版纳傣族自治州	1.72	1.80	14.3	1.41	2.87	2.95	3.11	2.61
大理白族自治州	1.95	2.39	1.55	1.41	3.41	4.19	3.74	2.44
德宏傣族景颇族自治州	1.64	1.86	1.51	1.28	2.86	2.90	4.78	2.68
怒江傈僳族自治州	2.06	2.01	1.52	2.27	3.32	3.15	3.38	3.80
迪庆藏族自治州	2.67	2.85	1.95	1.53	4.24	4.67	4.54	3.22

"十一五"期间，民族地区和边境地区经济结构调整成效突出，第二、第三产业发展迅速。2010年，民族自治地方工业增加值超过了900亿元，从2007年到2010年的三年间，工业增加值年增长率超过13%；25个边境县（市）工业增加值近160亿元，从2007年到2010年三年间年增长率超过20%，超过同期全省工业增加值5.95%。同时，产业结构调整也取得明显成效，2005年民族自治地方三次产业结构比重为27.44：37.83：34.73；2010年民族自治地区三次产业结构比重变为22.26：40.96：36.78。2005年，25个边境县（市）三次产业结构比重为34.46：24.68：40.86；2010年，该指标调整为27.48：33.82：38.7。此外，民族自治地方进出口贸易总额达39.07亿美元。旅游人数达7092万人次，国际旅游收入达9.86亿美元，国内旅游收入达472.06亿元。

---

[1] 数据来源：《云南统计年鉴2008》、《云南统计年鉴2012》。

表2.4 云南省民族地区近年来产业结构变化趋势（单位:%）①

地区	2005年			2009年			2011年		
	第一产业	第二产业	第三产业	第一产业	第二产业	第三产业	第一产业	第二产业	第三产业
民族自治地方总计	19.3	41.2	39.5	17.3	41.9	40.8	20.5	43.7	35.8
楚雄彝族自治州	26.2	40.6	33.2	23.7	40.3	36	22.4	43.2	34.4
红河哈尼族彝族自治州	18.6	52.9	28.5	18.6	50.6	30.8	15.9	54.1	30.6
文山壮族苗族自治州	32.1	29.4	38.5	24.8	33.3	41.9	22.8	38.4	38.8
西双版纳傣族自治州	35.8	22.9	41.3	29.4	29.6	41	29	30.3	40.7
大理白族自治州	29	33.3	37.7	25.7	36	38.3	21.7	41.9	36.3
德宏傣族景颇族自治州	33.1	21.6	45.3	28.6	30	41.4	26.4	34.7	38.9
怒江傈僳族自治州	19.1	33.8	47.1	12.3	42.4	45.3	12.7	37.2	50.1
迪庆藏族自治州	19.1	36	44.9	10.8	37.6	51.6	8.4	40.9	50.7

"两免一补"教育政策、中小学校舍安全、农村卫生服务体系建设、新型农村合作医疗等工程的实施，使得民族自治地方民生得到很大程度地改善。② 2005年，民族自治地方城镇居民最低生活保障支出为3.1亿元，到2010年，该指标增加到9.12亿元；2005年，民族地区农村居民最低生活保障支出为0.03亿元，2010该指标增加到19.5亿元，2010年民族地区新型农村合作医疗费用支出22.98亿元，新农合参合率达95.98%。

民族地区的政策扶贫也取得了进步。从2006年到2009年，云南省共争

---

① 数据来源:《云南统计年鉴2006》、《云南统计年鉴2010》、《云南统计年鉴2012》。
② 《云南省加快少数民族和民族地区经济社会发展"十二五"规划》显示:"十一五"末，民族自治地方有医院、卫生院1217个，医疗机构床位70911张，卫生机构人员7.58万人。有普通高等院校11所，在校生5.58万人，比2005年增长99.29%。有普通中学1151所，在校生121.4万人，比2005年增长4.2%。有中等职业学校143所，在校生18.87万人，比2005年增长259.43%。有小学8049所，在校生197.66万人。教育经费支出166.6亿元，与2005年相比增长194.2%。全省出版发行有14个民族18个文种的各类图书、12个民族19种文字的报纸和2个刊物。有46个广播电台（站）用15种少数民族语言广播，9个电视台（站）用彝语、傣语、哈尼语、藏语等语种制作、播放电视节目。先后分4批命名了824名非物质文化遗产代表性传承人，公布省级民族传统文化保护区56个。

取到财政扶贫资金 73 亿元，其中中央财政支持 52 亿元，省级财政拿出 21 亿元；云南省 8 个民族自治州廉租住房建设中央投资了 6.5 亿元，云南省配套资金 1.6 亿元；安排以工代赈中央拨付资金 2.7 亿元，省级财政配套资金 0.35 亿元；以工代赈示范工程中央拨付资金 0.35 亿元，省级财政配套资金 0.07 亿元；易地扶贫搬迁试点工程中央拨付资金 1.16 亿元，省级财政配套资金 0.11 亿元。从 2008 年开始，云南省 8 个民族自治州社会事业累计获得了中央财政和省级财政 17 亿元。经过不懈的努力，民族自治地方的贫困人口下降明显，2006 年，民族自治地方贫困人口为 380.23 万人，到 2010 年，民族自治地方贫困人口减少到 181.51 万人；2006 年，边境县（市）贫困人口为 140.4 万人，到 2010 年，减少到 64.51 万人。

表 2.5　云南省少数民族自治地方财政收入和财政支出（单位：亿元）[①]

地　区	财政收入			财政支出		
	2006 年	2007 年	2011 年	2006 年	2007 年	2011 年
民族自治地方总计	101.15	130.55	285.50	328.93	428.36	1156.19
自治州小计	86.86	112.14	235.53	263.05	337.20	911.59
楚雄彝族自治州	14.32	17.95	37.58	43.46	57.10	126.76
红河哈尼族彝族自治州	29.49	37.71	72.79	63.55	81.98	213.19
文山壮族苗族自治州	8.94	12.60	27.45	39.26	52.53	143.79
西双版纳傣族自治州	4.82	6.07	17.60	16.57	20.77	67.12
大理白族自治州	18.75	22.78	45.95	50.15	60.71	159.62
德宏傣族景颇族自治州	5.36	7.90	18.91	22.11	28.01	92.30
怒江傈僳族自治州	3.37	4.78	6.66	14.08	17.42	42.68
迪庆藏族自治州	1.82	2.36	8.60	13.88	18.69	66.11

云南省通过实施兴边富民工程、扶持人口较少民族发展、扶持特困民族和散居民族发展等工程，云南境内的拉祜族支系苦聪人，布朗族支系莽人、

---

① 数据来源：《云南统计年鉴 2008》、《云南统计年鉴 2012》。

克木人，彝族支系僰人，白族支系勒墨人，瑶族支系山瑶等一批特殊贫困群体得到了重点扶持。2005—2010 年，云南省实施第一轮国家和省的扶持人口较少民族发展规划，投入各项扶持资金 27.2 亿元，其中，投入拉祜族苦聪人帮扶资金 2 亿元，搬迁了 3000 余名贫困群众；投资 1.8 亿元帮扶布朗族的莽人、克木人完成通路、通水、通电等工程；编制并启动了独龙江整乡推进、独龙族整族帮扶规划，实施了独龙族安居温饱六大工程；计划投资 4.2 亿元用于扶持瑶族山瑶支系发展。

在人口较少民族发展规划的支持扶持下，人口较少民族聚居区初步呈现出生产得到发展、生活水平得到提高、生态环境得到改善、民族团结得到加强。具体表现在以下几个方面：一是人口较少民族聚集区的基础设施得到较大改善。人口较少民族聚居乡镇的通油路率达 95%，175 个建制村全部实现"四通"目标，23 万人的安全饮用水问题得到解决，"五小水利"工程建设不断推进。二是人数较少民族群众的收入水平显著提高。2010 年，人数较少民族聚集的 175 个建制村农民人均纯收入超过了 2200 元，是 2005 年的农民人均纯收入的 2.6 倍，年均增长率超过 20%。2010 年，人数较少民族聚集地的贫困发生率是 13.6%，比 2005 年的同口径指标降低了 42.7%。三是人数较少民族聚集区初步形成了以猪、羊、经济作物为代表的特色产业。2010 年人数较少民族聚集地 175 个建制村年末大牲畜存栏 17.3 万头（匹），其中羊存栏 12.2 万只，猪存栏 34.5 万头，粮食总产量 14.7 万吨，经济作物总收入 7.4 亿元。四是人数较少民族聚集区的科教文卫事业得到加强。人口较少民族聚居县全部实现了"普九"，群众"上学难、就医难"的问题得到缓解。

长期以来，大部分云南民族自治地方的经济基本是以传统的农业生产为主，工业化进程十分缓慢。从 1840 年鸦片战争开始，东部地区陆续开始工业化，而民族地区开始工业化的时间至少滞后了 100—124 年，直到 20 世纪五六十年代才正式开始工业化，云南民族自治地方则更是落后得多，不仅工业化的时间晚，而且起点极其低下。改革开放以来，我国总体上实施的是"非均衡的发展战略"，从强调地区均衡发展转而着重整体发展速度和宏观经济效益，着重于充分发挥和利用各地区优势，尤其是东部沿海地区的经济技术区位优势，加快了东部沿海地区的发展。这一时期国家虽然对民族地区经济发展十分重视，采取了许多切实有效的政策措施，也不断增加对民族地区的直接投资，结合民族地区的资源优势，形成了一批具有全国意义的生产基地或工业区，如宁夏和内蒙古的煤炭、电力基地，广西的糖业基地，新疆的石油、纺织基地，贵州的有色金属和化工基地，云南的烟草基地等，但总体上来看，国家对民族地区，特别是云南民族自治地方的投资占全部投资的比重比过去下降了不少，因而云南民族自治地方与全国平均水平，特别是和东部沿海地区经济发展水平差距越来越大，具体表现在：

（一）经济资源的总体丰度低

云南民族自治地方经济资源的总体丰度低，难以满足经济发展的要求。经济资源中首当其冲的是劳动力的素质问题。云南民族自治地方虽然有相对充裕的劳动力资源，但那仅仅表现在数量上面。随着现代经济增长方式的转变，劳动力多少对经济发展的作用变小了，同时人力资本的作用却日益显现，因此云南民族自治地方人口素质低、人力资本缺乏这个不利因素对经济的阻碍作用越来越突出。与劳动力素质低下密切相关的是教育发展不力、科研投入严重不足和技术水平亟待大幅度提高。这些都可以从诸多有关经济增长和经济发展的实证分析中得到具体认识。由于教育科技发展满足不了时代前进的要求，造成云南民族自治地方人口素质低下，劳动者的职业技能无法满足民族经济发展的需求，传统思想和宗教文化对现代经济发展的束缚难以破除，极易形成"人口素质低下——人力资源匮乏导致经济发展缓慢——教育科研投入不足——人口素质难以提高"的恶性循环。此外，云南民族自治地方人口的发展还存在其他一些问题，像人口自然增长率过高、人口结构不合理、少年儿童比重过大、人口的地域分布不均、就业结构不合理、劳动者身体素质差等。这些都将对云南民族自治地方经济的发展造成不利影响。

云南民族自治地方经济发展所需资本也严重缺乏。各自治地方资本状况的总体特征是：资金严重短缺，投资不足；外部资金利用水平极低，自身内部的资金积累率和自给率也不高；地方财政拮据，收支不平衡，等等。资本和劳动力一样，是经济发展的两个最基本的要素。资金流通则是现代经济运转的基础环节和重要媒介，一个地区资本充裕与否，直接决定着这个地区经济发展的效率和速度。资本的发展水平既是经济发展的基础，又是经济发展的结果。云南民族自治地方建设资金的来源主要有国家投资、政策性信贷资金、外资、争取到的东中部地区资金、自身积累的资金等。投资仍是当前中国经济发展的第一推动力，资金短缺的直接后果是各地方投资不足，开发不充分，发展滞后。云南民族自治地方经济发展整体水平低下，少数民族居民收入水平低，政府储蓄和全民储蓄率低，自身资本的创造能力弱，又由于消费能力和消费层次低，区内市场狭小，综合经济发展环境差，难以吸引其他地区和国际上的资本进入，也难以有效地开展对外贸易和交流。这些由落后的整体经济发展水平造成的一系列不利因素叠加的结果是，云南民族自治地方经济发展所需资金严重不足，区内经济发展高度依靠国家财政扶持和其他地区援助，从而形成典型的不发达地区对外界依赖的现象。除了资本存量不足，云南民族自治地方资本的形成能力不足也加剧了资本短缺对地区经济发展的阻碍，成为制约各地方经济发展的又一个重要因素。

(二) 社会资源不足

云南民族自治地方社会资源的特点主要表现在居民收入和消费水平、城市化、教育水平和社会卫生健康等方面。目前，云南省的城镇化率比全国平均水平低14.47个百分点，比西部地区平均水平低近6个百分点，部分民族自治地方更是还处在典型的农业社会时代，农业经济是云南民族自治地方经济的主体和主要表现形式。另一个表现是城市经济发展严重滞后，城镇工业产值过低。发达国家和地区经济发展的历程证明，城市化是经济发展的必然趋势，城市和城市经济已经成为当代经济的主要载体和表现，城市也是现代文明的中心。云南民族自治地方的落后在其城市发展上得到充分反映：城市化水平极低且发展质量差，分布不平衡，城市发展以小城市为主，城市综合经济实力较弱。城市化发展滞后直接的后果就是城市经济弱小，整体经济结构不合理，三大产业和工农业发展不平衡。城市发展缓慢，小城镇建设落后，使云南民族自治地方经济不断拉大同发达地区现代经济的差距，同时造成工业和第三产业发展滞后，农村剩余劳动力不能及时有效地转移，二元经济现象加剧，各种产业无法顺利完成升级换代，更不要说现代高新技术产业的引入和发展。因此，城市化等社会资源水平过低，成为云南民族自治地方经济发展的重要制约因素。

(三) 市场发育落后、经济体制转变缓慢

云南民族自治地方市场发育现状具体来说就是，区域市场规模小、需求结构层次落后、市场主体成熟度低。我国的市场发育是在从传统计划经济体制向社会主义市场经济体制转换的过程中进行的，云南民族自治地方也是如此。在这种状态下，市场的发育取决于经济体制改革的深化程度和转换速度，同时受到整体国民经济发展水平的制约。云南民族自治地方生产力落后，收入水平低，市场供给和需求有限，加之人力资本不足，人们的思想观念转变缓慢，旧体制惯性大，区域市场的发育缺少内在自发的原动力。此外，云南民族自治地方大都偏居一隅，远离区域经济重心，改革开放以来，由于实施向东部沿海倾斜的发展战略，这些地区改革开放发展滞后，市场经济体制架构的建立远远落后于东部发达地区，来自外界的促进市场发育的动力亦不足，因此也进一步延缓了云南民族自治地方的市场发育。

所有的这些因素决定了云南民族自治地方市场发育还处于初级阶段：各类市场残缺不全，有一部分生产资料和农产品等消费资料还没有真正进入市场，还处于计划调拨和自给自足的阶段；各类生产要素市场才刚刚起步；市场需求层次落后，容量小；市场秩序混乱，市场行为不规范，整个市场封闭落后，行政垄断严重，缺乏合理可行的市场运行规则和市场组织管理经验；市场主体不够完善和成熟，非国有经济形式的企业发展滞后，国有企业机制转换困难、缓慢，市场主体的行为远不够规范，还需要依赖政府来组织和调控，而政府调控本身也会出现"政府失灵"的现象。云南民族自治地方市场体系的发育和完善是和其经济体制改革紧密关联的。云南民族自治地方普遍是：大中企业产值比重偏大，国有企业和国有经济规模偏大，而相对来说，经营机制更为灵活、市场行为更为规范的中小企业和非国有非集体所有制经济成分产值比重过低，难以适应经济体制的转变和市场机制的建立与完善。总之，云南民族自治地方市场发育和经济体制改革还有很长的路要走，在这之前，各自治地方经济的发展都要受制于这个不发达的区域市场和不合理的经济体制结构。

(四) 基础设施建设落后

云南民族自治地方的交通运输和邮电通讯等基础设施建设的现状是总体

水平低、运营效果差。生产、交换、分配、消费是社会再生产的四个基本环节，而把这四个环节衔接起来的就是交通运输业和邮电通讯业等。由此可见，基础设施的建设和发展是关系到国民经济发展的重要环节。完善、有序、高效的交通运输和通讯体系是国民经济的"动脉"，是各行各业的纽带，是经济得以高效运转的前提。云南民族自治地方地理环境多是江河纵横、山峦连绵、悬崖峭壁林立，加之整体经济水平低下，基础设施建设投入不足，交通运输业、邮电通讯业发展落后。这些经济发展的先决条件、助推条件不足，也成为云南民族自治地方经济发展的一个严重障碍。

（五）经济结构和产业结构不合理

云南民族自治地方经济结构和产业发展中的主要问题，一是结构失调问题，包括城乡结构、工农业结构、三大产业结构等；二是产业发展的基础薄弱问题，表现为产业规模和总量小，水平低，质量差；三是国有经济成分比重大，非国有经济发展缓慢。从具体的生产行业来看，各地方的工业行业，大多是典型的采掘和原材料工业，由此形成一批单一的资源型城镇。资源型产业对地区经济的带动作用比较差，而且随着产业衰退和资源耗竭、生态破坏，往往表现出不可持续性。各地方农业和农村经济的主要问题则表现为：大多数劳动力困守土地，收入来源单一；农业产业化、规模化经营难以实现；生产技术落后，群众收入低，市场容量有限，城乡居民收入差距不断扩大等。按传统发展模式配置资源的产业组合形态已经不能适应经济加速发展的要求，而且日益成为今后云南民族自治地方发展的主要制约因素和障碍。

（六）思想观念和民族文化的制约

云南民族自治地方人力资源不足，人们思想落后，闭塞的环境和悠久的历史造成了一些传统的思想和保守的风俗习惯与宗教文化。这些都难以适应转变经济发展方式和建立市场经济体制的要求。僵化的规则、保守的观念、小富即安的思想、鄙弃商品交易的习俗、落后迷信的宗教思想等等，这些都和现代文明格格不入，也适应不了当代经济发展的需要，成为建立现代化生产经营方式的桎梏。

二、云南民族自治地方金融发展概况

云南民族自治地方的金融发展水平与其社会经济发展水平互为因果，也处于滞后发展状态，具体表现在以下几个方面：

（一）金融发展总体落后，经济的货币化不足

戈德·史密斯（Gold Smith, 1969）的研究表明，经济发展和金融发展之间存在平行关系，特别是对快速增长时期，"一国的金融上层结构发展要快于该国国民生产和国民财富基础结构的发展"，也就是说，一国金融资产总量和经济发展之间存在着大致平行的关系，随着经济总量和人均收入的增加，金融发展的规模也相应扩大，而且，金融资产总量的增长要快于其生产总值的增长。

云南民族自治地方的国有银行存贷款之和与 GDP 的比值自 1985 年后明显低于全国平均水平，由此可见，这些民族地区的金融发展总体落后，经济的货币化水平不足。经济循环中信贷和货币化的程度较低，一方面是由于云南民族自治地方自然经济部门占用较大比例，另一方面是由于这些地区金融机构不发达和结构不合理。

（二）金融机构数量少且类别单一，金融工具缺乏

金融机构是理解金融结构和金融发展的关键。由于不同经济主体间的金融需求是有差异的、分层次的，所以健全的区域金融机构应是多层次、多元化的金融组织，以满足不同的金融需求。在我国，银行是金融机构的核心。随着对外开放的深入和市场经济体制的初步建立，我国东部地区不断完善其金融机构体系，首先，从构成上已形成了国有商业银行、政策性银行、股份制商业银行、非银行金融机构和外资金融机构并存的多元化金融格局，并且国有四大行业务所占比例在逐渐下降。另外，在广东、福建、浙江等沿海一带，还存在大量的民间非正规金融。但云南民族自治地方金融机构还是以国有大型银行为主，在国有银行逐步退出的地区，则是以邮政储蓄银行、农信社等为主。

其次，从规模上东部地区的金融机构数量也迅速扩张，而对于云南民族自治地方金融机构，首先从构成上多元化金融格局尚未最终形成，占有绝对主导地位的仍是国有大型银行等。招商、民生、光大等股份制商业银行虽已登陆民族自治地方，但其主要是在各地方的中心城镇设立少量分支机构，对民族自治地方的整体支持和服务力度不足。尽管我国加入 WTO 后，外资金融

机构已大量涌入，可是进入民族自治地方的却少之又少。

云南民族自治地方金融机构的数量少且类别单一的特征，又直接约束了金融工具的多元化发展，直接表现为金融工具的缺乏。我国金融市场上的金融工具种类本就局限于银行存款、贷款、股票、债券等基础性金融工具，而经济落后的云南民族自治地方金融工具的持有存量和交易数量更是远远不足，并且缺乏适合地方经济发展特色的金融工具，如民族自治地方投资基金、债券等。

（三）区域资金流失严重，地方资金供求矛盾加剧

随着我国市场经济制度的基本建立和不断完善，推动了要素市场的建立，而要素市场的建立和完善必然要求要素流动打破地域、行业和企业的束缚，使要素所有者依据市场经济的规则，权衡收益和成本，把要素投向预期收益高、成本相对低的地区、行业和企业，这才能大大提高资源的配置效率。我国东部、中部地区经济发展快，投资环境好，资本的边际效率明显高于云南民族自治地方，投资风险整体上也低于云南民族自治地方，而且分散风险的途径也较多。因而，尽管长期以来，国家为支持云南民族自治地方经济发展而注入了大量的资金，但与此同时，云南民族自治地方资金却又通过各种途径向东部和中部地区流动，甚至是云南、西南的其他地区流动。比如信贷资金通过上存资金、资金净拆出、金融机构直接向云南民族自治地方以外的地方贷款等渠道外流，特别是大城市和发达地区集中，直接影响到云南民族自治地方资金供给，有人形象地把这种现象称为"抽水机"。此外，资本市场方面的东西部差距，使得资金通过资本市场更多地在东部地区集聚，加大了云南民族自治地方的资金缺口。

（四）金融发展路径表现出强烈的外生特征

从历史上看，在计划经济时代，云南民族自治地方的国有银行的设置是与行政区划匹配的，而与当地的经济发展水平没有必然联系，金融发展路径表现出强烈的外生推进特征，在国有银行实行改革以后，其逐步撤出了一些地区，但由于种种原因还保留了一定数量的机构。此外，财政对云南民族自治地方的金融促进作用主要体现在两方面：一是在金融机构的存款构成中比例较高；二是财政性存款对城乡居民储蓄存款的倍数。

云南民族自治地方是我国 2020 年实现全面小康目标的重点和难点，也是实现金融普惠的重点和难点。它们与发达地区的差距，初期主要表现为生产上的差距，到一定阶段后会表现为金融上的差距。纵向比快速发展和横向比相对落后，是对云南民族地区，特别是民族自治地方金融市场发展现状的一个基本判断。

三、云南民族自治地方金融发展与社会经济发展

以上分析表明：从总体而言，云南民族自治地方相对于全省总体水平或平均水平，特别是相对于东部沿海地区，在经济总量、发展水平、产业结构调整、对外开放水平及城镇化水平等方面存在着明显的差距。从内部原因来看，云南民族自治地方自身改革滞后在一定程度上造成经济发展的动力不足，而金融发展的滞后也成为形成其金融排斥的重要原因。这种制约机制主要表现在：

（一）金融需求与金融供给的矛盾日益突出

云南民族自治地方金融的需求形式呈多样化发展。这些民族自治地方虽然经济金融发展相对缓慢，但以种植、养殖、个体工商户等为主的经济主体对金融的需求日益增加，并且需求的表现形式也不尽相同，多样化的需求主体需要有多样化的供给与之相对应，但是由于大多数银行、非银行金融机构在这些地区没有网点，或者业务单一、产品单调，并不能满足民族自治地方对金融服务的需求。

（二）收入低、抵押难一定程度上限制了贷款需求

大多数云南民族自治地方经济仍以农业为主，但农户在经济中处于弱势地位，加之农民文化水准不高，对市场风险的认识程度不够深，很难把握市场不断的变化，使得农户的生产经营活动带有盲目性和风险性，往往达不到金融服务所需的最低标准。同时，由于农户的收入水平低下，若遇到暴雨、干旱、霜冻等自然灾害，收入具有不确定性，农户拥有的物资财富不能构成足够的信贷抵押品，此外，农户所耕种使用的土地也不具备完全的产权，其他农畜和生产资料又不能作为抵押物。即便可以将这些物资作为抵押品，但是一旦发生风险，将失去这些赖以生存的条件，农户的生活将走向极端贫

困化。

（三）隐性成本制约了贷款需求

借款主体从正规金融机构获得的贷款，所需要支付一些贷款利率是其显性成本，此外还存在着其他的隐性成本：云南民族自治地方由于金融机构网点有限，借款人需要花很长时间到较远的县域地区获得金融服务；碍于天气等自然因素借款人不能及时还贷而产生的额外费用等。这些隐性成本的存在最终可能使得借款人借贷的实际成本要远高于其名义成本，从而制约了信贷需求。

（四）政策性金融支持作用不明显

在许多云南民族自治地方，政策性银行仅有中国农业发展银行，其主要负责农产品的收购，以及物资的储备和运输过程中的资金应用。然而农业发展银行目前的业务范围仅限于收购农产品，加之资金相对匮乏，没能切实担负起政策性金融的作用。在县域经济中，农业发展银行的覆盖面也比较有限，经营范围以及融资量还未完善，目前仍处于发展的萌芽阶段。

（五）商业银行网点不足

根据目前云南民族自治地方发展情况，许多商业银行出于成本、风险和收益的考虑，对其机构的设置以及业务开展等方面进行了一定的调整，并且所留存的机构只进行普通传统业务的办理，资金得不到充分的运用，致使民族自治地方的融资功能减弱。从这些地方吸收的资金更多地投向回报高的产业和地区，对于本地项目的投资却很少。

（六）农信社体制不健全

在云南民族自治地方，农村信用社作为主要的正规金融机构，相较于其他机构，其分支机构最多，也是唯一能够与农户进行直接业务往来的金融机构，是农村地区金融服务的中坚力量。但由于受限于体制、历史和政策因素，云南民族自治地方农信社普遍存在以下问题：不良资产比例较高、资金充足率低、赢利压力大等，这在很大程度上削弱了有效的金融供给能力。

（七）邮储储蓄银行信贷规模有限

云南民族自治地方的邮政储蓄作为发展较快的金融机构，现已成为农村资金融通的重要部门。多年来由于邮政储蓄银行只能吸收存款、不能发放贷款,"只存不贷"加重了这些地方信贷市场的供求矛盾。目前邮储银行的小额贷款已在全国推开,但总的来说,云南民族自治地方的贷款业务的开展还处于探索阶段,信贷规模还相对有限。

（八）村镇银行发展起步晚

村镇银行是由发起行控股,由其独资或与自然人、企业法人合股组建而成的股份制银行。村镇银行在信贷客户的选择和经营理念、运营方式上与农信社基本相似,但在贷款利率上却享有4倍于基准利率的政策优势,所以发展速度比较迅速。但是从规模上看,由于村镇银行的注册资本金比较小,单笔贷款金额有限,使其发展也受到一定的制约,其贷款规模占当地贷款总量比重较小,与农信社等还存在较大差距。云南民族自治地方还由于地理位置限制,其贷款主要发放给城区附近的龙头企业、农民进城创业、个体工商户等,对解决农村和农民借贷需求具有很大的局限性。

此外,由于云南民族自治地方缺少正规的支农金融机构,这为地区的非正规金融发展提供了一定空间。非正规金融机构一般采用较少抵押或无抵押的贷款方式,贷款手续简便、灵活且时效性强,比较适合农户的金融需求特点,在云南民族自治地方农村信用领域占有举足轻重的作用。然而,非正规金融在社会上的合法性往往受到质疑,其发展会受到各种困难和制约,且非正规金融机构的借款形式比较分散和隐蔽,服务成本（如贷款利率等）也较高,制约了其对云南民族自治地方金融需求的支持作用。

通过本节的分析,得出的主要结论是：在现代经济关系中,金融已经成为经济发展的核心,金融发展对社会经济发展有很强的推动作用,对于云南民族自治地方社会经济发展有显著的促进功能,而云南民族自治地方金融发展的滞后又严重制约了其社会经济的发展,也使得其金融排斥日益加剧。因此云南民族自治地方必须加快区域金融发展,针对社会经济发展和金融发展中存在的矛盾,利用好金融的内在机制,强化金融系统的融资功能,投资导向功能,提高金融功能效率,实现云南民族自治地方金融发展和社会经济发展的双赢。

第二节　云南民族自治地方金融生态

金融学理论认为，金融生态的主体、环境和调节机制三位一体地构成了完整的"金融生态"概念。金融生态主题和环境之间、环境和机制之间、机制和主体之间通过交换资金、物质和信息流而达到相互依存、相互制约的平衡，并建立起两者或者三者之间的双向反馈机制。从这个意义上讲，金融组织及其之间的竞争协同关系与金融生态环境之间有着千丝万缕的联系，恶劣的金融生态环境可能破坏金融组织竞争协同关系，使金融生态各个组成部分之间的物质、资金和信息交换出现梗阻，进一步使整个金融生态系统出现失衡，而好的金融生态环境有可能激发金融组织的竞争协同关系，使金融生态各个组成部分之间的物质、资金和信息交换进一步加速流转，并使整个金融生态系统的平衡更加牢固。因此，改善金融生态环境是保持金融系统平衡、增强金融效率、提升金融功能的重要内容。

云南民族自治地方有着独特的经济态势和民族特质，在此基础上形成的金融生态也具有自身的特征。本节分析云南民族自治地方的金融生态环境，在此基础上探讨金融生态环境与金融功能效率之间的相互作用。最后，我们从文化教育因素实证分析金融生态与金融发展水平之间的关系，从中我们也可以看到金融生态对金融排斥形成的重要影响。

一、云南民族自治地方金融生态环境

金融生态环境划分为由政治制度、经济制度、法律制度等具有强制性的正式规则构成的硬环境和由社会习俗、习惯行为、文化传统、价值观念、道德规范、思想信仰、意识形态等不成文的潜在规则构成的软环境两个方面。具体来讲，金融生态环境包括经济环境、金融发展环境、制度环境和社会文化等一系列基础条件。其中，经济环境是金融运行的物质基础，决定着金融运行的规模、结构和质量。金融发展也是构成金融体系运行的重要方面，较高的整体金融发展水平也会对某一金融环节产生直接的重要影响；制度环境

是与政治、经济、文化有关的法律、法规和习俗等，它又细分为金融产权制度、金融法律制度、金融监管制度等等多种相关制度；社会文化环境是指金融所处的政府行政、社会信用、社会习俗、生活方式和文化传统等。

（一）经济基础环境

金融体系生存和发展所需资本、信息、技术、制度、人力资源、交易条件等都必须靠环境来提供，因此金融生态环境的供给能力即实体经济总量、发展状况、活跃程度等就成为金融生态主体存在的根据、服务对象、生存与发展空间。可以说，经济基础在很大程度上决定着金融构造、规模、质量、效益和发展方向。

首先，经济运行的宏观层面——合理的经济结构以及健康平稳的经济增长速度，产业结构的优化程度等可以决定区域经济效益高低与发展前景及其防范和化解金融风险的能力。区域经济发展水平的提高、经济规模的扩大，必然对金融体系产生更大规模、更多品种的金融产品和服务需求，而金融体系也只能通过发展多种金融机构、金融工具，才能满足伴随实体经济发展而来的需求变化。区域经济基础好，区域产业结构和消费结构合理，就会吸引较多资金服务区域经济，为区域经济的扩大再生产，产业化经营和工业发展提供资金，同时区域经济的壮大，可以增强其偿债能力。在信用、法治等环境因素相同情况下，地区经济基础好，金融机构的金融资产质量也较好，从而有利于区域金融优化。

其次，伴随经济发展而来的商品化和货币化现象对金融发展也会产生重要影响。概括地讲，商品化就是用于交换的产品占社会总产品的比例，货币化是社会商品交换与分配过程中货币的使用比例。只要在以交换为基本关系的商品经济中，就会存在为交换而产生的劳动产品或服务，就会需要充当一般等价物的货币来体现商品生产者间的等价交换原则，就会产生能够解决实际交换中盈余部门和赤字部门之间的调剂、债权债务关系的频繁转换，以及清算支付等基于货币信用的各种服务和工具，就能催生出更多的银行、证券公司、交易所等各类专门经营货币信用业务的金融机构。因此，经济越发展，商品化和货币化程度越深，交换关系越复杂，货币的使用范围就越大，金融结构也就越复杂。

近些年来,云南省加大财政转移支持和民族地区资源整合开发力度,上马了一批民族地区基础设施、特色产业和社会发展项目,使得云南民族自治地方的经济实力得到了大幅提升。2010 年,民族自治地方的农村固定资产投资总额达到 332.12 亿元,城镇化率达 27.3%。2010 年,云南省民族自治地方生产总值达 2799.22 亿元,人均 GDP 达 12364 元,社会消费品零售总额达 855.77 亿元,财政一般预算收入 226.66 亿元,财政支出 887.29 亿元,全社会固定资产投资 2709.50 亿元。其中农民人均纯收入 3501 元,在"十一五"期间年均增长 11.18%,高于全省平均水平 1.26%。2010 年,25 个边境县(市)实现地区生产总值 683.31 亿元,人均 GDP 达到 10362 元,社会消费品零售总额 224.96 亿元,财政一般预算收入 45.46 亿元,财政支出 251.75 亿元,全社会固定资产投资 637.87 亿元,其中农民人均纯收入 3114 元,在"十一五"期间年均增长率达 12.51%,高于全省平均水平 2.59%。

除经济总量外,民族地区"调结构"成效突出。2010 年,民族自治地方实现全部工业增加值 908.1 亿元,25 个边境县(市)实现全部工业增加值 159.8 亿元。民族自治地方产业结构比重为 22.26∶40.96∶36.78,25 个边境县(市)三次产业结构比重为 27.48∶33.82∶38.7,民族自治地方进出口贸易总额达 39.07 亿美元。

经济基础是促进云南民族自治地方金融发展的重要生态环境要素。欠发达的经济发展水平是形成金融生态环境问题的主要根源,弱质农业和弱势农民从需求上抑制了民族地区金融发展。因此,千方百计加快发展民族地区经济、夯实基础,是优化民族自治地方金融生态环境的重要抓手。首先,各地必须加快转型,推进传统农业向规模化生产、产业化经营转变;充分利用地方比较优势,大力发展农、林、果、茶、药、菜等特色农产品生产、加工、流通企业,拓宽农民就业增收渠道,加速农业产业化进程。其次,统筹民族自治地方城乡经济发展,加快城镇化进程,正确引导和协调农村剩余劳动力有序转移,逐步消除城乡经济"二元结构"。最后,要坚持以市场为导向,努力推进农业和农村产业结构调整,提高农业比较收益,促进民族地区农村经济又好又快、更好更快发展。

（二）信用环境

契约化是金融深化发展的一项基本特征，契约的遵守需要信用予以保障。相对法律制度的强制性而言，社会信用和文化是一种内在的软约束，金融活动的产生依赖于信用经济的发展，金融业务常常借助于各种信用工具的运用和创新来实现，微观金融主体的行为方式也常常受到其资信水平和特定文化的约束。世界金融发展历史表明，区域社会信用和文化对金融资源配置效率、金融机构信贷经营空间结构、资产质量和经济效益都有着重大影响。由于各国不同的历史文化孕育了各民族不同的生活行为方式，进而创造了各种体制形式。特定文化背景作用下形成的民族整体文化认知、国民财富观以及消费习惯等因素，都会长期影响着金融生态主体的行为方式。因此，发达的信用体系可以有效降低金融交易双方的信息搜集成本，降低因为信息不对称而产生的逆向选择和道德风险，减少金融漏洞和金融危机的发生。良好的社会诚信氛围有助于减少金融机构创新金融产品时附加的大量风险防范和自我保护性条款，进而决定金融交易成本、金融产品种类以及融资方式。

云南民族自治地方金融发展外生型的环境依赖特征，凸显了社会信用的影响作用。客观地说，欠发达的经济社会现实背景中乡镇企业、城镇和农村居民、个体工商户等金融需求主体资信水平参差不齐，民族文化和教育程度影响下现代金融意识相对缺乏，这些因素都对民族地区的金融信用发展产生了抑制作用，制约了金融生态环境软实力的进一步提升。由于民族自治地区的金融信用水平指标难以得到，我们采用云南省农村信用社的不良贷款率作为近似指标进行替代。2012 年末，云南省全省农村信用合作社不良贷款余额为 52.65 亿元，不良贷款率 2.27%；到 2013 年末，云南省农村信用社不良贷款余额 52.07 亿元，不良占比 1.88%。考虑到云南省农村信用社的贷款总额在六年中已经发生了成倍增长的背景，我们可以推断，云南省民族地区近年来的金融信用情况得到了较大程度地改善，但是仍然需要继续加大力度进行信用建设。

要提升金融主体的有效需求水平，培育优质客户群体，全面推进民族自治地方社会信用体系建设至关重要，特别是要在少数民族居民中加强金融知识教育普及工作。一方面，在民族自治地方加强发展教育事业、将现代知识内化于金融需求主体所受的文化约束机制之中。一般而言，劳动力的文化程度与地方信用发展水平正相关，劳动力的文化程度也反映了对其进行诚信意识培养的难易程度。近年来，云南省加大力度扶持民族地区教育事业，通过"两免一补"教育政策、中小学校舍安全等项目推动民族自治地方教育事业显著进步。2010 年，民族自治地方有普通高等院校 11 所，在校生 5.58 万人；有普通中学 1151 所，在校生 121.4 万人；有中等职业学校 143 所，在校生 18.87 万人；有小学 8049 所，在校生 197.66 万人；教育经费支出 166.6 亿元。全省出版发行有 14 个民族 18 个文种的各类图书、12 个民族 19 种文字的报纸和 2 个刊物。有 46 个广播电台（站）用 15 种少数民族语言广播，9 个电视台（站）用彝语、傣语、哈尼语、藏语等语种制作、播放电视节目。在"十二五"期间，云南省还将陆续实行义务教育经费补助项目、民族地区中小学建设项目、云南民族中学扩建项目、云南省民族中等专业学校扩建项目、民族中等专业学校职教实训基地建设项目、云南民族大学东南亚南亚语言文化教育培训基地建设项目、电脑农业推广项目、少数民族双语教材翻译出版和科普读物开发普及项目、少数民族村寨科普宣传栏创建项目等一批扶持项目。另一方面，要推进"信用工程"，突破当前由财政资金出资设立担保机构的单一渠道，构建多元化的担保体系，建设建立和完善金融需求主体资信水平的增信机制。

（三）法制环境

金融交易的顺利开展需要某种制度安排以规范各种金融活动主体的行为，法律制度正是人类社会经过千百年实践而形成的具有此项功能的规范性安排，法律所具有的预测、指引、评价、强制以及教育等功能都会对行为人产生重大影响。完善的法律基础设施以及高水平的执法效率，可以通过影响和规范行为人的金融行为来促进金融发展。

首先，完善的法治基础设施能够有效地保护金融主体产权，有效地遏制恶意信用欺诈和逃避金融债务行为的发生，有助于改变微观经济主体预期，规范其经营行为。如果法律制度存在漏洞，一些特殊的微观金融主体就会利用漏洞牟取不正当利益，破坏金融生态系统的平衡。如果法律制度功能紊乱、低效率或缺乏公平，微观经济主体预期就会发生扭曲。因此，法律制度的完善是金融健康发展的重要保障因素,"一个好的法律环境、好的司法环境和执法环境与不好的情况相比,国家需要的资源差别可能是几千亿甚至上万亿"。其次,金融活动都表现为一系列合约的订立与履行,金融行业的各种业务、各个业务环节都需由法律制度调整,所有的金融活动都离不开法律制度的保障和推动。法律明确界定了政府、金融机构、企事业组织、个人等各类经济主体的权力边界。一个良好的法律环境能够有效保护金融债权,改变微观金融主体预期、规范其行为,进而有利于建立和维护良好金融秩序,保障金融体系平稳高效运行。

在促进云南民族自治地方金融发展的过程中,法制环境所起的作用正日益突出。民族区域自治法颁布 20 年来,云南省先后制定了《云南省城市民族工作条例》、《云南省民族乡工作条例》等地方性法规。在此基础上,8 个自治州、29 个自治县都制定了自治条例,初步形成了一个以宪法为基础,以贯彻民族区域自治法为核心,由地方性法规、行政规章、自治条例、单行条例、补充或变通规定组成的,地方特点鲜明的民族法律法规构架。截至 2011 年 5 月,经云南省人大常委会审议批准的自治条例 37 件、单行条例 114 件、变通规定 7 件,涵盖了云南民族自治地方政治、经济、文化、社会、资源和环境保护等各个方面。

下一步,应当进一步深化民族自治地方金融体制改革,完善和丰富金融机构体系、规范金融交易行为、合理引导非正式金融发展,充分发挥法制环境对金融发展的硬性激励和约束,形成民族自治地方金融生态环境软硬实力协调配合、共同促进金融发展的良好局面。具体而言,一是要丰富金融机构体系,通过利率、税收、准入条件等方面优惠政策,促进商业性金融机构回流民族自治地方。同时,按照现代企业制度要求大力培植和发展村镇银行、小额贷款公司等多种类型的新型金融组织。二是要积极推进农业银行、农村信用社、邮政储蓄银行等民族地区存量金融机构由传统经营管理模式向内部控制完善、组织有效、风险管理体制强化、经营透明的现代金融企业制度的转变。三是加强对非正式金融活动的监督管理,严厉惩戒非法集资、高利贷、投机欺诈性质的民间金融活动,保护合法金融债权。同时,加强普惠金融体系建设,加大信贷业务和中间业务创新力度、培育和发展多层次的资本市场,向企业和个人提供合乎法律规范的金融产品和服务，从源头上植入法制环境的约束和激励作用，规范金融交易行为，促进民族自治地方金融发展。

（四）政府行为

社会主义市场经济体制中，政府是金融生态环境建设的主导力量，政府职能作用的正确发挥，是优化云南民族自治地方金融生态环境的重要前提和保障。政府成为准市场主体，其根源在于财政体制和行政体制改革战略的实施：第一，"分灶吃饭"的财政体制密切联系了地方政府财政收入与地方政府行政绩效；第二，中央政府把一部分经过选择的决策权下放到地方政府的行政放权，使拥有较大社会经济资源配置权的地方政府获得了可以实现地方利益最大化的手段；第三，社会主义市场经济价格机制的逐步形成和商品市场的进一步健全，使地方政府有可能凭借其实力加入争夺稀缺资源的行列。因此，能够主导社会经济资源配置的地方政府就成为追求经济发展的准市场主体。

云南省委、省政府始终坚持把加强民族地区经济工作、促进民族团结作为全省工作的前提和基础，2010年，云南省民族团结目标管理责任制已延伸到全省1335个乡（镇）、9929个村（居）委会及社区、2810个宗教活动场所、205个企业和33个农场。2011年10月，云南省提出了《云南省加快少数民族和民族地区经济社会发展"十二五"规划》，规划提出了民族地区发展的八大目标：经济发展、民生改善、公共服务、基础设施、产业发展、民族团结、生态环境建设、城镇化建设。在此基础上，还进一步制定了《云南省扶持人口较少民族发展规划》，专门扶持独龙、傈僳等人口少的少数民族经济和社会事业发展。

地方政府的主动引导为当地经济发展和社会事业发展提供了强势的推动力，应当予以肯定。但是，这种发展模式背后潜在的风险也应当引起高度重视。当前的政绩考核制度为地方政府追求经济增长提供了动力，财政分权大大提高地方政府利益与地区经济发展水平相关性，财政收入的高低是地方政府实现其劳动就业、改善公共环境、维持地区社会稳定等的前体条件，但如果地方政府财权与事权不对等，则会造成地方政府财政紧张，再加之缺乏市场化融资渠道，这就为地方政府随意干预金融发展提供了客观基础，为地方政府忽视风险责任提供了主观激励。云南省在提供引导作用的同时，也应当积极杜绝行政行为非规范情况,致力于建立金融生态环境建设长效机制。

一是要注意规范地方政府行为,推进地方"服务型政府"建设。研究表明,地方政府对区域金融的不当干预大多源于政府过多介入竞争性领域,大量"越位"现象导致地方金融部门的资源配置效率大大降低。更好发挥区域金融发展中的地方政府作用,需要实现由政府主导金融发展向政府引导金融发展转变,地方政府职能由直接从事经济活动向提供公共服务转变,逐步实现由"管制型"政府向"服务型"政府的转变。地方政府在区域金融中的行为,应当从攫取金融资源转移到弥补市场基础不足、维持金融稳定上。

二是要加快地方财政融资渠道规范化、市场化。分税制体制下地方政府长期陷入财政困境,财权事权严重不匹配,是地方政府过度干预区域金融资源的重要经济动因。在现有财政体制下,地方政府直接发放地方政府债券是未来的目标方向,有益于实现地方政府融资的市场化,摆脱当前过度依赖银行贷款的融资渠道,进而避免地方政府实施过度的金融干预,如部分地方政府2011年已经开始试发行地方政府债券。但在当前的条件下,必须认识到地方政府发行债券还存在诸多制度性缺失和障碍,现阶段必须重视地方融资平台的作用,为地方融资平台的正常融资提供通道,并规范其发展,防范可能形成的区域财政金融风险。

三是要重视营造良好的金融生态环境。金融业作为服务业,具有很强的流动性、开放性、竞争性、效益性和风险性,其发展非常依赖于环境条件。因此,要十分重视政策环境、法律环境、人才环境、诚信环境等良好金融生态环境的营造。地方政府作为区域金融生态环境建设的主导者和参与者,要着力加强信用环境建设,主动配合征信部门,建立地区性的征信制度,建立信息交换和共享平台;要制定适合地区经济社会发展的金融发展规划,建立完善金融法律法规等等。

（五）民族文化环境

这里讨论的民族文化环境是指金融所处的社会习俗、生活方式、文化传统和教育水平等。对于云南民族自治地方的金融发展而言,这种生态起到了至关重要的作用。

一个民族的文化,是在长期的生存发展过程中沉淀积累下来的心理和意识,影响着整个民族的思维方式、处事风格和行为方式。云南民族自治地方具有丰富的民族多样性,各个民族自治地方的民族具有独特的民族文化,这些文化背景成为这些地方经济金融发展的幕后影响因素。特别是云南的民族自治地方大都呈现出的"大杂居,小聚居"分布特征(见表2.6),又使得这些地区民族文化之间渗透、融合,既有特性的部分,又有共性的部分。

表2.6 云南少数民族地理分布图[①]

民 族	分布的主要州市
彝 族	楚雄州、红河州、玉溪市、大理州、普洱市、昆明市
白 族	大理州
哈尼族	红河州、西双版纳州、普洱市、玉溪市
壮 族	文山州、红河州、曲靖市
傣 族	西双版纳州、德宏州、普洱市、临沧市
苗 族	文山州、红河州、昭通市
傈僳族	怒江州、迪庆州、丽江市、大理州
回 族	昆明市、大理州、曲靖市、楚雄州、红河州、玉溪市
拉祜族	普洱市、临沧市、西双版纳州
佤 族	临沧市、普洱市
纳西族	丽江市、迪庆州
瑶 族	文山州、红河州
藏 族	迪庆州
景颇族	德宏州
布朗族	西双版纳州、普洱市、临沧市
普米族	丽江市、怒江州、迪庆州
怒 族	怒江州
阿昌族	德宏州、保山市
基诺族	西双版纳州
德昂族	德宏州、临沧市
蒙古族	玉溪市
布依族	曲靖市
独龙族	怒江州
水 族	曲靖市

---

① 数据来源:根据《云南统计年鉴2012》整理。

云南民族自治地方不同民族群体生活的自然环境各有差异，有的居于高山之上，有的居于深谷之中，有的居于河海之滨。他们的自然资源优势各不相同，生活发展水平互有差异，国家在加大对民族自治地方经济和金融发展政策的倾斜力度的同时，还要关注到这些差异性，鼓励因地制宜，不搞"一刀切"，才能制定出符合实际状况的优惠政策，缩小民族自治地方与内地较发达地区经济金融发展的差距。同时，民族文化也深刻影响民族教育水平，这一点我们将通过下面的实证研究进行分析。

二、云南民族自治地方金融生态与金融效率的作用机制

特定地理空间内的经济、政治、文化等环境因素滋养着金融活动的发端、运行和发展，进而在整体上选择了金融发展路径与结果。正如李明昌、周晓强（2006）所说的，金融系统的发展程度与是否存在协调稳定的外部环境密切相关，如果后者能提供有效的支持与配合，金融就会长期稳定地发展；反之，金融发展就会受到制约和阻碍。这些对微观金融活动和宏观金融发展具有至关重要影响的因素就是所谓的金融生态环境，包括金融主体区域范围内的政治、经济、文化、法治等基本环境要素、这些环境要素此消彼长的变化以及这些变化对主体行为和整个金融系统平衡的影响。

现代金融发展理论的研究及国内外实践表明，金融发展机制可以有外生型和内生型两种模式。不论是外生机制还是内生机制，其过程都体现了现实金融发展与金融生态环境密切的依存关系。金融生态环境能够影响微观金融主体的金融行为，决定金融体系结构和功能特点，进而对金融发展产生"自然选择"作用。

（一）外生金融发展机制下的作用模式

金融发展的外生机制主要是指一国或地区金融体系的建立和演进是自上而下的，即政府首先介入并主导金融发展，其次才是企业、个人等微观金融主体的参与。企业组织和个人的参与度取决于政府退出程度。在这种情况下，政府握有绝对话语权，企业和个人金融参与意识不强；横向资金融通、调剂受到限制，微观金融主体对风险和收益有主动选择权。金融市场横向资源配置功能被政府的纵向分配所取代，货币资金沦为实现计划调

拨的物质凭证，货币政策传导路径受约束。金融机构高度集中且为政府主导，成为国家调控经济活动的行政管理工具和国家财政附属物，其经营活动和发展目标取决于政府投资偏好和动机。因此，金融体系在一定程度上弱化为资金供给机构，而难以成为真正意义的资金供求与调剂功能体。金融体系结构和功能的形成完全取决于其设计者——政府的认识和需求。因此，外生型金融发展机制下，金融发展主要取决于金融生态环境中的政府因素，其结果表现为金融机构高度集中并且国家垄断，行政指令下的信贷持续供给与定向配给和不良贷款共同增长，金融机构的微观改良无助于从根本上防范和化解金融风险。

（二）内生型金融发展机制中的作用模式

与外生机制相比，内生型金融发展则遵循自下而上的路径，形成于一国或地区经济社会的内层机制启动之下。金融产生于各种正常的经济社会活动中，经济社会往来中的各种金融需求支撑和推动金融业发展。在内生机制中，政府、企业、个人和金融机构等微观金融主体独立自由地按市场原则进行金融决策、参与金融活动，通过各种金融激励和约束机制，成为金融发展的内在推动力。因此，能够影响这些微观主体金融行为的区域政治制度、经济发展水平、法律基础设施、社会文化与习俗等金融生态环境因素天然地对金融发展有着不可忽视的选择作用。特定的政治、经济、法制、文化等历史条件及其变化，对金融体系及其结构特点有着广泛而深刻的影响，这源于意大利罗马时代的西方金融与美、英、德、法、日等五国的具体环境相结合后，在各国政治、经济、法制、文化等诸多因素作用下发生适应性变异，产生了以直接融资为主的市场主导型金融体系，如美国、英国；以间接融资为主的银行主导型金融体系，如德国、法国和日本（富兰克林·艾伦等，2002）。

云南民族自治地方尤其是农村地区，由于受金融生态环境条件制约，其金融发展仍然处于较低水平，经济金融资源配置效率低下。欠发达的金融业妨碍了国家支持民族地区的金融政策传导、抑制了地区资本形成、阻碍了产业结构调整和劳动力有序转移，降低了特色产品生产、加工、流通、消费过程中的金融支持力度；反过来又制约了经济发展和社会进步。因此，正确认识云南民族自治地方金融发展与金融生态环境的辩证关系，通过评价研究，深入发掘云南民族地区金融生态环境构成要素，揭示其与金融发展的互动关系，及其对整个金融体系效率和稳定性的影响；是推进云南民族自治地方金融生态环境建设，构筑促进和保障民族自治地方加快转型、加速发展，实现经济又好又快发展所亟待深入研究和解决的问题。

近年来，云南省民族自治地方的金融改革步伐加快，机构创新不断推进，特别是针对民族地区农村金融机构缺乏的现状，大力推动农村金融机构的发展。民族地区农业银行股份制改造稳步推进，农业发展银行政策性业务进一步提升，邮政储蓄银行网店铺设加强，农村信用社改革走向深化，农村金融机构创新工作取得新的成绩。截至2009年9月末，全省民族地区银行业金融机构网点共有2236个，这个数字占全省金融机构网点总数的40%多；各项存款余额2558.17亿元，各项贷款余额1714.51亿元。在民族地区的金融机构中，农村信用社、邮储银行、农业银行是三大支柱，这三家金融机构设在民族地区的网点总数为1956个，三家机构民族地区网点存款余额总和1551.12亿元，贷款余额总和为1038.21亿元，共发行银行卡613万张，布设ATM机数量982个。应该说，目前民族地区银行业机构布局基础布局已初步形成，切实担负起了民族地区金融服务的重任。

但是，由于历史原因、自然条件以及城乡二元经济结构的制约，云南民族自治地方发展基础弱，金融服务整体水平仍然落后，金融发展不平衡，资金配置不均衡的现象仍然存在。首先，金融机构的数量相对不足。虽然至2009年9月末，云南民族自治地方的银行网点已达到2236个，但这些网点的分布并不均衡，大部分网点布设在民族地区州府、县城，而边远乡镇的网点数量不多，服务半径过大，乡镇地区的金融服务仍处于相对滞后状态。其次，金融产品相对单一。民族地区网点服务以存款、贷款、汇兑等传统业务为主，保险、基金、理财产品等中间业务和银行卡、电子银行等创新信用工具仍然没有得到大面积推广，与城区业务相比还处于传统原始的经营状态。再次，信贷投放量相对不足。以2009年9月末信贷数据为例，从物理分布上说民族地区金融机构数占全省机构网点总数已达到44.6%，但云南民族自治地方的贷款余额仅占全省贷款余额的19.95%，尽管这与民族地区的经济总量息息相关,但总体看,银行业对云南民族自治地方的信贷集中在一些大项目、大企业上,对少数民族群众、中小企业投放总额相对较少。

云南民族自治地方金融发展现状迫切需要从增强金融综合实力的角度出发,深入调查研究,充分探讨论证,寻求解决路径,争取在云南民族自治地方金融服务和优化民族地区金融生态环境方面取得重大进展。

三、云南民族自治地方文化教育水平与金融发展实证研究

金融生态中的文化环境深刻影响着其金融发展水平,云南民族自治地方的民族文化也深刻影响民族教育水平,而教育水平与金融发展之间也会产生显著互动关系。这一点我们将通过下面的实证研究进行分析。

(一)抽样情况

选用第六次人口普查中云南省所有县区6岁以上人口的受教育水平的数据,抽取未上过学人口比例最高的8个县区,和未上过学人口比例最低的7个县区,合计15个县区作为样本。

云南省未上过学人口比例最高的8个县区分别是:红河州的金平苗族瑶族傣族自治县(25.53%),丽江市的宁蒗彝族自治县(21.57%),怒江州的泸水县(20.77%),迪庆州的德钦县(20.71%),怒江州的兰坪白族普米族自治县(20.31%),怒江州的福贡县(20.19%),普洱市的孟连傣族拉祜族佤族自治县(18.96%)和临沧市的镇康县(18.86%)。

在未上过学人口比例低于4.5%的15个县区中,我们挑选了7个县区作为抽样样本:昆明市的官渡区(2.19%)、西山区(2.39%)和呈贡区(3.29%),大理州的大理市(2.94%),丽江市的古城区(3.66%),楚雄州的楚雄市(3.83%)和保山市的腾冲县(4.11%)。

(二)相关分析的变量

1. 样本县区人口受教育程度情况

6岁以上人口受教育程度分为未上过学、小学、初中、高中、大专、本科和研究生7个水平。15个样本县区的受教育程度情况见表2.7。

表 2.7 样本县区人口受教育程度情况（单位:%）

序号	地州	县区	未上过学比例	小学比例	初中比例	高中比例	大专比例	本科比例	研究生比例
1	昆明	官渡	2.19	24.54	37.72	19.27	10.09	5.81	0.38
2	昆明	西山	2.39	21.08	32.11	21.52	12.35	9.67	0.88
3	大理	大理	2.94	32.37	39.03	15.78	4.76	4.91	0.22
4	昆明	呈贡	3.29	29.77	34.58	9.86	6.30	15.46	0.73
5	丽江	古城	3.66	25.38	35.06	16.84	10.23	8.61	0.22
6	楚雄	楚雄	3.83	36.92	35.51	13.74	5.53	4.32	0.15
7	保山	腾冲	4.11	44.84	39.16	8.12	2.32	1.43	0.01
8	临沧	镇康	18.86	56.26	16.43	5.05	2.51	0.88	0.01
9	普洱	孟连	18.96	48.66	22.78	5.93	2.65	1.01	0.01
10	怒江	福贡	20.19	53.85	18.29	3.92	2.74	1.00	0.01
11	怒江	兰坪	20.31	41.21	25.98	8.20	3.17	1.11	0.02
12	迪庆	德钦	20.71	45.13	20.51	7.31	4.73	1.59	0.02
13	怒江	泸水	20.77	41.63	21.61	8.78	4.80	2.36	0.06
14	丽江	宁蒗	21.57	40.75	25.56	7.65	2.91	1.55	0.02
15	红河	金平	25.53	54.50	14.63	3.22	1.49	0.63	0.01

2. 样本县区 2012 年金融机构人民币信贷运行情况

金融机构人民币信贷运行情况主要包括资金来源和资金运用两个大项，较为全面、客观地反映了地区金融活动的规模总量和基本情况。在本研究中，资金来源项主要选取各项存款余额指标，资金运用项主要选取各项贷款余额指标。数据来源为《云南金融统计 2013》，其所指的金融机构，包括了人民银行、中资全国性大型银行、中资全国性中小型银行、中资区域性中小金融机构、财务公司、信托投资公司和外资银行。15 个样本县区 2012 年金融机构人民币信贷运行情况见表 2.8。

表 2.8 样本县区 2012 年金融机构人民币信贷运行情况（单位：亿元）

序号	地州	县区	存款余额	单位存款	个人存款	财政性存款	贷款余额	短期贷款	中长期贷款	个人贷款	单位贷款
1	昆明	官渡	881.61	455.97	379.67	34.24	609.57	131.36	413.74	137.54	387.46
2	昆明	西山	590.33	244.38	324.61	3.79	321.09	101.06	219.79	99.69	213.94
3	大理	大理	433.05	208.14	200.35	13.02	305.86	97.77	205.82	91.81	209.38
4	昆明	呈贡	240.57	117.89	122.97	0.88	179.53	51.39	127.72	23.24	153.53
5	丽江	古城	224.48	124.91	96.08	2.99	216.75	41.08	169.37	56.47	150.36
6	楚雄	楚雄	246.97	122.77	116.81	5.63	171.19	51.51	118.57	60.29	104.52
7	保山	腾冲	155.97	53.00	101.47	1.28	104.51	29.21	75.09	50.18	52.92
8	临沧	镇康	27.71	12.07	15.01	0.63	13.65	2.91	11.55	5.65	8.00
9	普洱	孟连	35.25	10.29	24.11	0.86	11.74	2.52	9.22	4.66	7.08
10	怒江	福贡	12.36	7.67	4.46	0.08	5.61	0.28	5.29	1.18	4.38
11	怒江	兰坪	35.90	15.52	19.58	0.70	22.53	15.85	6.68	6.36	13.10
12	迪庆	德钦	17.15	11.24	5.90	0.01	8.56	1.05	7.52	3.10	5.46
13	怒江	泸水	49.43	24.69	21.01	3.69	39.04	11.20	26.85	8.16	29.33
14	丽江	宁蒗	33.65	16.81	16.55	0.26	12.95	1.52	11.44	5.04	7.91
15	红河	金平	33.48	15.06	18.26	0.15	12.61	2.06	10.54	8.20	4.41

（三）相关分析的结果

1. 低教育水平人口占比（未上过学或仅上过小学的人口在地区总人口中所占比例）与该地区金融发展水平之间存在高度的负相关关系。除财政性存款与未上过学人口比例的相关性不显著之外，低教育水平人口比例与各项存款余额、单位存款余额、个人存款余额、各项贷款余额、短期贷款余额、中长期贷款余额、个人贷款余额、单位贷款余额之间都存在非常显著的负相关关系，不相关的概率几乎为0，且相关系数的绝对值都大于0.7。

2. 中等教育水平人口占比（初中学历和高中学历人口在地区总人口中所占比例）与该地区金融发展水平之间存在较高程度的正相关关系。除财政性存款一个指标以外，与其他各项金融指标之间的相关系数都具有显著性水平为 0.01 的高度正相关,相关系数均大于 0.67。特别是高中教育人口比例,与各个金融指标之间的相关系数均超过 0.85。

3. 高等教育水平人口占比(大专学历、本科学历和研究生学历人口在地区总人口中所占比例)与该地区金融发展水平之间存在明显的正相关关系。

表2.9 人口受教育程度与金融机构人民币信贷运行情况的相关性

		未上过学比例	小学比例	初中比例	高中比例	大专比例	本科比例	研究生比例
存款余额	Pearson 相关性	-.762**	-.786**	.683**	.871**	.776**	.529*	.675**
	显著性(双侧)	.001	.001	.005	.000	.001	.043	.006
单位存款	Pearson 相关性	-.740**	-.774**	.670**	.852**	.763**	.516*	.626*
	显著性(双侧)	.002	.001	.006	.000	.001	.049	.013
个人存款	Pearson 相关性	-.787**	-.796**	.695**	.882**	.787**	.557*	.734**
	显著性(双侧)	.000	.000	.004	.000	.000	.031	.002
财政性存款	Pearson 相关性	-.493	-.515*	.502	.616*	.489	.192	.265
	显著性(双侧)	.062	.049	.057	.014	.064	.494	.340
贷款余额	Pearson 相关性	-.789**	-.800**	.724**	.868**	.772**	.550*	.626*
	显著性(双侧)	.000	.000	.002	.000	.001	.034	.012
短期贷款	Pearson 相关性	-.828**	-.823**	.761**	.899**	.758**	.587*	.703**
	显著性(双侧)	.000	.000	.001	.000	.001	.021	.003
中长期贷款	Pearson 相关性	-.801**	-.810**	.731**	.875**	.788**	.569*	.631*
	显著性(双侧)	.000	.000	.002	.000	.000	.027	.012
个人贷款	Pearson 相关性	-.828**	-.773**	.770**	.900**	.742**	.456	.577*
	显著性(双侧)	.000	.001	.001	.000	.002	.088	.024
单位贷款	Pearson 相关性	-.803**	-.828**	.729**	.872**	.790**	.623*	.679**
	显著性(双侧)	.000	.000	.002	.000	.000	.013	.005

**. 在 0.01 水平(双侧)上显著相关。
*. 在 0.05 水平(双侧)上显著相关。

(四) 对少数民族自治地方发展金融的启示

通过相关分析的实证研究，揭示了地区金融状况与居民受教育程度之间的高度关联，证实了大力提升民众教育水平和整体素质，对加速地区金融发展、改善地区金融生态具有巨大的推进作用。目前，云南省民族自治地方的民众受教育水平较全省平均水平偏低，总体情况令人担忧。总体来看，在8个民族自治州中，只有楚雄彝族自治州和大理白族自治州的居民受教育水平达到或超过全省平均水平，文山壮族苗族自治州的未上过学居民比例为7.53%，虽然低于全省平均的7.99%，但只有小学学历的人口占比55.32%，两者综合评价应视为未达到全省平均水平。其他自治州的居民受教育程度更低，如怒江傈僳族自治州，未上过学的人口比例超过20%。

表2.10 云南省民族自治州的居民受教育情况（单位:%）

序号	云南省民族自治州	未上过学比例	小学比例	初中比例	高中比例	大学专科比例	大学本科比例	研究生比例
1	楚雄彝族自治州	5.06	44.83	35.45	9.08	3.50	2.02	0.05
2	大理白族自治州	5.58	45.35	34.70	9.37	2.95	1.99	0.05
3	文山壮族苗族自治州	7.53	55.32	27.29	6.30	2.54	0.99	0.02
4	德宏傣族景颇族自治州	9.28	47.53	28.97	8.39	3.95	1.83	0.05
5	红河哈尼族彝族自治州	9.74	50.04	27.62	8.21	2.78	1.57	0.03
6	西双版纳傣族自治州	13.17	46.67	26.96	7.98	3.63	1.54	0.05
7	迪庆藏族自治州	13.53	47.24	24.35	8.05	4.54	2.23	0.06
8	怒江傈僳族自治州	20.05	44.19	22.89	7.53	3.75	1.56	0.03
	全省平均	7.99	47.19	29.64	8.98	3.71	2.36	0.14

在全省 29 个民族自治县中，只有镇沅彝族哈尼族拉祜族自治县、巍山彝族回族自治县、宁洱哈尼族彝族自治县、石林彝族自治县、南涧彝族自治县、峨山彝族自治县、景东彝族自治县和漾濞彝族自治县 8 个民族自治县的居民受教育水平达到或超过全省平均水平，其他 21 个民族自治县的居民受教育水平均较低。兰坪白族普米族自治县、宁蒗彝族自治县和金平苗族瑶族傣族自治县未上过学的居民超过 20%。

表 2.11 云南省民族自治县的居民受教育情况（单位：%）

序号	云南省民族自治县	未上过学比例	小学比例	初中比例	高中比例	大学专科比例	大学本科比例	研究生比例
1	镇沅彝族哈尼族拉祜族自治县	2.89	61.29	24.62	7.28	2.41	1.49	0.01
2	巍山彝族回族自治县	2.99	53.10	32.97	7.65	2.23	1.04	0.01
3	宁洱哈尼族彝族自治县	3.13	45.82	36.49	9.73	3.27	1.53	0.01
4	石林彝族自治县	5.02	45.10	35.53	9.91	2.76	1.62	0.06
5	南涧彝族自治县	5.36	53.89	29.93	6.86	2.29	1.64	0.02
6	峨山彝族自治县	5.61	41.23	34.63	13.02	3.58	1.90	0.03
7	景东彝族自治县	5.71	55.93	29.67	5.47	2.22	0.98	0.01
8	漾濞彝族自治县	6.05	48.12	33.51	7.46	3.17	1.67	0.02
9	景谷傣族彝族自治县	7.91	57.66	23.74	6.98	2.68	1.01	0.02
10	玉龙纳西族自治县	8.89	38.97	37.16	9.81	3.64	1.49	0.03
11	屏边苗族自治县	8.93	59.03	23.18	5.76	2.27	0.82	0.01

第二章　云南民族自治地方金融排斥研究的背景框架：金融发展、金融生态、经济金融政策

（续表）

序号	云南省民族自治县	未上过学比例	小学比例	初中比例	高中比例	大学专科比例	大学本科比例	研究生比例
12	禄劝彝族苗族自治县	9.21	51.49	29.74	6.46	2.05	1.03	0.02
13	耿马傣族佤族自治县	9.84	61.51	19.65	5.72	2.40	0.88	0.01
14	江城哈尼族彝族自治县	10.94	47.36	29.62	7.68	2.87	1.52	0.01
15	双江拉祜族佤族布朗族傣族自治县	11.08	60.15	20.00	5.17	2.39	1.20	0.01
16	墨江哈尼族自治县	11.76	51.98	26.49	6.63	2.14	0.99	0.01
17	寻甸回族彝族自治县	11.79	48.38	30.20	6.56	1.84	1.21	0.02
18	澜沧拉祜族自治县	13.27	60.91	19.11	4.24	1.78	0.68	0.01
19	西盟佤族自治县	13.91	57.57	18.90	5.37	3.13	1.09	0.02
20	沧源佤族自治县	14.23	55.43	20.88	5.55	3.00	0.90	0.01
21	河口瑶族自治县	14.26	38.00	32.03	9.87	4.21	1.59	0.04
22	维西傈僳族自治县	14.61	52.15	22.60	6.26	3.07	1.29	0.02
23	新平彝族傣族自治县	14.74	45.98	26.30	8.35	2.75	1.84	0.04
24	贡山独龙族怒族自治县	14.81	48.45	23.74	6.95	4.42	1.62	0.02
25	元江哈尼族彝族傣族自治县	15.41	41.22	29.00	9.59	3.01	1.75	0.02

(续表)

序号	云南省民族自治县	未上过学比例	小学比例	初中比例	高中比例	大学专科比例	大学本科比例	研究生比例
26	孟连傣族拉祜族佤族自治县	18.96	48.66	22.78	5.93	2.65	1.01	0.01
27	兰坪白族普米族自治县	20.31	41.21	25.98	8.20	3.17	1.11	0.02
28	宁蒗彝族自治县	21.57	40.75	25.56	7.65	2.91	1.55	0.02
29	金平苗族瑶族傣族自治县	25.53	54.50	14.63	3.22	1.49	0.63	0.01
	全省平均	7.99	47.19	29.64	8.98	3.71	2.36	0.14

第三节 云南民族自治地方经济金融政策

云南民族自治地方特殊的金融生态环境和在此影响下形成的经济金融政策是评价云南民族自治地方金融排斥态势，继而研究其金融排斥治理政策的重要背景框架，由于特殊的金融生态环境和金融发展实践，云南民族自治地方的经济金融政策也有着鲜明的民族特质，按照云南民族自治地方的经济金融成长路径和历史发展规律，国家出台了一系列的经济和金融政策，形成了相当的规模和体系，这些经济和金融政策通过一定的实施，产生了实际效应。对这些问题的深入分析，有助于我们进一步研究云南民族自治地方金融排斥治理路径，为构建云南民族自治地方金融排斥治理政策提供实证依据。本节对新中国成立以来云南民族自治地方的经济金融政策进行回顾和总结；进而分析这些经济金融政策效应，并对政策执行过程中影响效应的因素进行剖析，对政策效率提升的方式进行阐述。

第二章 云南民族自治地方金融排斥研究的背景框架：金融发展、金融生态、经济金融政策

一、云南民族自治地方的经济金融政策实践

云南省是全国民族多样性最具代表性的省份，全省共有56个民族。少数民族人口占全省总人口的33.4%，达到1533.7万人，成为全国世居少数民族最多的省份。云南省现有8个民族自治州、29个民族自治县，民族自治地方的国土面积占到全省国土总面积的70.2%，民族自治地方的下辖人口占全省总人口的49.3%，是全国民族自治地方最多的省份。云南省的民族自治地方大多和边境接壤，其中全省8个边境州（市）中就有5个是民族自治州；25个边境县（市）中就有22个是民族自治县或民族自治地方县（市）。① 云南省这一独特的省情决定了民族工作在全省全盘工作中占据着特殊地位，随着全国对民族地区扶持政策的完善，云南对民族自治地方采取了一系列的扶持政策，这些政策有的是对中央政策法规的贯彻执行，有的则是根据云南的民族和民族自治地方的特点而制定的。特别是近十年来，在全国经济快速发展的大背景下，在"西部大开发"和"桥头堡建设"的重大历史机遇面前，云南省认真贯彻落实党中央、国务院以及国家民委关于加快少数民族和民族自治地方经济社会发展、繁荣少数民族文化事业、大力扶持人口较少民族发展、积极推进"兴边富民"行动等一系列大政方针，积极把握住历史机遇，在民族地区的经济社会建设中下大力气，密集出台了一系列促进民族自治地方经济社会文化各项事业发展的政策，有力地提升了云南民族自治地方经济社会的发展速度，云南民族自治地方呈现出经济发展、民族团结、边疆稳定、少数民族生活水平不断改善的良好局面。

（一）强势引领民族自治地方经济发展

一是重视调动民族地区农业生产经济活力。早在新中国成立初期，云南省实施的土地改革就对调动农民的生产积极性，促进农业生产发展产生了积极影响。但随着后期农业生产合作化运动的兴起，农民生产积极性不断萎缩，农业生产发展遭遇重大挫折。从1980年开始，云南省引入了农村家庭联产承包经营责任制，开始在民族自治地方山区和坝区逐步推行。近年来，农村产

---

① 数据来源：第六次全国人口普查。

业结构调整开始成为云南省政府的工作重点。为了发展特色产业，扶持油料、烤烟、甘蔗、茶叶、药材、水果、冬早蔬菜等经济作物和热区作物的种植和产量，云南省政府先后出台了《2008 年云南省对种粮农民农资综合直补实施办法》、《云南省 2008—2009 年度油菜良种补贴项目实施方案》、《云南省能繁母猪补贴资金管理实施细则》、《云南省牛良种补贴资金管理实施细则（试行）》、《云南省能繁母猪保险保费补贴管理实施细则（暂行）》、《云南省 2009 年农业机械购置补贴实施方案》、《云南省 2009 年粮食增产技术推广补贴方案》、《云南省 2009 年中低产田（地）改造项目资金保障方案》等相关规定。依据《云南省财政厅　云南省农业厅关于印发〈2008 年云南省对种粮农民农资综合直补实施办法〉的通知》的相关规定，云南省对种粮农民农资直接补贴资金通过粮食风险基金实行专户管理，通过"一折通"方式发放到农户手中。补贴资金实行包干使用，当年结余结转下年使用，超支由各地自行解决。依据《云南省农业厅　财政厅关于印发〈云南省 2008—2009 年度油菜良种补贴项目实施方案〉的通知》，省级以全省油菜种植面积为依据下达补助资金，年终进行结算，原则采用"一折通"方式发放，暂时不具备"一折通"发放条件的，可采取其他方式发放。依据《云南省财政厅　农业厅关于印发〈云南省能繁母猪补贴资金管理实施细则〉的通知》，云南省 2008 年每头能繁母猪补贴 100 元。补贴资金按照分级负担的原则，由中央和地方各级财政共同承担，中央财政承担 60%，地方财政承担 40%。具体补贴标准以当年国家政策为准。根据上年底经中央批复核准后的母猪存栏数安排分配补贴资金，逐级下达到州（市）、县级财政部门，县级根据实际饲养能繁母猪数量，核定补贴资金，由乡（镇）政府将补贴情况在受益农民所在村进行张榜公示，并经有关部门核实后发放补贴资金。

依据《云南省财政厅云南省农业厅关于印发〈云南省奶牛良种补贴资金管理实施细则（试行）〉的通知》，补贴资金由省财政厅拨付省农业厅。冷冻精液在农业部公布的种公牛站和种公牛中选择，采用招标方式采购。省农业厅依据冻精采购合同、省奶牛良种补贴项目技术组和县级畜牧部门共同确认的供精数量与种公牛站结算补贴资金。县级畜牧部门（或配种单位）按照补贴后的优惠价格向养殖者供应冷冻精液，供应给奶牛养殖者的冷冻精液价格为招标价格扣除补贴后的优惠价格。依据《云南省农业厅云南省财政厅关于印发〈云南省 2009 年农业机械购置补贴实施方案〉的通知》，单机最高补贴额度 8 万元（部分单机最高补贴额度 12 万元）。一般县补贴标准为机具价格的 30%，10 个血吸虫病综合防治重点县农民购置农田作业机具按 50% 补贴。

二是重视发展民族地区林业、畜牧业等产业。云南省先后出台了《中共云南省委、云南省人民政府关于深化集体林权制度改革的决定》、《中共云南省委办公厅云南省人民政府办公厅关于进一步加大集体林权制度主体改革力度和稳步推进配套改革的意见》，对退耕还林补助、生态公益林补偿、深化集体林权制度改革等做出了一系列的规定。①

三是重视民族地区工业和农业基础设施建设，积极实施兴边富民工程。新中国成立后，云南省的工业建设是根据国家当时的发展战略来决定的，在新中国成立初期，个旧电站、云南锡业公司、东川矿务局、会泽铅锌矿等一批矿业和工业项目陆续在云南上马。进入六七十年代后，响应支援"三线"建设的号召，一批沿海和内地的大型工业企业陆续搬迁到云南民族地区。十一届三中全会以后，国家的经济发展战略发生重大调整，国家和省政府对云南民族地区投资倾斜，优先在云南少数民族地区安排了水利、电力、交通、环境保护等项目。在农业基础设施建设方面，从 1988 年开始，云南省政府每年投资 3000 万元资金用于山区民族地区的水浇地建设补助，并为此设立了专项的山区民族地区农业灌溉"三地"建设专项补助费；1989—1994 年，为解决民族地区人畜饮水问题，省政府投入 1.68 亿元；1993 年，省政府决定对民族地区水利水电建设项目投资分摊给予照顾，专门设立了山区试点乡农田水利建设补助费。

---

① 依据《国务院关于完善退耕还林政策的通知》，云南省规定，每亩退耕地每年补助现金 105 元。原每亩退耕地每年 20 元生活补助费，继续直接补助给退耕农户，并与管护任务挂钩。补助期还生态林补助 8 年，还经济林补助 5 年，还草补助 2 年。根据验收结果，兑现补助资金。凡 2006 年底前退耕还林粮食和生活费补助政策已经期满的，要从 2007 年起发放补助；2007 年以后到期的，从次年起发放补助。

近年来，云南省对少数民族地区的工业基础设施建设、农业基础设施建设和扶贫开发的力度进一步加大了，分别实现了乡乡通路工程，数字乡村工程、农村绿色光亮工程等一批项目。《中共云南省委 云南省人民政府〈关于印发云南省社会主义新农村建设规划纲要（2006—2010年）〉的通知》、《云南省民委关于进一步推进"民族示范村"和"兴边富民示范村"建设的意见》、《中共云南省委 云南省人民政府关于加快"十一五"时期农村扶贫开发进程的决定》、《云南省人民政府关于进一步加快农村公路建设的若干意见》等一批扶持农村基础设施建设的规章制度先后出台。依据《中共云南省委 云南省人民政府〈关于印发云南省社会主义新农村建设规划纲要（2006—2010年）〉的通知》，云南省将全省确定的 5 万个 30 户以上不同类型的自然村，分为典型示范村、重点建设村和扶贫攻坚村三个层次，示范村建设以自然村为单元，整村推进，建设期为 1—2 年，每村由省级民族专项资金补助 30 万元左右。同时，要积极争取整合资金，确保示范村的投入。县级民委负责调研选点和立项申报；州市民族负责审核、督促、验收；省民委负责对选点、规划、项目的审批，并加强检查指导。依据《中共云南省委 云南省人民政府关于加快"十一五"时期农村扶贫开发进程的决定》，云南省规定，"十一五"期间，中央和省财政扶贫开发资金总量的 60% 以上用于整村推进，确保完成规划任务。通过努力，到 2010 年省级扶持 3 万个、州市级扶持 1 万个，共完成 4 万个 30 户以上贫困自然村的整村推进任务。依据《云南省人民政府关于进一步加快农村公路建设的若干意见》，云南省规定，农村公路建设资金采取以奖代补的办法支付：通乡油路（水泥路）补助标准为每公里 40 万元，弹石路补助标准为每公里 8 万元；未通达的通村公路补助标准为每公里 10 万元；渡口改造补助标准为每个 10 万元，中型以上桥梁补助标准为每延米 1 万元。乡（镇）客运站补助标准为每个 30 万元，村招呼站建设资金由州（市）、县（市、区）人民政府及群众自愿等筹资方式安排。中央和省安排的补助资金必须全额用于直接工程费。中央和省补助资金不重复安排。依据《财政部关于下达 2009 年第一批重点小型病险水库除险加固专项补助资金预算的通知》，云南省规定,2009年我省计划实施重点小型病险水库除险加固项目110个,利用地方债券资金安排省级配套资金11000万元。负责加大工作力度,率先取得实质性突破。

四是重视民族地区的资源开发的同时尝试进行民族地区资源保护。云南民族地区的矿产资源和林业资源较为丰富,云南省在矿产资源、林业资源的开发上加快了力度,取得了良好的经济效益。在开发利用的同时,政府也意识到了对自然资源保护的重要性。各地州先后出台了一批管理条例,比如《西双版纳傣族自治州森林资源保护条例》、《怒江傈僳族自治州矿产资源条例》、《西双版纳傣族自治州野生动物保护条例》、《澜沧拉祜族自治县环境污染防治条例》等。

(二) 加大转移支付力度

1953年,政务院就在《关于编造1954年预算草案的指示》中肯定了民族自治地方在财政上应有一定范围的自主权。① 1955年起,国家财政又专门设立了"民族地区补助费"。从1956年开始,为了帮助云南省处于原始部落社会的少数民族尽快进入社会主义社会,云南省连续8年都享受到了国家财政对云南专设的直接过渡经费。1964年,中央再次给予云南自治区财政体制照顾,并设立了"民族地区机动金",用于提高民族地区财政预备费的设置比例,为了激发民族地区财政创收的积极性,当时云南民族自治地方财政增收的部分均全额留自治地方。在此之后,国家先后出台了十余项转移支付政策,用于支持民族地区发展,云南省民族地区从中获得了重要的财政支持。

---

① 《关于编造1954年预算草案的指示》规定:"除关税、盐税和国营企业外,所有在该自治地方的一切收入均由其统收,而该自治地方的一切支出,亦由其统支。统收统支有余的,上缴中央;不足的,由中央补助。"

表 2.12 国家对民族地区财政优惠政策[①]

序号	政策名称	起止时间
1	国家设置少数民族地区补助费	1955 至今
2	国家实施少数民族地区财政三照顾政策	1964 至今
3	国家规定民族自治地方财政超收分成全额留用	1964—1988
4	国家对边疆民族地区设置补助专款	1972—1975
5	国家设立边疆建设事业补助费	1977 至今
6	国家设置边疆建设专项补助投资	1977—1988
7	国家设立支援不发达地区发展资金	1980 至今
8	国家规定对民族自治区补助数额每年递增 10%	1980—1988
9	国家对贫困地区棉布提价实行补贴	1983—1985
10	国家对少数民族地区实施政策性财政转移支付	1995 至今

除国家财政的转移支付外，云南省政府也出台了相关转移支付政策，作为配套政策扶持民族地区发展。2001 年，云南省政府专门建立了民族地区财政转移支付制度，制定了《云南省民族地区财政转移支付办法》[②]，从 2001 年到 2005 年，云南省共有 92 个县享受到专项转移支付补助范围的 70%。在计算工资性转移支付时，政府根据各地的经济发展和财力，对财政困难的州（市）、县分档次给予补助或体制照顾，确保了民族地区职工工资的按时足额发放，其中最困难的县城补助最高的地区达到 95%。此外，在省级一般性转移支付中，政府对民族地区给予倾斜照顾。民族地区的转移支付系数比一般地区高 5%，从 2002 年到 2004 年，投向民族地区的一般性转移支付占全省总数的 66%。

---

① 数据来源：温军：《中国少数民族经济政策稳定性评估（1949—2002 年）》，载《开发研究》2004 年第 4 期。

② 《云南省民族地区财政转移支付办法》规定："将上划中央增值税的 75% 部分环比增量的 40% 直接返还给民族自治县（市），同时增加安排一部分转移支付给民族自治县（市）。"

（三）鼓励民族地区贸易发展

云南民族自治地方大多交通欠发达，但具有较为丰富的矿场、林木资源以及较为独特的民族特色产业和旅游资源，通过加快贸易发展，有助于提升民族地区百姓的生活水平，有助于民族地区资源的利用和经济的发展，历来受到云南省政府的重视。在新中国成立初期，省政府就通过"牛背商店"、"驼背商店"的方式，到少数民族聚居的山乡村寨收购土特产品，销售日常生活用品，以繁荣满足民族地区市场。满足民族地区群众的生活需要；60年代，云南提出了民族贸易"三项照顾"政策，即自有资金、利润留成、价格补贴，在当时物资条件匮乏的背景下，为表示对少数民族的风俗习惯和宗教信仰的尊重，云南省确定了少数民族用品生产基地，专门生产少数民族服装、鞋帽等4000余种生活用品，省政府为这些生产基地提供生产资金和原材料供应、减免税收、低息贷款、运费补贴等优惠政策；"文革"期间，少数民族贸易政策也受到冲击，为了继续适应和满足少数民族生产生活需要，1973年4月，财政部、商业部发出《关于重申对边远山区、边远牧区民族贸易企业三项照顾问题的联合通知》。

十一届三中全会后，政府推出了技改贷款财政贴息、减免税收、流动资金贷款优惠利率等多项优惠的民族贸易政策；1991年，中国人民银行颁布了"民族贸易优惠利率"政策。在整个"八五"期间，国家对400多个民族贸易县给予优惠照顾，民族贸易县的商业、供销、医药企业和民族用品定点生产单位在争取信贷、投资和税收优惠方面享受到特殊政策，并有专项贴息贷款用于民族贸易网点建设和民族用品定点生产企业技术改造，云南省被国家确定的民族贸易县有57个，其许多产业的发展均受惠于此项政策；1996年，国务院在《关于边境贸易有关问题的通知》中强调要"积极支持边境贸易和边境地区对外经济合作的发展"；1997年，国家出台了新的民族贸易和民族用品生产的优惠政策，在"九五"期间每年继续安排1亿元贴息贷款用于民族贸易网点建设和民族用品定点生产企业的技术改造，县以下国有民族贸易企业和基层供销社可以免征增值税，这项政策于2005年进一步明确将继续执行。2008年，继续推进"万村千乡市场工程"，建设和改造一批乡镇集贸市场和农产品批发市场，全面实行"家电下乡"工程。

表 2.13 少数民族贸易和民族特需用品生产企业政策①

序号	政策名称	起止时间
1	国家实行民族贸易政策	1951—1970
2	国家对民族贸易企业实行价格补贴照顾	1951—1970
3	国家对民族贸易企业自有资金给予照顾	1952—1983
4	国家对民族贸易企业利润留成给予照顾	1952—1983
5	国家对民族贸易企业实行优惠贷款	1981—1995
6	国家对民族贸易三照顾地区民族用品手工业企业定期减征所得税	1979—1993
7	国家对民族贸易三照顾县商业企业免征建筑税三年	1985—1988
8	国家对民族贸易三照顾地区医药商业免征建设税和能源税	1985—1993
9	国家对民贸边销茶生产加工定点企业实行信贷贴息照顾	1991 至今
10	国家规定对民族贸易县商业企业流动资金贷款实行优惠	1991—1995
11	国家对民族用品定点生产企业流动资金贷款实行优惠	1991—1995
12	国家对民族用品生产定点企业减免税	1991—1994
13	国家安排专项贷款用于扶持基层民族贸易网点和民族用品定点生产企业技术改造	1992 至今
14	国家对民族贸易和民族用品生产实施优惠政策	1997—2000
15	国家对民族贸易实行新的民贸三项照顾政策	2001—2005

云南省从 1984 年起就开始推行民族地区的小额贸易，提出"自找货源、自找销路、自行谈判、自负盈亏"的边境小额贸易四项原则政策，此项政策直接推进了云南民族地区边境贸易的红火发展；1985 年云南省政府颁发《云南省关于边境贸易的暂行规定》，对边民互市范围、税收以及其他经济贸易活动都作了放宽和照顾，全省有 26 个边境县（市）陆续恢复和发展了边民贸易和边境小额贸易，同时为了刺激民族地区对外贸易的发展，云南提出对少数民族地区出口商品外汇留成给予照顾，其中云南外汇留成 50%；1990 年，云南省将畹町、瑞丽、河口、景洪市县列为沿边开放市县和边境经济合作区，对这些经济合作区实行优惠照顾政策；近年来，国家进一步加大了实施民族贸易的支持力度，云南省积极执行国家政策，在省级财政十分困难的情况下，

---

① 数据来源：温军：《中国少数民族经济政策稳定性评估（1949—2002 年）》，载《开发研究》2004 年第 4 期。

安排专项贴息资金加大对民族贸易网点建设和民族用品点生产企业技术改造的扶持力度，①同时集合云南少数民族和民族地区的实际，每年还从民族专项经费中安排部分资金用于扶持民贸贸易和民族用品生产。云南省还认真执行了民族地区贸易的税收减免政策。据不完全统计，"十五"期间财政部门共审批民贸企业退税 900 户次，退税金额达 4000 多万元。"十五"期间全省共有32 户企业享受国家民族贸易网点建设和民族用品生产企业技术改造专项贷款贴息中央和省级财政贴息资金共 207 万元。

（四）实施优惠税收政策

新中国建立后，国家对边疆民族地区的财经政策原则是"少要、多给、价格公道"。从 1957 年到 1984 年，云南省民族地区的税收政策有过 5 次较大的调整。第一次是 1957 年，政府制定了《云南省边疆民族地区缴纳工商各税暂行规定（草案）》。与内地相比，该规定在征税范围、减免税方面优惠力度明显，比如减免自治地方企业所得税，列举的税目少，未列举的税目不征税，营业税分国营、合作社、公私合营、私营等经济性质给予区别对待；第二次是 1963 年，国家规定在边疆民族地区征收工商统一税，当时内地的税目为106 个，而边疆地区税目仅为 19 个品种，其中烟、酒、糖等 8 种主要应税产品税率降低，屠宰税实行减免照顾，农民互换自用的大牲畜和购买种畜免征交易税；第三次是 1973 年，在全国改革税制的同时，云南规定在边疆只开征工商税、工商所得税、屠宰税 3 个税种，当时内地征税税目为 40 多个，而云南民族地区征税税目只有 22 个，并且有 11 种产品的税率低于内地；第四次是在 1980 年，云南省决定对迪庆、怒江两州，只保留原木、酒两个产品和商业零售、服务行业、交通运输企业征收工商税，其余税收一律免征两年。第五次是 1984 年，全国工商税制改革期间，云南制发了新的边疆民族地区税收暂行规定，新规定延续了之前的优惠，内地征 10 个税种，产品税的税目达205 个，边疆只征 7 个税种，产品税税目为 45 个，继续实行比内地更低的税率，延续对迪庆、怒江两州的特定政策，农村从事养殖、运销、商业、服务

---

① 2003 年，云南省级财政安排 364 万元财政专项贴息资金扶持 65 户企业进行网点建设和技术改造，拉动了 33706.5 万元银行信贷资金支持民族贸易和民族用品生产。2004 年，云南省级财政安排154.5 万元专项贴息资金扶持 27 户企业进行网点建设和技术改造，拉动了 11852 万元银行信贷资金支持民族贸易和民族用品生产。

和运输的专业户、重点户在 1988 年底以前可以免征营业税。

1992 年，国家对民族用品生产定点企业减免税，还减免少数民族地区固定资产投资调节税政策；1993 年，国家对中西部地区乡镇企业新增贷款实行"三不限一免税"政策；1994 年，国家决定对于老、少、边、贫地区新办企业减免三年所得税并对云南中缅边境小额贸易进口货物的税收给予优惠。

进入新世纪后，根据国家的有关规定，云南出台一批新的政策鼓励农村经济发展，民族地区可以从中得到财政扶持，新出台的政策如《云南省财政厅免征营业税政策方案》、《云南省财政厅关于发展壮大农村集体经济的税收优惠政策的方案》、《云南省财政厅关于免缴土地使用税政策的方案》、《云南省财政厅关于减免耕地占用税政策的方案》、《云南省财政厅关于农民专业合作社税收政策的方案》等。①

（五）实行优惠贷款政策

1978 年至 1995 年，国家对民贸企业实行优惠贷款，1983 年国家设立扶贫贷款政策，云南 73 个贫困县属发放范围；1990 年，国家建立少数民族贫困

---

① 依据《中华人民共和国营业税暂行条例》，云南省规定：农业机耕、排灌、病虫害防治、植物保护、农牧保险以及相关技术培训业务，家禽、牲畜、水生动物的配种和疾病防治免征营业税。

依据《中共云南省委云南省人民政府关于发展壮大农村集体经济的意见》，云南省规定："对为农业生产服务的行业及农民专业合作社、专业技术协会，对其提供的技术服务或劳务所取得的收入暂免征收企业所得税。新办的农村集体企业和经济组织，在我省权限范围内，享受与非公有制企业同等的各项税收减免优惠政策。"

依据《中华人民共和国城镇土地使用税暂行条例》，云南省规定，直接用于农、林、牧、渔业的生产用地，免缴土地使用税。

依据《财政部国家税务总局关于农民专业合作社有关税收政策的通知》，云南省规定：一、对农民专业合作社销售本社成员生产的农业产品，视同农业生产者销售自产农业产品免征增值税；二、增值税一般纳税人从农民专业合作社购进的免税农业产品，可按 13% 的扣除率计算抵扣增值税进项税额；三、对农民专业合作社向本社成员销售的农膜、种子、种苗、化肥、农药、农机，免征增值税；四、对农民专业合作社与本社成员签订的农业产品和农业生产资料购销合同，免征印花税。

依据《云南省耕地占用税实施办法》，云南省规定，农村烈士家属、残疾军人、鳏寡孤独以及自治县、自治州所辖县（市）、国家及省级扶贫开发工程重点县按规定纳入农村最低生活保障的农村居民，在规定用地标准以内占用耕地新建住宅的，免征耕地占用税。自治县、自治州所辖县（市）、国家及省级扶贫开发工作重点县除前款规定以外的农村居民，在规定用地标准以内占用耕地新建住宅的，减按当地适用税额的 25% 征收耕地占用税。前两款规定以外的其他农村居民，在规定用地标准以内占用耕地新建住宅的，减按当地适用税额的 50% 征收耕地占用税。

第二章　云南民族自治地方金融排斥研究的背景框架：金融发展、金融生态、经济金融政策

地区温饱基础人行贷，云南有 19 个自治县属发放范围；十一届三中全会以来，少数民族地区执行过的优惠利率政策还有：农机专项无息贷款，棉布赊销贷款，化肥和小水电专项贴息贷款，灾区口粮无息贷款等；1991 年 10 月，中国人民银行规定对民族贸易县的商业、中药材（医药）公司、供销社和新华书店的流动资金贷款，11 月还规定对国家确定的民族用品定点生产企业（云南 219 个）的流动贷金实行年利率为 5.76 的优惠贷款，同时对民贸边销茶生产加工定点企业信贷贴息；"八五"期间，省人民银行、工商银行、农业银行每年安排不少于 2000 万元贴息贷款用于民贸企业的网点建设和民族用品生产定点企业的技术改造，并安排 300 万元的贴息资金专项用于民族贸易网点建设和民族用品定点生产企业固定资产贷款的贴息；1996 年，在全省 25 个乡进行扶贫试点中，又推出"小额信贷"和"实物信贷"扶贫方法；2000 年省政府印发了《云南省小额信贷扶贫管理办法》，小额信贷重点扶持地区已按照全省农产品区域布局规划，基本形成"一乡一业、一村一品、一户一项"的特点。近年来，云南农村金融市场上对农村地区的优惠贷款产品日益增加，如惠农"一折通"、金碧惠农卡、农户小额信用贷款、农户联保贷款、小额扶贫贴息贷款、农民工创业贷款、巾帼科技示范户信用贷款、农村党员创业贷款、农户小额建房贷款、特色农业贷款、支持家电下乡贷款、"贷免扶补"创业小额贷款、农户林权抵押小额贷款等①，民族地区从中获得大力度的金融支持。

---

① 惠农"一折通"是省财政厅委托农村信用，向全省近 868 万户发放专用存折，将所有直补资金直接拨入该存折。

金碧惠农卡与农户小额信用贷款、农户联保贷款、农户小额担保贷款有机结合。小额农户信用社贷款最高授信额度 10 万元，农户联保贷款最高授信额度 20 万元，抵押质押贷款最高授信额度 30 万元；可持卡到异地办理贷款手续并取款。

农户小额信用贷款针对从事农村土地耕作，或与农村经济发展有关的生产经营活动的农村居民，实行"一次核定、随用随贷、余额控制、周转使用"。无需任何抵押、担保，最高贷款额度为 10 万元。期限一般为 1 年，执行利率优惠。

农户联保贷款由不少于 5 户的从事农村土地耕作，或与农村经济发展有关的生产经营活动的农村居民组成联保小组，由联保小组成员相互承担连带保证责任。最高贷款额度为 20 万元，期限一般为 1 年，执行利率优惠。

（接上注）小额扶贫贴息贷款对象为政府选择扶持项目的贫困农户或农业企业。贷款可采用信用、联保和第三者担保的贷款方式。对农户发放的，最高额度不能超过1万元；对农业企业发放的，贷款额度根据农业企业的经营状况和还款能力确定。贷款期限最长不能超过1年，利率按人民银行确定的利率执行，省财政按年息5%的标准拨付贴息资金。

农民工创业贷款对象为减少或失去原有生产、生活用地的农民。用途：转变农民原有的生产经营模式，通过其他经营活动以获取更多生活来源。贷款方式分为信用方式和担保方式。信用贷款无需任何抵押、担保，最高额度不超过10万元；担保方式的额度根据借款人提供的抵、质押物价值或保证额度确定。贷款期限最长为5年，贷款利率在当地同类贷款执行利率基础上优惠10%—20%。

巾帼科技示范户信用贷款是经妇联推荐、农信社一次核定额度的用于农业生产经营的贷款。无需任何抵押、担保，额度在当地农户小额信用贷款的基础上提高30%，最高不超过10万元，最长期限为1年，利率在当地同类贷款执行利率基础上优惠10%—20%。

农村党员创业贷款由各级农村党组织推荐，农信社一次核定额度，分为信用贷款和联保贷款。其中信用贷款无需任何抵押、担保，额度在当地农户小额信用贷款最高额度基础上，村支部认定推荐的提高20%，乡党委认定推荐的提高30%，县委认定推荐的提高40%，最高不超过10万元；联保方式由联保小组成员互相承担连带责任，贷款额度在当地农户联保贷款最高额度基础上，村支部认定推荐的提高30%，乡党委认定推荐的提高40%，县委认定推荐的提高50%，一般每一联保小组成员最高不超过20万元。单笔贷款最长期限3年，利率在当地同类贷款执行利率基础上优惠10%—20%。

农户林权抵押小额贷款的对象为具有农业户口、主要从事农村土地耕作或与农村经济发展有关的生产经营活动的社区居民；抵押物：本人或第三人依法有权处分的森林、林木、林地的所有权或者使用权及与森林资源相关的其他资产。贷款额度一般不超过30万元，期限最长不得超过5年，利率在现行同类、同期、同档次贷款利率的基础上适当优惠。

特色农业贷款主要用于从事特色农产品（如茶叶、橡胶、花卉、甘蔗、咖啡豆、烟叶、水果、木材等）生产、经营活动所需的流动资金或固定资产投资等。其中信用方式的贷款额度一般不超过10万元；担保方式的贷款额度根据借款人提供的抵、质押物价值或保证额度确定。单笔流动资金贷款：最长期限为3年；固定资金贷款：最长期限为5年。贷款利率在当地同类贷款执行利率基础上优惠10%—20%。

支持家电下乡贷款主要以农户小额信用贷款方式，按不超过购买家电价款总金额40%比例发放信用贷款。对于信用状况好核定贷款限额的农户，给予农户小额信用贷款；对于不符合信用贷款条件的，可采用农户联保、抵质押或担保机构提供担保方贷款。

"贷免扶补"创业小额贷款由云南省创业小额贷款担保中心统一提供担保，授权各地就业经办机构对担保事项进行审核确认，对符合条件的借款申请人不再要求其他形式的担保。贷款期限最长为2年，可展期1次，展期期限不超过1年。还款方从贷款后第4个月开始按每月等额本金还款。

农户小额建房贷款用于新建、翻新房屋，购买村社统建房。根据农户建房的类型即自用型、商用型、商住合一型、村社统建型，贷款额度分别为房屋购建成本的40%、60%、50%、50%以内。最高限额为30万元，期限不超过8年。贷款方式分为抵（质）押、保证、信用三种。

（六）持续推进扶贫政策

1984年9月，党中央、国务院发出《关于帮助贫困地区尽快改变面貌的通知》，决定采取措施帮助分布在少数民族聚居地区、革命老根据地、边远山区的尚未解决温饱问题的几千万贫困人口尽快摆脱贫困；从1985年起，国家对缺衣少被的严重困难户赊销布匹和絮棉；1986年云南还对温饱尚未解决的贫困乡、村、户不再签订粮食定购合同，并对贫困地区免收农田灌溉水费；从1990年起，国家专门设立了"少数民族贫困地区温饱基金"，重点扶持全国143个少数民族贫困县，并继续增加对少数民族地区和贫困地区的投入；进入新世纪，国务院实施《中国农村扶贫开发纲要（2001—2010年）》，把贫困人口集中的中西部少数民族地区、革命老区、边疆地区和特困地区作为扶贫开发重点，加大了对民族地区的帮扶力度，通过兴边富民工程和社会主义新农村建设，消除民族地区的贫困问题。

1999年以来，云南在边境民族地区实施以基础设施建设、安居温饱、免费义务教育、文化扶贫为主要内容的"兴边富民行动"。从2000年起，省民委牵头对边境沿线乡镇、人口较少民族和藏区义务教育阶段农村中小学生实行免除教科书费、杂费和文具费的"三免费"教育，124.8万名农村中小学生受益。云南省还通过"3+1"对口帮扶模式（即由1家大型企业、1家科研院校、1家金融企业对口帮扶1个边境县市的模式），从人、财、物各方面对边境25个县市的经济社会发展提供了强有力的支持，帮助农民脱贫致富不留死角。2005年2月，云南正式启动实施新三年"兴边富民工程"，年内完成边境地区总投资20.21亿元。此后的3年，中央、省、州（市）三级财政共投入资金达54.24亿元，有力促进了边境地区经济社会的全面发展。2005年8月4日，国务院扶贫办等十个部委下发了《关于共同做好整村推进扶贫开发构建和谐文明新村工作的意见》，2008年5月13日，中央13部委联合下发了《关于共同促进整村推进扶贫开发工作的意见》，加大对包括边疆少数民族地区贫困村的整村推进工作力度，实现全方位的扶贫工作，为兴边富民工程提供了保障。2006年9月29日，省政府下发了《云南省扶持人口较少民族发展规划（2006—2010年）》，决定对独龙族、德昂族、基诺族、怒族、阿昌族、普米族、布朗族 7 个人口较少民族享受特殊扶持政策。截至 2008 年 12 月 31 日，兴边富民 6 大工程 30 件实事安排下达总投资已达 60.03 亿元，并且每年有 7500 万元的专项资金。

为全面贯彻落实《云南省农村扶贫开发纲要（2001—2010）》，云南省确定 100 个边境民族乡、100 个民族特困乡和 2464 个少数民族聚居村作为重点帮扶对象，分期分批投入扶贫资金和信贷扶贫资金 128 亿元，实施综合扶贫计划，使 161 万绝对贫困人口解决了温饱问题，20 万少数民族贫困农户搬进了安居房，告别了茅草屋、树杈房。2005 年起，在全省贫困地区实施 3 万个重点扶持村的整村推进项目，帮助更多的少数民族群众早日实现脱贫致富。

（七）专项制定的两个规划

2011 年 10 月，云南省政府提出了《云南省加快少数民族和民族地区经济社会发展"十二五"规划》，规划提出了民族地区发展的八大目标：经济发展、民生改善、公共服务、基础设施、产业发展、民族团结、生态环境建设、城镇化建设。

在实现路径上，《云南省加快少数民族和民族地区经济社会发展"十二五"规划》提出从八个方面着手。一是积极实施扶贫政策，促进脱贫发展，包括扶持边远、少数民族、贫困地区深度贫困群体脱贫发展；继续深入实施兴边富民工程；扶持人口较少民族、特困民族和散居民族发展。二是加大投入，促进综合发展能力的提升，包括完善综合交通运输网络，加强水利保障体系建设，加快推进能源开发和建设，促进通讯及广播电视事业发展，大力实施中低产田地（林）改造工程，推进重点城镇率先发展。三是改善民生，促进基本公共服务均等化，主要解决民族地区群众安居、社会保障水平、教育事业、少数民族劳动者素质、农村劳动力向城镇转移就业、民族地区群众基本医疗卫生需求和民族体育事业发展等问题。四是根据自身资源，挖掘自身特色，促进产业结构调整，通过加快发展特色优势产业、旅游业、商贸流通服务业和新型工业化发展来予以实现。五是加强民族文化强省建设，加强民族文化抢救保护，加快民族文化基础设施建设，保障民族文化产品的有效供给，着力打造民族文化精品，积极扶持民族文化产业发展。六是强化生态保护机制，建设绿色生态安全屏障，改善城镇、农村环境质量，建立健全生态补偿机制。七是发挥优势，优化环境，促进开放水平的提高，加快对外合作基础设施建设，努力提高对内对外开放水平，打造国门文化形象。八是宣传政策，健全法制，促进民族团结进步事业发展，加强民族政策宣传教育，建立有效的民族关系协调机制和加强民族法制建设。

《云南省加快少数民族和民族地区经济社会发展"十二五"规划》还规划了一系列的工程项目。如农村危房改造、易地搬迁、中低产田地改造、中低产林改造、整村推进、少数民族聚居乡（镇）综合扶持等民生改善工程；乡村公路硬化建设、农村安全饮用水建设、无电人口通电建设、农村清洁能源建设等基础设施建设工程；新型农村养老保险补助、农村居民最低生活保障、新型农村合作医疗补助和救助等社会保障工程；特色优势农产品基地建设、标准化养殖小区（场）建设、农产品加工业建设、特色经济林建设、农村现代流通经营服务网络体系建设、民族医药建设、民族贸易和民族特需商品生产建设、农民专业合作组织建设等特色产业发展工程。

在民族地区经济社会发展"十二五"规划的基础上，进一步制定了《云南省扶持人口较少民族发展规划》，此规划相当重视在人口较少地区进行基础设施建设，提出投入 8.1 亿元在 316 个建制村建设里程约 2700 公里的通硬化路面，投入 3 亿元对具备条件的自然村建设里程约 2000 公里的村公路，投入 7.6 亿元对 76 万亩中低产田地进行改造，投入 0.6 亿元对 60 万亩中低产林进行改造，投入 1.459 亿元解决 1418 个自然村 29 万人的饮水困难问题，投入 0.86 亿元对 172 个建制村进行通宽带建设，投入 0.1 亿元对 21 个自然村进行通电话建设，投入 0.734 亿元对不能通过易地搬迁解决通电的 3670 户农户解决其通电问题，投入 1.094 亿元对 8.6 万户农户进行清洁能源建设，投入 3.144 亿元对 31438 户农村危房进行拆除重建，投入 0.25 亿元将人口较少民族聚居村 5 万户农户优先纳入农村改厕项目，投入 1 亿元对缺乏生存条件地区和居住在自然保护区内的 2 万人有计划地实施搬迁，投入 0.5 亿元对人口较少民族聚居的 33 个乡（镇）开展特色小镇建设。

该规划还针对人数极少民族聚集地区的地域优势和气候优势，提出特色产业培植工程，包括投入 0.03 亿元扶持建设生态茶、甘蔗、天然橡胶等 30 个标准化生产示范基地，投入 0.08 亿元支持生猪标准化养殖小区、奶牛标准化养殖小区建设，投入 1 亿元发展以核桃、油茶、竹子等为主的特色经济林建设，投入 1 亿元扶持 200 个建制村培育特色增收产业，投入 0.3 亿元支持非公中小企业进行固定资产投资、技术改造和技术创新，投入 0.07 亿元扶持 100 个建制村农民专业合作社和农村专业技术协会，投入 0.028 亿元建设 280 个建制村农家超市（便利店），投入 0.028 亿元建设 280 个建制村农资放心店，投入 0.045 亿元建设 15 个标准化的农贸市场，投入 4 亿元实施自然村整村推进，投入 1 亿元选择 10 个人口较少民族主要聚居乡实施整乡综合扶持。投入 8.6 亿元推进独龙族整族帮扶三年行动计划实施。

在社会保障方面，该规划也作出了详细的规定，比如投入 7.2 亿元把人口较少民族聚居区符合条件的 72 万农村居民全部纳入新型农村合作医疗补助范围，投入 2.739 亿元对人口较少民族聚居区 60 岁及以上 8.3 万农村老年人口实施新农保基础养老金制度，每人每月 55 元，投入 8.856 亿元将人口较少民族聚居村中符合条件的贫困人口全部纳入到农村最低生活保障范围。

二、云南民族自治地方的经济金融政策效应

衡量政策是否成功的基本标准是看一项政策实施后是否达到政策目标，产生了怎样的政策效果，也就是这项政策的效应如何。同样，研究云南民族自治地方经济金融政策，我们也必须分析这些经济金融政策的效应。本部分分析云南民族自治地方经济金融政策的效应，对这些经济金融政策执行过程中影响效应的因素进行剖析。

从政策实践的结果看，大部分的政策付诸实施之后，很难完全达到预期的政策效果。在政策的执行过程中，存在着各种各样的干扰因素。归纳起来，这些干扰政策执行效率的因素包括：

（一）政策主体的效率阻滞

政策执行主体是指负责政策执行的机构和具体的人员。任何一项民族经济政策，最终都要落脚到机构和人员来承担、实施。如果组织机构不健全、执行人员的执行力不强，就不可能执行好政策方案，不可能较高水平地实现民族经济政策目标。从职能分类上看，各级行政机关具体掌控着实施民族经济政策的方略、步骤和资源，行政人员具体办理、经手着民族经济政策，他们可以说是联系我国民族经济政策和少数民族的桥梁。对于民族政策执行人员而言，他们既可以积极主动地、结合实践地、有创造性地去执行政策，也可以消极被动地、照本宣科地、僵硬地执行民族经济政策，甚至可以暗中抵制某项民族经济政策而使其流产。比如，有的地方在执行民族地区的工资补贴政策中，如果执行人员没有能够从方案中受益，它就有可能采取种种借口，消极抵制或不执行这项民族政策，而使得其他应该得到补贴的群众不能够得到补贴，使民族经济政策"悬空"。总之，行政机关的效率高低、行政人员的执行力度直接关系到民族经济政策的执行效率。

（二）在政策扶持和市场经济之间的处置失衡

市场经济和政策扶持之间的关系一直是民族地区经济政策制定和实施的难点。从新中国成立到改革开放前的三十年间，考虑到民族地区社会发展的历史基础比较薄弱的现状，国家对民族地区给予特殊照顾政策。但必须指出的是，这些特殊政策之所以能够出台、落实并兑现，并不是因为民族自治地方已经充分利用民族区域自治制度，积极争取自治权益的产物，而是依赖于上级国家机关的行政指令和计划安排，是属于计划经济体制下的产物。这些政策固然对民族地区的经济发展产生了积极的影响，但在几十年的政策扶持下，民族地区不自觉地养成了"等、靠、要"的习惯，习惯于等待国家计划和特殊照顾政策。改革开放之后，国家的经济体制实质上逐步转到市场经济为主的资源配置上，民族地区对国家计划经济的这种过度依赖性便显得日益被动，陷入了一边发展市场经济，一边担忧市场经济；一边争取经济发展的权益时，一边不善于利用和挖掘民族自治法律层面上赋予自己的红利空间；一边谈民族区域自治制度的好处，一边期待着国家能够给予更多的扶持政策。当沿海发达地区在充分先行先试，享受改革第一波红利的时候，地处边疆的民族地区还停留在观望、徘徊、等待的阶段，这自然与当时的国家总体战略布局有关，但不能否认这和云南省民族地区的政策惯性有关，这种政策惯性虽然避免了政策创新的政治风险，也节省了政策制定和执行的成本，但肯定承受发展滞后的代价。

（三）思维方式和意识观念上的阻滞

由于民族地区长期处于封闭、落后的状态，在民族地区推行的一些政策容易受到旧思路、旧观念的干扰，执行效率大打折扣。这些不利于民族地区经济发展的思想观念体现为：一是民族地区群众习惯于因循守旧，受族规、家规的束缚，对新的市场经济和市场行为持否定、怀疑的态度；二是中国的儒家文化长期以来重文轻商的习惯造成了民族地区对市场、商品观念淡漠，对商人、商家的态度较为消极；三是民族地区长期处于国家政策扶持的惯性中，缺乏竞争意识，不能够接受竞争挑战；四是受地理环境和落后经济方式的影响，安于现状的思想观念比较严重等。这些陈旧的思想观念束缚着人们的头脑，成为民族地区经济发展的阻力。

（四）云南民族自治地方经济金融政策效率的提升

通过对云南民族自治地方经济金融政策实践及执行效率的分析，我们认为对这些政策执行效率的提升，应该从以下几个方面着手：

第一，提升主体的执行效率。政策执行的主体既是指具体政策的执行和推广人员，也包括政策的作用对象。政策执行主体如果整体素质不高、对所执行政策的意义、内容和操作方法缺乏准确的把握、清晰的认知，如果政策推广方和作用对象之间缺乏正常、畅通的沟通，都会对政策的效率产生影响。总之，政策执行主体的价值观、能力、行为方式都会对政策执行产生影响，民族经济政策执行人员政策理论水平高不高、行为意向和工作态度积极不积极、知识结构和组织能力匹配不匹配对政策执行的效率非常重要。

从这个角度出发，政府应对现行的少数民族干部管理制度不断进行完善，任何政策的执行都离不开作为政策执行者的干部。1993年12月，中共中央组织部、统战部、国家民委在《关于进一步做好培养选拔少数民族干部工作的意见》中提出了少数民族干部的几个培养目标"德才兼备，廉洁勤政，密切联系群众，门类齐全，专业配套，结构合理，能够适应改革开放和发展社会主义市场经济需要"①。这个要求是符合现实状况的。尽管政策执行人员和政策目标对象共同构成了政策主体，但相比于政策目标对象而言，执行人员在政策执行过程中具有更强的主动性，而且执行人员规模容易掌控，可以通过培训、教育的方式进行素质和能力的提升。因此，政府要抓住民族政策执行人员的选拔、培训，把这个群体的培养工作作为优化政策主体效率的着力点，采取切实措施，进一步提高少数民族干部的政治和业务素质，有计划地扩大干部数量，拓展来源，重点培养和充实各类科技管理人才，努力改善少数民族干部队伍。大胆选拔和任用少数民族优秀中青年干部，为少数民族和民族地区进一步深化改革以及经济、社会的快速发展提供组织保证。

第二，强化监督机制。任何管理职能的高效完成，都离不开一个同样有效的监督机制。民族政策的执行监督需要一个强势、有效、畅通的监督环境，从根本上纠正政策执行者认识上的差异，扭转经济政策制定者与执行者之间存在的利益差别的影响，防止出现民族经济政策活动出现偏离政策目标的现象。在我国，有多个部门涉及民族经济政策的实施和监督，比如党委统战部、民委、民宗局、人大民宗委、政协民宗委等。为了防止"九龙治水"困境的发生，这些部委之间有必要就各自的职能进行的划分。从一般的实践来看，党委统战部总揽全局，从最高层面制定民族政策，国家民委、民宗局负责具体民族事务的贯彻执行，人大和政协的民宗委负责行使监督职能。此外，作为民族政策作用对象的各级民族群众、社会舆论也有权进行监督；人民生活在社会的各个领域，对政策执行过程中出现的问题具有直接的、全面的感受，如果离开了人民群众的监督，对政策执行的监督效力也会大大削弱。

第三，理顺行政机构的职能层次。各级民族政策执行的行政机构担负着对民族政策目标设定和细节具体化的责任，行政机关的职能混乱往往来源

---

① 《关于进一步做好培养选拔少数民族干部工作的意见》提出："紧密围绕经济建设为中心，按照干部'四化'方针，加强领导班子建设，培养造就一支德才兼备，廉洁勤政，密切联系群众，门类齐全，专业配套，结构合理，能够适应改革开放和发展社会主义市场经济需要的少数民族干部队伍。"

于纵向层级过多，影响了政策精神传递和政策结果反馈的效率；横向部门职能模糊交叉重叠，影响到政策目标分解和方案具体化的效率。为防止政策"走样"、政策的操作偏离政策目标，必须要求各级民族政策执行的部门统一运作，从整体职能架构上看，首先要搭建好党委统战部、民委、民宗局、人大民宗委、政协民宗委的权利架构，职能区域划分。其次，政府部门还需要进一步协调好各个委办局内部的部门组织规模，规定其职权、职责、地位和所承担的任务，应明确各执行人员的职责权限，应根据执行工作的需要，授予下级执行人员一定程度的管理权限和自主权，使之能积极有效地完成执行的任务。

第三章 云南民族自治地方金融排斥评价体系的构建

上一章研究结论说明：云南民族自治地方金融发展与其社会经济发展之间存在因果关系，金融发展滞后也是形成其金融排斥的重要原因；而云南民族自治地方有着特殊的金融生态环境，由此金融发展也呈现出相应的特征；从云南民族自治地方金融政策实践和效应也可以看到，民族特质深刻地影响着云南民族自治地方的金融排斥形成。由此，我们构建云南民族自治地方金融排斥评价体系，也必须紧紧围绕民族特质。

金融排斥（financial exclusion）是指在金融体系中某些地区和群体缺少分享金融资源的一种状态。笔者认为这一概念的内涵和外延能够很好地反映经济体金融资源从宏观到微观的一种匮乏态势。特别是对于云南民族自治地方，其金融发展的历史与现实在某种程度上与金融排斥的状态不谋而合。然而，对于民族自治地方金融排斥范畴的研究，又不能简单地按照金融排斥的一般研究框架来进行，因为民族自治地方由于其民族特质的存在，其金融生态环境也呈现出相应的民族特征，从而深刻地影响着这些地区金融成长路径，因此，我们研究云南民族自治地方的金融排斥，必须构建科学合理的金融排斥评价体系；同时，我们在对云南民族自治地方金融排斥进行评价的时候，既要遵循研究金融排斥的一般理论框架，又要结合云南民族自治地方的金融发展实际进行有针对性的分析。

本章主要是构建云南民族自治地方金融排斥评价体系，我们将根据金融排斥研究的一般理论框架，结合云南民族自治地方金融排斥特征，对云南民族自治地方金融排斥进行界定；研究影响云南民族自治地方金融排斥的主要因素；以上述两个方面为研究基础，分别从规范研究和实证研究视角，建立云南民族自治地方金融排斥指标评价体系和云南民族自治地方金融排斥案例评价体系，以此为以下各章的实证分析构建一个研究框架。

第一节 云南民族自治地方金融排斥的界定

金融排斥是指部分经济主体包括个人、特定群体、特定组织人群、特定行业人群、特定地区人口等由于自身缺陷以及制度因素而无法通过合适的渠道获得金融产品或者无法获得低成本、公平、安全的金融产品。金融排斥包括功能性排斥和结构性排斥。其中功能性排斥是指由于个人能力、行为、态度导致的金融排斥。结构性金融排斥是指由于制度和文化产生对部分群体社会认同的差别而导致的金融排斥。

在第一章相关理论分析中我们已经提及：金融排斥既是社会排斥的子集，又和社会排斥互为因果。金融排斥是社会排斥在金融领域的延伸。而所谓社会排斥的原意就是指大民族完全或者部分排斥少数民族的各种歧视或者偏见，这种偏见和歧视是建立在一个社会有意达成的政策基础上，当主导（流）群体已经掌握有社会权力，不愿意和人分享这种权力带来的利益时社会排斥就会发生。所以，从这种理念来看，金融排斥就是在金融领域，尤其是金融服务方面少数民族地区会受到一些显性和隐性的排斥。

此外，容易与金融排斥相混淆的一个概念是金融歧视。金融排斥与金融歧视（finaneial discrimination）的研究角度不同。金融歧视是从金融机构的角度分析，考察的是金融机构的一种主观状态，主要是指金融机构通过各种途径包括营销手段、金融资源的定向倾斜等方式拒绝对某类群体提供服务或者提供较少的服务。其本质指金融机构没有遵守已经订立的社会契约或社会的道德准则，导致被歧视的经济主体无法在市场竞争中获得自由选择金融服务的机会。哈耶克认为，社会公平的集中体现就在于给每个人在市场竞争中以自由选择的机会，因此金融歧视对应的是金融公平（financial equality）。金融排斥则是从经济主体的角度出发，强调经济主体的客观状态，它包括金融歧视所造成的部分经济主体对金融资源的无法获得性，也包括由于宏观经济因素、地理因素、文化因素以及经济主体本身的心理因素所造成的金融资源的无法获得性。与金融排斥相对应的概念是金融包含（finaneial inelusion）。

当然，在现实的金融发展中，由于金融排斥是由多种因素造成的，要对其做一个统一的界定是比较困难的，因而，各个经济体对金融排斥的界定也不尽相同：Panigyrakis，Heodoridis 和 Vetoutsou 给金融排斥下的定义是：金融排斥是指由于没有合适的获得渠道，部分群体不能以合适的方式使用主流金融系统提供的金融服务；在澳大利亚，金融排斥是指从主流金融渠道难以获得低成本、公平、安全的金融产品；HantLink 则将金融排斥外延拓展至企业和区域层次；Collard 等人也将金融排斥外延拓展至涵盖微观企业的商业社群这一层次。另外，国内有些学者从金融资源分配方面对金融排斥给予了更广义上的界定，认为金融排斥是指部分经济主体包括个人、特定群体、特定组人群、特定行业人群、特定地区人群等由于自身缺陷以及制度因素而无法通过合适的渠道获得金融产品或者无法获得低成本、公平、安全的金融产品。金融排斥的内容主要包括无法获得最基本的金融服务，如银行基本户、信用卡、养老金、家庭保险等。

按照上述金融排斥相关概念界定，表明金融排斥是一个多维度的动态复合概念，结合云南民族特质以及云南民族自治地方的金融生态环境特质和金融发展实际状态，以本论文研究逻辑为基点，笔者将云南民族自治地方金融排斥界定为：云南民族自治地方由于其特殊的社会发展路径、民族风俗文化、地理条件极其制度因素形成了特殊的金融生态环境，这些地区的个人、特定群体或特定人群（包括特定行业人群）等由于自身的民族特质及其相关的制度因素，无法通过一般市场化的金融系统渠道获得金融服务。

云南民族自治地方的金融排斥既属于功能性金融排斥，又属于结构性金融排斥。其中功能性金融排斥是指由于云南民族自治地方的个人能力、行为、态度导致的金融排斥。结构性金融排斥是指由于云南民族自治地方在长期历史演进中形成的特殊的制度和文化因素形成的，对部分群体社会认同的差别而导致的金融排斥。云南民族自治地方的功能性排斥和结构性排斥相互交融，相互影响，共同形成了云南民族自治地方特殊的金融排斥特征。

第二节 云南民族自治地方金融排斥因素分析

要对一个地区的金融排斥状态作出全面而准确的评价，就必须建立符合该地区金融发展实际的金融排斥评价体系，而这种体系构建中指标的选取，案例调研的路径设计是否符合该地区金融发展的现实，首先应该建立在对其金融排斥形成因素的准确分析基础上，从云南民族自治地方金融排斥的界定中体现出的民族特质，要求我们必须实事求是地分析云南民族地区特殊的金融排斥成因。本节以金融排斥因素相关理论以及云南民族自治地方金融发展实际状况为基础，分析其金融排斥的因素。

关于金融排斥的成因，学界普遍认为不仅与金融服务的地理可达性即地理排斥（指被排斥对象为获取金融服务，不得不依赖公共交通系统到达距离较远的金融机构）有关，还包括评估排斥，如通过风险评估程序限制了客户接近金融资源；条件排斥，即附加于金融产品的条件不适合某些人群的需要；价格排斥，即金融产品定价过高，超出了某些经济主体的偿付能力，而将其排斥在外；营销排斥，即一些人被排除在金融机构产品营销目标群体之外；自我排斥，即人们认为申请获得金融产品的可能性很小，被拒绝的可能性很大，从而自动被排除在获得金融服务的范围外。

云南民族自治地方金融排斥的成因较复杂，除了具有一般因素以外，还有民族特质的影响，但一般来说，以上提到的六点因素仍然被视为是基础性的影响因子，其他导致金融排斥的原因也基本是从这六点引申或延展开来讨论的。因此，地理排斥、评估排斥、条件排斥、价格排斥、营销排斥、自我排斥也比较全面地阐释了云南民族自治地方金融排斥的成因。下面我们从这六个主要方面来分析形成云南民族自治地方金融排斥的主要因素。

一、云南民族自治地方地理排斥因素分析

金融排斥的研究源于金融地理学，因而地理排斥是金融排斥中最显性的状态。金融地理学特别关注金融机构在引导特定地区资本流动过程中所

起的作用，特别是金融地理的格局及其发展过程，金融服务空间的不均衡性，金融在资本主义积累中扮演的角色，特定金融制度的空间组织与运作，金融中心的发展，金融流动与产业发展的关系等。研究者们一般从地理学的视角对金融排斥性进行探讨，即研究居民到金融服务网点（尤其是银行零售营业点）的实际距离对居民获得金融服务便利性的影响。学者们主要从银行分支机构的关闭、几乎没有金融服务（特别是低收入人群的聚集）的社区、汽车所有权的缺少等角度，来分析金融排斥对社会经济空间产生的影响。所以，地理排斥主要是指被排斥对象为获取金融服务，不得不依赖公共交通系统到达距离较远的金融机构而形成的金融排斥，而且如果某些地区没有可以依赖的交通系统或者由于地形的关系没有可达的金融机构，则形成一种绝对的地理排斥。

从辖区地理位置看，云南民族自治地方大多数分布在云南省的山区或者较偏远地带，它们中的大多数分布在人烟稀少、交通闭塞、生产力水平落后的偏远地区。这些地区的地形一般都是高山环抱、地势高低悬殊、河水湍急，是典型的深山区、石山区、高寒山等。云南民族自治地方这种特殊的地理状况也使得其生态环境特别脆弱，许多地势险峻、气候恶劣、水土流失严重的区域都集中在云南民族自治地方，因而这些地方的生存环境十分恶劣。

由于这种恶劣的地理环境因素，云南民族自治地方的公民要想获得基本的金融服务必须依赖相应的交通工具，而且这些地区的交通系统往往也处于相对落后状态，特别是广大的偏远农村和山区，甚至无法借助适当的交通工具获得及时的金融服务。同时，这些地区金融机构通常极为稀少，区域的金融荒漠化风险较高。很多金融机构都利用地理信息系统（GIS）显示的结果来确定分支机构的布局，许多正规金融机构都不愿意在这些地区设置金融分支机构。所以，云南民族自治地方存在显著的金融地理排斥态势。

二、云南民族自治地方评估排斥因素分析

随着金融排斥研究的深入，学者们越来越多地从社会文化和制度角度来分析实际的金融排斥状态，开始从更微观的层面研究金融排斥的问题。学者们通过分析金融排斥的对象及对象群体活动的社会和空间环境，找出金融排斥的经济和社会影响。基于此，金融排斥突破了单纯的金融地理视角，即排斥性并不仅仅因金融服务网点的数量不足或在某一地理区域的撤并而存在，而一些人群如果有获得金融服务的需求，但却因社会经济因素（如收入水平高低及收入分配状况、劳动力市场变迁、人口结构的变化、住房政策的变更、社会福利及财政改革等）和金融服务市场因素（如金融市场的再管制、信息技术的发展、金融产品的开发、风险评估、市场细分和金融产品的上门服务等）而很少或从未获得金融服务也被视为受到了金融排斥。这就是后面要分析的五种金融排斥因素的研究基础。

评估排斥是指主流金融机构通过风险评估手段对经济主体施加准入限制，从而使得一部分经济主体由于达不到相应评估标准而被排斥在金融服务之外。

商业性金融机构的本质属性依然是在市场规则下，以利润最大化为原则的商业经营主体。从金融机构的角度来说，金融机构作为风险与收益相对称的独立的经纪人，其经营目的即是获取利益最大化。金融机构作为企业，必须赢利才能够生存下去。只有利润驱动，才能够最好地调动其积极性，提高金融活动效率。这是我们必须坚持金融机构商业运营的原因所在。

现代金融机构的功能主要包括：第一，社会资金配置的工具。金融机构通过各种信用方式聚集资金，然后再发放出去，这除了使资金从社会盈余部门向赤字部门转移，还通过金融机构的风险收益甄别活动，促使资金向收益率最高的领域流动，促进企业的优胜劣汰。第二，影响宏观调控的效果。由于金融机构以货币为经营对象，金融机构放宽或者收缩信贷标准，直接影响货币创造机制，因此货币政策的效果就与金融机构的活动密切相关。第三，为社会提供风险管理服务。社会经济中永远存在着不确定性，但大多数人又天生厌恶风险，金融机构则为人们提供了识别、分散、转移风险的工具和手段，如保险、期权期货等。特别是保险，不仅可以分散风险，还可以解决一些社会问题，如养老、应急管理问题等等。最关键的，金融机构通过其风险管理活动，为参与主体提供了安全保障，为社会提供了稳定机制。

金融机构的功能和本质属性决定了其自身特殊的经营模式，这种经营模式本身又蕴含着巨大的风险外部性。一是外生的高负债。金融业是典型的高负债行业，特别是银行，由于最低资本充足率要求只有8%，因此绝大多数银行的资产负债率都在90%以上,而大多数非金融行业的资产负债率都只有50%左右。最关键的,其他行业企业的资产负债比率都是经过市场选择自发形成的,唯独银行的资产负债比率是外生设定的。二是客户与债权人身份的双重性。储户或者说存款人既是客户又是债权人,但是银行债权人数量众多且比较分散,存在大量的搭便车行为,这又使得他们无法有效发挥债权人的监督职责。这样,金融机构的公众性与公众对金融机构监督的无效性之间,就出现了一个天然的矛盾。三是金融机构之间关联性强。金融行业,无论是银行、证券还是保险,其资产的内在来源是一致的,主要表现为各种形式的货币。金融资产的同质性,一方面有利于不同金融部门的资产转换,加快资产配置的效率;另一方面,金融资产之间的强关联度,导致风险极其容易在不同金融机构之间传递,引发全面危机。

金融机构的这些特点,使得金融机构面临多种风险(主要有信用风险、市场风险、流动性风险、结算风险、操作风险、法律风险、系统风险等),要求金融机构必须有系统的风险管理机制。其中对客户进行风险评估就是金融机构重要的风险管理手段。云南民族自治地方多是集中在不发达贫困地区,而金融机构的本质属性及其风险评估的程序致使金融机构不得不在这些地区实行信贷配给制度,从而形成了云南民族自治地方的评估排斥。

首先,我们用信贷市场上的逆选择原理来分析云南民族自治地方的评估排斥。一般而言,在信贷市场上,金融机构与客户之间存在着信息不对称的现象,一般公开的银行信息为客户所知晓,然而金融机构却很难拥有客户手中比较详细的私人信息。这种情况下,金融机构无法得知贷款申请人的风险等级,故用平均风险上所需的贷款条件(如利率或是担保抵押品的价值)来衡量所有贷款申请人,使低于平均风险水平的贷款申请人的期望收益低于机会成本,这样风险较平均水平低的贷款申请人首先被信贷市场排挤。由于低风险水平的贷款申请人的退出,导致信贷市场上的平均风险水平再一次提升,又进一步驱使金融机构的贷款条件提升,较新的平均风险水平低的贷款申请人又被排挤,周而复始,风险较高的贷款申请人将风险较低的贷款申请人驱逐出信贷市场,最后将高风险贷款申请人留在信贷市场上。金融机构认识到这一点后，则不给予任何申请人发放贷款，这就是金融机构正常状态下的逆向选择效应，这种效应必然使金融服务远离穷人和处于劣势的弱势群体。云南大部分民族自治地方位于偏远落后的欠发达农村地区，这些地区的客户多是贫困的处于劣势的弱势群体，因而这些地区的信贷市场经常处于崩溃的边缘，成为最典型的评估排斥地区。

从金融机构的道德风险管理机制来看，金融机构无法监督借款人如何利用贷款的行为，借款人拥有信息优势易发生道德风险，从而损害处于信息劣势的金融机构的利益，增进了借款人的自身利益。通常道德风险可以分为两种：一种是借款人将获批得的贷款投入高风险项目即成功概率小而一旦成功便会获得巨大收益的投资项目。另一种是借款人在有能力还款的情况下，将还款和不还款两种方式所制造的成本进行对比，最后选择策略性的不偿还借款的行为。由于云南民族自治地方信息系统的整合性缺失，金融机构对这些地区具有较大的监督成本，特别是单个体系的民族客户，借款者一旦发生道德风险行为，对于银行来说就会产生很大的风险。金融机构为了避免道德风险行为的发生，通常选择"惜贷"，不给广大民族自治地方的客户发放贷款，便产生了评估排斥现象。

还有一种情况就是信贷市场上同时存在着逆向选择和道德风险行为，然而逆向选择效应和道德风险效应使贷款利率和贷款风险变得彼此相关而并非独立。这时金融机构的期望收益取决于贷款利率和借款人还款概率两个方面，金融机构不仅仅关心贷款的利率水平，还关心贷款所可能发生的风险。当信贷市场上资金需求大于供给时，如果贷款风险独立于利率水平，金融机构可以通过提高利率水平而增加收益。若金融机构愿意将贷款利率提高到均衡利率水平上，即资金需求等于供给，便不会出现评估排斥。但实际上，由于信息不对称存在于信贷市场，使得金融机构与借款者之间必然会产生逆向选择和道德风险效应。当金融机构提高利率时，低风险类型的客户便会退出信贷市场即逆向选择行为，或是诱使客户选择高风险类型的项目即道德风险行为，从而使得金融机构的平均贷款风险提高，平均贷款风险的提高会使得金融机构的期望收益率下降，期望收益减少。故金融机构宁愿选择在利率相对较低的水平上拒绝一部分普通客户的贷款需求，却不愿意选择在利率相对较高的水平上去满足所有普通客户的贷款申请，信贷配给现象便产生了。在云南民族自治地方，金融机构进行的信贷风险的评估，一般都认为这些地区普遍以农业生产为主，而农业属典型的弱质产业：生产周期长，对自然条件的依赖性强，抗御灾害能力弱，而且这些地区信用环境差，贷款发放后没有保障，极易发生逆选择和道德风险；再加上云南民族地区更高的信息不对称性，使得金融机构搜集和甄别相关信贷信息的难度更高，所以其信贷管理政策也会更严格，自然而然地将这些地区的客户在评估上进行排斥。可以说，诸如此类的风险评估程序限制了云南民族自治地方的弱势群体接近金融资源。

三、云南民族自治地方条件排斥因素分析

条件排斥是指主流金融机构附加于金融产品的条件不适合某些人群的需要。即指金融机构通过提高金融服务的准入条件而将弱势群体排斥在金融体系之外。金融机构的金融产品一般都附加条件，例如信用卡申请时的诸多条件、股票份额的最低购买数等，其中最显著的便是贷款时的条件。我们上文分析了信贷配给，为了减轻逆向选择和道德风险效应，金融机构在发放贷款时，往往要求需求方提供抵押担保品以及采取信用担保等条件，此时借款人必须提供一定的抵押、资信档案，还对借款人的偿还能力有着具体的要求。

云南民族自治地方大都分布于远离区域经济发展重心的地区，处于现代都市经济辐射末梢，落后的生产生活条件严重制约了民族经济社会的发展。这些地区的公民多是生活在农村，其贷款大多是为了满足生存需求，很少具有生产性，贷款回收的可能性大大缩小，即存在较普遍意义上的金融弱质性，再加上这些地方更加显著的信息不对称，金融机构在向他们提供信贷服务的时候，面临较大的风险，又不能得到准确的贷款人及贷款运用情况，因此，金融机构为了自身的安全发展，必须对其信贷要求更多更为实际的担保，否则，一旦出现了违约情况，将不能弥补其提供服务时付出的成本。

然而，在云南民族自治地方的金融市场上，需求主体往往不能为其信贷提供有效的担保，因为这些地区特别是农村地区一直实行的都是集体所有土

地制度，产权并不明晰，许多居民没有房地产权证或者其他固定资产的权证，根本不可能办理抵押贷款，即使有些居民拥有权证，但是在考虑到他们基本的生计问题时，政府或者银行不能够强行拍卖其房产（如我国《担保法》等有关法律法规也规定农民的土地承包经营权不得作为抵押），所以一旦这些地区的借款人出现了信贷违约的情况，金融机构并没有有效的催收手段，贷款回收能力较低，这也导致了民族自治地方的呆账和坏账率居高不下。担保不足、风险较高再次使得金融机构不愿意将信贷资源放在民族自治地方。

四、云南民族自治地方价格排斥因素分析

价格排斥是指金融机构的金融产品定价过高，超出了某些经济主体的偿付能力，而将其排斥在外，所以贫困是形成价格排斥的主要原因。云南民族自治地方多是我国贫困人口的集中分布地区，与其他贫困地区相比，云南民族自治地方的贫困呈现出贫困面积大、贫困程度深、脱贫难度大的特点。虽然云南民族自治地方的经济在近年来有了长足的进步和发展，但是与整个国家的发展进程，特别是与东部发达地区的发展进程相比，还是相对落后。特别是改革开放后，由于东部地区有着得天独厚的区位优势，加上构架的优惠政策支持，发展速度远远高于民族自治地方。这样，云南民族自治地方与其他地区的差距不但未减少，反而有进一步拉大的趋势。主要表现在：一是经济发展能力较弱。体现在：第一，经济结构不合理。云南民族自治地方的二、三产业对经济的贡献率低，对第一产业依赖严重。在农业产出中，云南民族自治地方资源密集型产出占56.7%，非资源密集型产出占43.3%；在工业产出中，民族自治地方资源密集型企业产出占66.7%，非资源密集型企业产出占33.3%。这表明云南民族自治地方的经济结构具有典型的初级性特征。第二，企业数量少，竞争力弱，缺乏合理的产业分工与企业间合作。企业内部管理和外部经营等都与其他地方有巨大的差距。第三，市场观念落后。经济落后与观念落后往往相互影响、互为因果。经济落后导致观念落后，观念落后又进一步制约着经济的发展。由于受特殊的历史、区域、民族等因素的影响云南民族自治地方群众的经济观念、市场观念、竞争意识普遍单薄。云南民族自治地方市场化进程缓慢，加上狭隘的地方保护主义和乡土意识的影

响，使其难以形成统一的市场体系，劳动力市场、生产资料市场、土地市场、技术市场、资本市场等要素市场基本上仍处于低水平状态。而经济发展的这种低水平状态，又导致当地人民贫困现象的出现。因而价格排斥在这些地区也尤为显著。

如前文分析，金融机构的本质属性决定了其经营目标是利润最大化。根据微观经济学的"价格歧视"原理，如果金融市场竞争不充分，垄断机构可能实行差别的价格政策，以实现其最大化的利润，垄断产量不是帕累托最优。金融产业属性使得金融机构不可能完全竞争，即使在经济较发达的西方国家，金融市场竞争较为充分的情况下，低收入者和居住在偏远地区的人群面对庞大的金融机构仍然处于弱势地位，"价格歧视"原理的前提依然是适用于金融排斥。价格歧视是指同一物品对同一消费者索取不同的价格，或者，同一物品对不同的消费者索取不同的价格。价格歧视有三类：一级价格歧视又称完全的价格歧视。由于垄断厂商可以对不同的需求量索取不同的价格，厂商必须拥有关于需求者偏好的充分的信息，而实际上是做不到的。因此生活中存在的大部分是不完全的价格歧视，也就是二级价格歧视，它是以不完全的信息为前提的。三级价格歧视则是通过直接的信号有区别地对待消费者。这些直接的信号包括消费者的就业岗位、居住地域、年龄等。根据这些不同的特征，同一物品对消费者收取不同的价格。运用这些直接信号，垄断厂商把消费者分为几类群体。显然，价格排斥是三级价格歧视理论在金融排斥方面的应用。随着风险管理技术的成熟和风险意识的增加，金融机构通过格式合同的保护条款、价格条款、风险转移条款来保护自身。金融机构根据经济主体的风险程度进行定价，风险越高，金融产品的价格也就越高。

在金融市场上，利率所体现的就是资本的价格，然而，在金融抑制的情况下，利率并不能很好地反映资本的真实价格，而低利率往往都是由于政府干预金融体系而造成的。云南民族自治地方由于贫困特点尤为突出，长期实行的是相对较优惠的金融政策，政府要求相关金融机构向这些地区提供低息的贷款，但是与此同时，金融机构却要承担更高的成本，因而金融机构主观上是不愿意在这个市场上提供金融服务的。如果按照正常的金融机构市场化原则，由于成本较高，金融机构将会提高民族自治地方金融服务的价格，可以表现为提高贷款利率等。由此，通过金融服务的价格对这些地方的资金需求客户进行选择，一部分中高收入的客户能够承担利率提高造成的成本提高，继续向金融机构申请信贷；而另一部分贫困的客户由于不能接受较高的信贷利率，将放弃向正规金融机构融资，转向民间金融，而民间金融同样面临成本问题，因此，他们所提供的信贷同样要求客户支付较高的利率，由此，贫困客户的融资范围进一步缩小，只能局限于一部分亲友间的低息融资。这样势必影响贫困人群的生产，甚至是影响其必要的生活。

从我们分析的地理排斥也可以看到，云南民族自治地方的地形条件也相对较恶劣，这些地形不利于传统农业的发展，再加上当地民族长期生活在一个地域单元内，对资源的整合开发没有形成一定的共识，存在着发展模式的不成熟、发展形势的单一、发展规模小型化等问题，延缓了民族间相互融合与共同发展的进程，也因为这种严酷的生存环境，闭塞的社会交往，造成了少数民族普遍文化程度不高，民族经济发展缓慢，使其成为了中国社会最贫困最落后的群体。贫困使得云南民族自治地方的公民在较低的收入水平下，往往难以接受市场化下金融机构制定的金融产品价格。金融机构对这些弱势群体可形成较强的价格排斥性，通过提高贷款利率等手段，降低弱势群体对资金的可获得性。比如在这些地区银行向小额存款收取高比例管理费及仅支付象征性利息的行为，正是最典型的价格排斥。另外，由于中国人民银行颁布了相关法令，各金融机构一定程度上拥有了自行定价权，可以发放浮动利率贷款，因此对于风险较大、还款保证不足的贷款往往采取高价策略，这也限制和排斥了这些地区的一部分群体便捷地获取金融资源。

五、云南民族自治地方营销排斥因素分析

营销排斥是指某个群体被排除在金融机构产品营销目标群体之外。金融营销是提高金融机构核心竞争力的重要环节。我国商业银行不仅需要面对国内外激烈的市场竞争，在国际化过程的同时，还要扩大金融市场占有份额，为了使市场份额最大化，金融机构会根据消费者的风险偏好确定金融产品营销目标市场，同时制定不同的营销策略，从而形成金融排斥的营销排斥。

金融营销是指金融机构以金融市场为导向，运用整体营销手段向客户提供金融产品和服务，在满足客户需要和欲望的过程中实现金融机构利益目标的社会行为过程。金融机构的本质属性决定了金融营销具有一些特殊性：第一，服务的不可分割性。当一个金融机构向客户提供其产品时也就提供了相应的服务。产品的提供在时间和地点上与服务具有同步性。第二，金融产品的非差异性。当一家金融机构提供了一种产品后，其他企业很容易模仿，而且各企业所提供的产品在功能上很难有大的差别。第三，金融产品具有增值性。当人们购买一种金融产品，如保险、存款等，购买这些产品最主要的目的是能够为消费者带来一定的收益。

从金融营销的主体——金融机构的地位看，金融机构作为金融服务的提供者，不仅要在资金筹集活动中针对不同投资者的需要开发不同的金融产品和服务；又要在资金运用活动中针对不同的客户，开发提供不同的金融产品和服务，在满足资金需求者要求的同时，保证资金的使用效率和质量。此外，还要充分发挥其作为交易中介的地位和作用，积极为客户提供各种各样的中介服务。

从金融营销的客体——金融服务的消费者看，随着经济一体化和金融自由化的发展，金融市场发育日趋成熟，全方位、多功能、多渠道的资金融通、交易结算便成为可能，也使参与金融活动的金融消费者数量日益增多，构成日趋复杂，对金融服务质量的要求也越来越高。

从金融营销的目的和要求看，实现收益最大化便成为企业提供金融服务的主要目的，由于金融服务的提供和服务的消费过程往往是同步进行的，这要求金融企业不断提高自身业务素质，树立良好的企业形象，通过提供规范的服务才能赢得更多的顾客。

从金融营销的标的——各种金融产品来看，它是金融活动中与资金融通的具体形式相联系的载体，其特征主要表现为：（1）存在形式上的无形性；（2）本质上的一致性和可替代性；（3）表现形式的多样性。

我国多数金融机构的金融营销理念还停留在低层次的水平上，没有形成以顾客为导向来转变经营的观念。如上分析，云南民族自治地方的经济具有风险高、经营分散、产业化程度低和复杂多样等特性，再加上缺乏可抵押物、非生产性信贷为主使得以成本收益为经营原则的金融机构没有足够动力将有限的金融资源向民族地区倾斜。在这种环境中，现在大多金融产品的创新主要是针对富裕客户群体，而针对低收入和其他被排斥群体的产品却被忽略。而且大多金融机构的产品营销重心都聚集在发达地区，而把欠发达的民族地区的金融需求排除在目标市场之外，导致了云南民族自治地方金融服务市场出现了产品空洞。

六、云南民族自治地方自我排斥因素分析

自我排斥是指一部分群体自身认为申请获得金融产品的可能性很小，被拒绝的可能性很大，从而自动被排除在获得金融服务的范围外。

自我排斥从某种意义上来说就是金融机构的二级价格歧视在金融排斥中的应用。二级价格歧视是通过间接的选择装置，即"自我选择装置"来分离不同的需求消费层次。这种价格歧视是应用"激励相容原理"（incentive compatibility）来对需求提供不同的消费计划，让不同的消费者根据各自的情况自选不同的消费计划并付不同的价钱。所不同的是，自我排斥相对于二级价格歧视更加隐蔽。这种排斥是通过一种特殊的信号传达给居民。这种特殊的信用是不明朗的，比如说银行的倒闭和挤兑风险的信号使居民产生的不安全感，从而使得他们不愿意使用银行产品，而自动从银行系统中退出。另外，由于银行对金融产品的风险控制有严格的规定，审批手续极其繁琐，加之我国金融体系中效率较低的国有银行又占据半壁江山，而金融服务的需求方往往十分注重时效性，因此很多群体转向非金融机构甚至地下钱庄融资。

从表象来看，云南大多民族自治地方的居民由于居住较偏远且相对封闭，信息获得与其他地区不对称，自然希望办理贷款时手续能简便、灵活、快捷，而目前我国金融机构的一些金融服务（尤其是贷款）手续较为繁琐，条款过于复杂难懂。于是此类居民选择了非正规金融渠道（如民间贷款等）来满足自身的资金需求。长此以往，这些地区的金融体系被主流金融边缘化，造成其金融习惯的不同和金融知识的贫乏，产生了对金融机构的不信任。于是这类群体便主动地把自己排除在从正规金融机构获得金融服务的范围之外。

更深层来分析，自我排斥实际上与经济主体的心理、风俗习惯（包括婚姻习惯、物权习惯）等主观方面密切相关。云南民族自治地方的居民有着鲜明的民族特质，由于特殊的历史演进过程，形成了特殊的民族文化、民族风俗等，从而形成了特殊的民族共识。云南民族自治地方的居民大多生活在同一个区域范围内，人们相互交往通婚融合，从而形成了共同的心理素质，表现在他们的语言文化、历史传统、风俗习惯等方面。正是这些原因，导致了他们的自我意识更强烈也更封闭，更加不容易参与到现代社会经济发展的活动中，难以接受现代经济发展的模式，就得不到现代经济发展所带来的利益。如云南的傈僳族、佤族、景颇族、纳西族、彝族等民族至今还保留着世袭奴隶制，生产力水平还停留在原始社会末期。由于大多数的民族乡地处边远，有的地方仅通简易的公路，交通不便，信息闭塞。有的民族村寨没有电，看不上电视和报纸，很难从事农副产品加工和兴办乡镇企业，人们的思想观念受到环境的限制，在很大程度上还受传统观念束缚，对新观念和外来的新事物难以理解和接受，缺乏商品生产意识和竞争意识，自我发展能力差。这些都会使他们对于现代金融产生一种自我排斥。

另外，民族特质形成的民族传统文化和心理共识还会表现在一些民族思维和宗教背景方面，民族自治地方特殊的民族宗教背景也会形成自我排斥。由于云南民族自治地方群众生存环境的异常艰苦，封闭落后，人们的精神文化极不丰富，在这样一种特殊的生活环境中，人们要生存并繁衍后代，其艰难程度是很难想象的。因而，人们往往把宗教作为心灵的慰藉和寄托，宗教信仰在这片古老的民族自治土地上，有着广阔的群众基础。有些宗教信仰中对借贷行为有一种天然的歧视和反感。

另外，某些民族特殊的现金交易习惯和财富实物化习惯也是影响金融自我排斥的因素之一。例如藏族地区现金交易比例较高，财富的主要形式是所佩戴的珠宝饰品，导致藏族人对金融产品需求不大，从而产生金融的自我排斥。

第三节 云南民族自治地方金融排斥指标评价体系的构建

构建指标体系评价金融排斥能够更直观深入地量化区域金融排斥的态势和特征。一般意义上，金融排斥指标体系的构建首先应考虑那些能够从深度、广度和时间维度描述金融排斥程度的指标，其次需要对被排斥群体进行系统的分析与识别，进而确定被排斥的原因与影响因素。本节针对的研究对象是云南民族自治地方的被排斥群体，上一节我们已经就这一对象被金融排斥的因素进行了分析。结合特殊的研究对象和金融排斥因素，本节我们将具体选择最适宜的云南民族自治地方金融排斥指标，构建云南民族自治地方金融排斥指标评价体系。

一、云南民族自治地方金融排斥指标评价体系构建的方法

对于金融排斥指标的研究，国外通常从以下几个方面衡量金融排斥的程度。根据 Sinclair 的研究成果，金融排斥指标主要有两大类：第一类主要从拥有金融产品的数量与质量上进行衡量，包括获得能够用于现金转账的基本银行服务的水平（如活期账户或支票账户）、获得信贷的水平、获得保险的水平、负债和负债支持的水平。第二类主要是从影响金融产品获得水平的因素进行衡量，包括长期储蓄的水平、养老金支持水平、金融知识水平、房屋的产权状况。根据 FSA 的调查报告，以下群体最容易被金融主流服务排斥：长期失业者、老年人、由于生病或者长期疾病而无法工作者、低工资收入者、仍然未使用金融服务的年轻居民、单身妈妈、少数种族者。PSE（policy and soeial exelusion）1999 年的报告则认为，以下群体最容易被金融主流服务排斥：无就业者的家庭、单身家庭、非白种人家庭、领取就业津贴或者社会保障的家庭、有未成年人需要抚养的家庭、居住在当局住房或政策性住房的家庭、在较小的年龄就辍学的居民、居住在密集地区的居民。这些群体具有一些共同的社会特征和相似的经济状况。根据 FSA 2000 年的调查报告，欧美国家的金融排斥群体的共同特征主要是由收入、就业状况、居住所在、种族信

仰以及婚姻状况等因素决定的。Hogarthando Donnell 认为性别、净财富以及房屋大小会对美国居民银行金融服务的拥有量产生很大的影响。这些金融排斥的调查研究表明，首先发达国家的金融排斥调查系统完善、调查方法先进和调查数据完整详细，同时调查是通过各类官方与非官方组织的专门机构如英国的新政策机构 NPI（new policy institutes）、金融服务局（FSA，financial service authority）、公平交易办公室（OFT，office fair trading）、洛锡安区反贫穷联盟（LAPA，lothian anti-poverty allianee）、英国银行家协会（BBA，britain bankers association）和美国联邦储备理事会（board of governors of the federal reserve system）。由于庞大的调查组织系统使英美两国在金融排斥微观数据收集上具有很多的优势，完备的数据能够使得金融排斥问题更加的清晰明朗，也使解决措施更有针对性和可行性。而到目前为止，中国仍然没有成立专门的组织对金融排斥进行系统的研究调查。微观数据的缺乏是造成我国学术界对该方面进行研究的最大障碍。其次，由于微观数据详细完备，英美国家对金融排斥的研究采取了因素分析法，即依据金融排斥分析指标与其影响因素的关系来选择金融排斥指标，从数量上确定各因素对金融排斥分析指标影响方向和影响程度。采取因素分析法可以全面分析各因素对金融排斥指标的影响，也可以单独分析某个因素对金融排斥指标的影响。此外，在量化研究方面，英格兰东南发展机构通过收集大量原始和二手的数据，利用传统的线性回归模型，采纳了逐步回归法确定与金融排斥相关的变量，计算出相应的金融排斥指数指标来描绘英格兰在东南区域的金融排斥程度和地理分布的全景。由于我国金融排斥数据的缺失，特别是云南民族自治地方的金融排斥数据难以全面获得，采取线性回归计量模型的研究不具有可行性，因此本节在构建云南民族自治地方金融排斥指标体系时只能结合定性分析与因素分析来进行指标选择。

二、云南民族自治地方金融排斥指标评价体系构建对象的确定

发达经济体一般金融发展水平较高，被排斥群体主要为自然人群体，比如英美两国调查金融排斥的对象主要是自然人群体，研究结果表明遭受金融排斥的群体呈现出较简单的群体特征即低收入。中国的情况与发达国家不尽相同。欧美关于微观的数据更加完整和细致，能够通过个人金融资源的占有情况反映其金融被排斥。而我国微观数据偏少，评价我国金融排斥的状况更偏向于利用宏观数据，如根据面向弱势群体提供金融服务的城乡各级金融机构即农村金融机构、城市商业银行和城市信用社的发展状况来衡量我国农村金融排斥的程度。利用宏观数据进行分析的合理性在于：金融产品供给者与需求者之间的关系是互补的，通过调查供给者的状况，就可以近似反映需求者获得金融产品的状况。Santiago Carbo, Edward R. M. Gardener 和 Philip Molyneux 在其著作《金融排斥》对发展中国家金融排斥的调查发现，发展中国家金融排斥的特征主要有：（1）大部分人遭受金融排斥，且与金融排斥密切相关的是贫困和金融资源的缺乏。（2）发展中国家金融业发展水平较低。（3）Holden 和 Prokenk 的研究表明，发展中国家的金融业通常具有垄断和国有性质特征。政府的寻租行为和不够完善的市场机制通常导致金融资源分配不公平，激励与约束机制的缺失通常引起国有银行的代理人的道德风险。（4）发展中国家的金融体系不健全，如缺少严格的银行准入要求、存款保险制度、金融机构的功能分离、最后贷款人机制以及偿付能力监管。市场机制缺乏，政府当局通常直接控制利率。（5）金融业无法发挥经济晴雨表和指示器的作用。不发达的金融业以及信息不对称导致逆向选择更加严重。因此，影响发展中国家发生金融排斥的主要因素是制度，金融排斥类型主要是结构性金融排斥。我国金融业也具备了上述的大部分特征，因此我国除了发生功能性金融排斥外，还存在结构性金融排斥。因此我国对金融排斥进行量化指标研究时所确定的对象主要是三农和城市弱势群体（主要是城市下岗工人、低保者、低收入者、失业者等社会弱势群体）。

而在云南民族自治地方的金融排斥群体不但具有上述金融排斥对象的特征，还具有如上分析的民族特质背景，金融排斥更加复杂和隐蔽。云南民族自治地方群体同时受到功能性金融排除和结构性金融排斥，某种意义上，由制度因素造成的结构性金融排斥更多一些。因此，云南民族自治地方金融排斥指标的研究对象着重突出这些少数民族地区的农村和城市弱势群体。

三、云南民族自治地方金融排斥指标评价体系的构建

按照以上影响金融排斥主要因素,我们结合云南民族自治地方金融发展实践,建立相应的金融排斥评价指标。

(一)地理排斥指标

从辖区地理位置看,云南民族自治地方大多数分布在云南省边疆地区或者较发达地区的偏远地带,因此其金融排斥的地理排斥是非常显著的。这些地区的公民为了获得基本的金融服务必须依赖相应的交通工具,而且这些地区的交通系统往往也处于相对落后状态,特别是广大的偏远农村和山区,甚至无法借助适当的交通工具获得及时的金融需求。同时,这些地区金融机构通常极为稀少,区域的金融荒漠化风险较高。很多金融机构都利用地理信息系统(GIS)显示的结果来确定分支机构的布局,并依据赢利性来确定金融产品开发和服务提供的可行性与优先等级等。评价地理排斥通常采用各类金融机构数比上该地区的人口数。鉴于云南民族自治地方当前存在的以银行为主体、证券业和保险业相对不发达的金融体系现状,我们仅采用银行类金融机构数量作为评价其地理排斥的指标。

(二)评估排斥指标

评估排斥是指主流金融机构通过风险评估手段对经济主体施加准入限制。云南民族自治地方多是集中在不发达贫困地区,而金融机构的本质属性及其风险评估的程序致使金融机构不得不在这些地区实行信贷配给制度,云南民族地区的更高的信息不对称性也限制了大多数公众接近金融资源。评价评估排斥的指标一般是以票据为基础的信用指标。其中,对出票人签发的商业汇票进行承兑是银行基于对出票人资信的认可而给予的信用支持。因此,可以认为商业汇票的使用广泛与否体现了某地区评估排斥的程度。鉴于云南民族自治地方的实际发展状况,我们用地区人均银行承兑汇票余额作为评价其评估排斥的指标。

(三)条件排斥指标

云南民族自治地方的人口大都分布于远离区域经济发展重心的地区,处于现代都市经济辐射末梢,落后的生产生活条件严重制约了民族经济社会的

发展。而获得一定的金融服务，往往需要满足金融机构的附加条件，这些附加条件一般都比较规范，在很大程度上将广大弱势群体排斥在金融服务之外。而云南民族地区弱势群体要远多于其他地区，因此金融机构过于苛刻的贷款附加条件如担保、偿还能力以及提供详细的个人信息往往很容易把边疆民族地区的公民排斥在金融系统之外。一般而言，基于资金作为稀缺资源、各地有巨大贷款需求的假定，通常采取各地区人均贷款余额作为条件排斥的指标。云南民族自治地方的资金需求更甚于其他地区，采用人均贷款余额指标更能衡量其条件排斥的程度。

（四）价格排斥指标

云南民族自治地方多是贫困人口的集中分布地区，与其他贫困地区相比，这些民族贫困地区呈现出贫困面大、贫困程度深、脱贫难度大的特点。价格排斥通过直接的信号有区别地对待消费者。这些直接的信号包括消费者的就业岗位、居住地域、年龄等。根据这些不同的特征，同一物品对消费者收取不同的价格。云南民族自治地方的公民在较低的收入水平下，往往难以接受市场化下金融机构制定的金融产品价格。另外，由于中国人民银行颁布了相关法令，各金融机构一定程度上拥有了自行定价权，可以发放浮动利率贷款，因此对于风险较大、还款保证不足的贷款往往采取高价策略，这也限制和排斥了这些地区的一部分群体便捷地获取金融资源。本文以地区金融机构贷款加权平均利率水平为指标评估云南民族自治地方的价格排斥程度。

（五）营销排斥指标

近年来，金融服务在云南民族自治地方有进一步弱化的趋势，其大部分地区资金出现了向东部沿海发达地区或省内发达地区转移的态势。目前，云南民族自治地方的金融机构主体功能异化，一方面，资金从边疆民族地区向东部沿海、从农村向城市流动，另一方面，边疆民族地区的弱势群体又很难从银行和信用社获得贷款，导致这些地区的弱势群体聚居区资金循环链条出现裂缝。同时，金融机构在市场营销方面也把云南民族自治地方的金融需求排除在目标市场之外。自1998年以来的金融机构撤并进一步增加了这些地区获取金融服务的难度。一方面，这些地区的经济具有风险高、经营分散、产业化程度低和复杂多样等特性，再加上缺乏可抵押物、非生产性信贷为主使得以成本收益为经营原则的金融机构没有足够动力将有限的金融资源向边疆民族地区倾斜。根据营销排斥指标体系，用地区贷款与存款之比作为度量云南民族自治地方营销排斥的指标较为合理。

（六）自我排斥指标

我国金融机构的经营模式在一定程度上对云南民族自治地方大多数以农业为主的省份产生了需求型金融抑制，使得这些地区的部分群体对金融需求产生自我排斥性。由于银行对金融产品的风险控制有严格的规定，审批手续极其繁琐，加之我国金融体系中效率较低的国有银行又占据半壁江山，而金融服务的需求方往往十分注重时效性，因此很多群体转向非金融机构甚至地下钱庄融资。同时，自我排斥其实就是二级价格歧视在金融排斥上的应用。所不同的是，自我排斥相对于二级价格歧视更加隐蔽。这种排斥是通过一种特殊的信号传达给居民。这种特殊的信用是不明朗的，比如说银行的倒闭和挤兑风险的信号使居民产生的不安全感，从而使得他们不愿意使用银行产品，而自动从银行系统中退出。由于各地区民间融资规模难以统计，本文拟采用非金融机构融资规模与贷款余额之比为指标进行云南民族自治地方自我排斥的评价（由于非金融机构融资规模与金融机构贷款余额之比与地区自我排斥程度负相关，因此，具体评价时以负数表示）。

第四节　云南民族自治地方金融排斥案例评价体系的构建

从以上各个章节已有的研究分析中，我们看到了：由于历史的、自然条件的和社会发育的诸多原因，云南民族自治地方的社会、经济发展乃至金融发展形成了独特的民族特质，我们前几章节的研究中已经突出地反映了这种特殊性，因而在评价其金融排斥体系，构建云南民族自治地方金融排斥评价体系时，我们除了上一节按照金融排斥典型的六维指标评价以外，还必须结合云南少数民族和民族自治地方的特点构建更能反映其民族特质的案例评价体系，更加深入地分析其金融排斥的具象。

一、云南民族自治地方金融排斥案例评价体系构建的技术路线

对民族问题的研究一般较多的采用田野调查的方法。这种方法就是研究者深入实际或现场作系统的调查研究，从而获得第一手资料的方法，也叫实地调查或现场调查。这种方法不仅是民族学的重要研究方法，也是许多学科所共同采用的方法。一般地讲，田野调查方法应遵循的基本模式，主要有：明确调查目的，确定调查的地域范围，查阅前人的有关资料，拟订调查提纲，培训工作人员，统一对调查关键环节的认识，对新资料的反复核实和整理，写出调查报告，分析得出所需结论等。我们建立云南民族自治地方金融排斥评价的案例时，主要也采用这样的方法。

通常来说，指标评价体系能够从一个较共性的角度来比较研究对象的特征，而案例研究则更能根据所研究对象的特征从比较个性的角度来研究问题的本质属性。本文针对云南民族自治地方金融排斥的一些特征，采用田野调查的方法，对所研究的民族自治地方的一些典型的地区，甚至是具体到一些民族山寨和村落，对民族家庭和个人展开走访和问卷调研方法。

调研的实施主体一方面考虑到专业性，另一方面也考虑了可实施性和数据采集的可得性，考虑由各个民族自治地方的农村信用联社来承担。由云南省各民族自治地方的各个民族自治县区的各地区农村信用社营业网点派专人进行了实地金融需求的调查，同时，也对金融机构的金融供给提供的情况进行了调查。由云南省农村信用社制定了调查提纲，确定专门的工作机构，明确工作程序，制定下发专门文件进行调查，并对调查工作完成时限和职责进行分配，经过一定计划的调查，以全省农村信用联社完成调查问卷的份数，再通过抽调一些专门人员对问卷进行分析和整理，最后来设计民族自治地方金融排斥的案例评价体系。

二、云南民族自治地方金融排斥案例评价体系的调查指标选取

（一）会计类科目指标

ATM：自动取款机，是 Automatic Teller Machine 的缩写。它是一种高度精密的机电一体化装置，利用磁性代码卡或智能卡实现金融交易的自助服务，代替信用社柜面人员的工作。持卡人可以使用信用卡或储蓄卡，根据密码办

理自动取款、查询余额、转账、更改密码、缴纳手机话费等业务。

CRS：自动存取款机，是 Cash Recycling System 的缩写，是客户进行自助服务的电子化设备，它具有存款、取款、卡卡转账、查询余额、修改密码等功能。

BST：自动补登折机。由于信用社客户有时办理的一些交易属于无折交易，因此不能在存折上作实时打印记录，为保证客户存折记录的准确性，客户可持存折到信用社 BST 机上办理补登折业务，未能实时打印的记录就会自动补登在存折上。

POS：销售点，是 Point of Sales 的简称。机器上配有条码或光字符码识别，把它安装在信用卡的特约商户和受理网点中与计算机联成网络，就能够实现电子资金自动转账，它支持消费、预授权、余额查询和转账等功能。

企业客户数：在信用社开立账户，办理存款、贷款、转账等公司金融业务的企业类客户（包括金融机构、无限公司、有限公司、社团、政府机构和独资公司等）的数量。

电子银行企业客户数：开通企业网上银行、手机银行业务，通过网上银行、手机银行渠道办理账户查询、转账汇款、代发工资、电子对账、集团服务等公司金融业务的企业类客户的数量。

个人客户数：在信用社开立账户，办理存款、贷款、转账等个人金融业务的个人客户的数量。

电子银行个人客户数：开通个人网上银行、手机银行业务，使用信用社网上银行、手机银行渠道办理账户查询、转账汇款、基础理财等个人金融业务的个人客户的数量。

各年存款业务流水量（万笔）：在一个会计年度内，各县级联社办理存款业务的笔数总和。存款业务是信用社根据国家的有关规定，按照一定的期限和利率，运用信用方式，筹集社会闲置资金的一种负债业务，包括单位存款和居民个人的储蓄存款等。

各年存款业务交易额（亿元）：在一个会计年度内，各县级联社办理存款业务的交易金额总和。

各年贷款业务流水量（万笔）：在一个会计年度内，各县级联社办理贷款业务的笔数总和。贷款业务是指信用社根据国家政策以一定的利率将资金贷放给资金需要者，并约定期限归还的一种经济行为，包括信用贷款、抵押贷款等。

各年贷款业务交易额（亿元）：在一个会计年度内，各县级联社办理贷款业务的交易金额总和。

各年转账业务流水量（万笔）：在一个会计年度内，各县级联社办理转账业务的笔数总和。转账业务是指信用社根据客户要求，将款项从付款账户划转到收款账户，完成货币收付的货币结算方式。云南省农村信用社现有大额支付、小额支付、农信银支付、行内转账、银联支付、大同城支付等多个支付渠道。

各年转账业务交易额（亿元）：在一个会计年度内，各县级联社办理转账类业务的交易金额总和。

各年保险、理财业务流水量（笔）：在一个会计年度内，各县级联社利用网点平台优势，为各家保险公司、商业银行代售保险产品、理财产品的业务笔数总和。信用社目前代理的保险产品主要包括代理太保、国寿等保险公司的安贷宝及其他险种，代理的理财产品主要是兴业银行、招商银行等商业银行的低风险银行理财产品。

各年保险、理财业务交易额（万元）：在一个会计年度内，各县级联社代售保险、理财业务的交易金额总和。

各年电费代理流水量（笔）：在一个会计年度内，各县级联社代缴电费业务笔数总和。电费代理业务是指电力客户在信用社开立账户，电力客户、信用社与电力公司签订三方协议，由信用社按期扣划电费并代电力客户缴纳电费。

各年电费代理交易额（元）：在一个会计年度内，各县级联社代缴电费业务的交易额总和。

各年烟叶收购流水量（笔）：在一个会计年度内，各县级联社烟叶收购业务的笔数总和。烟叶收购业务是指烟叶收购商、信用社与烟叶种植户签订三方协议，由信用社扣划烟叶收购款并代烟草收购商支付烟叶收购款。

各年烟叶收购交易额（元）：在一个会计年度内，各县级联社烟叶收购业务的交易金额总和。

各年移动代理流水量（笔）：在一个会计年度内，各县级联社办理移动代理业务笔数的总和。移动代理业务是指客户到信用社营业网点办理或使用信用社网上银行、手机银行渠道向移动公司缴纳话费的服务。

各年移动代理交易额（元）：在一个会计年度内，各县级联社办理移动代理业务的交易额的总和。

各年交通罚款流水量：在一个会计年度内，各县级联社办理代缴交通罚款业务笔数的总和。代缴交通罚款是指车主到信用社基层网点办理或使用信用社网上银行、手机银行渠道缴纳交通罚款的业务。

各年交通罚款交易额：在一个会计年度内，各县级联社办理代缴交通罚款业务的交易额的总和。

各年其他中间业务流水量（笔）：除前文所述中间业务产品外，各县级联社办理的其余中间业务产品的交易笔数总和。云南省农村信用社目前中间业务产品共有78种，除上述产品外，还提供财政惠农直补、财政对公托收、国税代缴、烟草配送、财政预算支付、第三方存管、实物贵金属代售、多级账户管理等财政类、社保类、税务类、商业保险类、普通生活类、理财类、特殊业务类中间业务产品。

各年其他中间业务交易额（元）：除前文所述中间业务产品外，各县级联社办理的其余中间业务产品的交易金额总和。

（二）贷款可得性调查指标

金额档次：3000元以下；3000—5000元；5000—10000元；1万—10万元；10万—30万元；30万元以上。

各档次调查指标包括：

申贷户数：填写贷款申请表，向各县级联社提出贷款申请的客户数量的总和。

申贷金额：客户向各县级联社提出的贷款申请数额

批准贷款户数：各县级联社根据相关信贷管理规定，对客户信息进行录入、对客户信用进行评级，并经过相应级别的信贷业务审议决策后，同意向其提供贷款的客户数量总和。

批准贷款金额：各县级联社根据相关信贷管理规定，对客户信息进行录入、对客户信用进行评级，并经过相应级别的信贷业务审议决策后，同意提供贷款的金额总和。

（三）贷款结构性调查指标

个人住房贷款（笔数和金额）：信用社向借款人发放的用于购置房屋（包括住房、车库等）的人民币贷款业务。贷款额度为房屋总价扣除首付款后的额度，首付款比例按购买人购买房屋的性质和套数对应申请贷款时的政策规定分别确定，最高为所购房屋全部价款或评估价值（以低者为准）的70%。个人住房贷款最长不超过30年，采用按月等额本息还款或等额本金还款的分期偿还方式进行还款。

个人汽车贷款（笔数和金额）：又称个人汽车消费贷款，是指信用社向个人发放的用于购买汽车的人民币贷款。根据购置用途不同，贷款额度有所差异。

个人综合消费贷款（笔数和金额）：信用社向借款人发放的用于购置耐用消费品、住房装修、教育支出、旅游和医疗等个人消费用途的贷款，该业务可办理循环贷款额度，贷款额度不得超过消费价值总额的70%，贷款期限最长为10年，可采用按月等额本息、等额本金方式还款或按季（月）计息、分期还本方式还款。

个人助学贷款（笔数和金额）：信用社面对获得高等学校录取的贫困户学生发放的贷款。为将进入大专院校深造的学生的父母提供商业性助学贷款，用于支付子女在校期间的学杂费、生活费及其他相关费用。

个人生产经营贷款（笔数和金额）：信用社向自然人发放用以支持其生产经营资金和其他合理性需求的人民币贷款，贷款对象为从事合法生产经营的个体工商户、私营企业业主和其他自然人。可办理循环贷款额度，贷款额度最高限额为1000万元，贷款期限最长为10年。

农户一般贷款（笔数和金额）：信用社向农户发放的，用于满足农户基本金融需求的贷款。

企业流动资金贷款（笔数和金额）：信用社向企（事）业法人或国家规定可以作为借款人的其他组织发放的用于借款人日常生产经营周转的贷款。

流动资金贷款具有贷款期限短、手续简便、周转性较强、融资成本较低的特点。流动资金贷款利率执行人民银行的利率政策规定，按信用社法人经营机构的贷款定价办法合理确定。流动资金贷款的期限最长不超过 3 年。借款人应是经工商行政管理机关（或主管机关）核准登记的企（事）业法人、其他经济组织。

企业项目贷款（笔数和金额）：企业项目贷款，也被称为企业项目融资，是以项目本身具有比较高的投资回报可行性或者第三者的抵押为担保的一种融资方式。

企业房地产开发贷款（笔数和金额）：信用社向房地产开发经营企业发放的用于住房、商业用房及其配套设施开发建设的人民币贷款。主要分住房开发贷款、商业用房开发贷款、其他房地产开发贷款。房地产开发贷款期限最长不超过 3 年。

小企业贷款（笔数和金额）：信用社向资产总额在 1000 万元（含）以下，或年销售额 3000 万元（含）以下的企业、其他经济组织、个体经营户发放的贷款。贷款额度不超过 500 万元，期限不超过 3 年。

企业其他贷款（笔数和金额）：除上述流动资金、项目贷款、房地产开发贷款、小企业贷款外，信用社根据信贷管理规定，向企业发放的其他类型的贷款。

抵押贷款（笔数和金额）：抵押贷款指借款者以一定的抵押品作为物品保证向信用社取得的贷款。它是信用社的一种放款形式、抵押品通常包括有价证券、房地产或其他各种证明物品所有权的单据。贷款到期，借款者必须如数归还，否则信用社有权处理抵押品，作为一种补偿。

质押贷款（笔数和金额）：质押贷款是指信用社按《担保法》规定的质押方式以借款人或第三人的动产或权利为质押物发放的贷款。出质人应将权利凭证交与信用社，质押合同自权利凭证交付之日起生效。

保证贷款（笔数和金额）：保证贷款指信用社按《担保法》规定的保证方式以第三人承诺在借款人不能偿还贷款本息时，按规定承担连带责任而发放的贷款。保证人为借款提供的贷款担保为不可撤销的全额连带责任保证，也就是指贷款合同内规定的贷款本息和由贷款合同引起的相关费用。保证人还必须承担由贷款合同引发的所有连带民事责任。

信用贷款（笔数和金额）：信用贷款是指信用社以借款人的信誉发放的贷款，借款人不需要提供担保。其特征就是债务人无需提供抵押品或第三方担保仅凭自己的信誉就能取得贷款，并以借款人信用程度作为还款保证的。信用贷款对借款方的经济效益、经营管理水平、发展前景等情况进行详细的考察，以降低风险。主要适用于经工商行政管理机关核准登记的企（事）业法人、其他经济组织、个体工商户，并符合《贷款通则》和信用社规定的要求。

第四章　云南民族自治地方金融排斥的实证研究

从以上各章研究可以看到，云南民族自治地方有着特殊的金融生态环境，由此金融发展也呈现出相应的特征；从云南民族自治地方金融政策的特殊性和发展实践也可以看到，民族特质深刻地影响着云南民族自治地方的金融发展水平。云南民族自治地方的金融发展水平总体上仍然停留在相对落后阶段，其金融体系的资源配置效率与发达地区相比也相对较低，而其金融排斥态势则呈扩大趋势。本章将结合前文的研究框架及理论推演，实证评价云南民族自治地方的金融排斥。首先，按照本文构建的云南民族自治地方金融排斥指标评价体系对云南各个民族自治地方的金融排斥态势作出评价，进而结合建立的云南民族自治地方田野调查案例评价体系，分析典型的云南民族自治地方金融排斥案例模式。

引　言

云南是全国少数民族种类和特有民族最多的省份，具有典型的民族特质。本文所研究的对象——云南民族自治地方主要包括：西双版纳傣族自治州、德宏傣族景颇族自治州、怒江傈僳族自治州、大理白族自治州、迪庆藏族自治州、红河哈尼族彝族自治州、文山壮族苗族自治州、楚雄彝族自治州等八个民族自治州和峨山彝族自治县、澜沧拉祜族自治县、江城哈尼族彝族自治县、孟连傣族拉祜族佤族自治县、西盟佤族自治县、墨江哈尼族自治县、新平彝族傣族自治县、元江哈尼族彝族傣族自治县、宁洱哈尼族彝族自治县、景东彝族自治县、景谷傣族彝族自治县等29个民族自治县（见表4.1）。

表 4.1　云南省民族自治地方行政区划（单位：个）①

地　级	县级市	县	自治县	自治州建立时间
全省合计	9	40	29	—
8 个自治州	9	40	9	—
楚雄彝族自治州	1	9	—	1958 年 4 月 15 日
红河哈尼族彝族自治州	3	7	3	1957 年 11 月 18 日
文山壮族苗族自治州	1	7	—	1958 年 4 月 1 日
西双版纳傣族自治州	1	2	—	1953 年 1 月 24 日
大理白族自治州	1	8	3	1956 年 11 月 22 日
德宏傣族景颇族自治州	2	3	—	1953 年 7 月 24 日
怒江傈僳族自治州	—	2	2	1954 年 8 月 23 日
迪庆藏族自治州		2	1	1957 年 9 月 13 日
其他 5 个州、市辖		20		—

长期以来，由于云南民族自治地方独特的经济地理和文化环境，加之制度因素和外部环境的异化，使得这些地区的社会发展现实与理论目标存在着巨大差异，与内地间的经济社会发展水平差距越来越大。随着市场经济体制改革的不断深化，市场规则在金融资源的配置方面作用日益强劲，国家原来对民族地区特殊的金融优惠政策优势逐步弱化，这也使得云南民族自治地方较低的金融发展水平更加滞后，从而成为其经济发展的桎梏。

云南民族自治地方金融发展的症结集中表现为这些地区的金融排斥态势日趋加剧，进一步使其金融发展从宏观到微观都呈现出弱势格局。第一，金融产品供给不足。在市场化取向的中国金融体制改革的背景下，云南民族自治地方公民作为弱势群体和低收入人群，民族自治地方中小企业（特别是民营企业）作为制度性信贷配给的直接对象，他们接触到的金融产品越来越少，得到的金融服务机会越来越小。第二，金融机构供给不足。国有商业银行逐

---

① 数据来源：根据《云南统计年鉴 2012》整理。

渐收缩撤并县及县以下的网点，云南民族自治地方面临着银行业金融机构网点覆盖率低、金融有效供给不足、竞争不充分、资金净流出等问题，金融排斥程度十分严重。第三，金融资源流失严重。金融机构融资是云南民族自治地方获得资金的主要途径，由于目前这些地区金融体系存在诸多问题，金融资源配置的效率低下，金融资源在云南民族自治地方并没有进行合理、有效的配置，更多是以净流出的方式扮演着储蓄动员的角色。本章中我们将按照上一章确立的研究方法，从云南民族自治地方金融排斥共性的经典维度指标和个性深入实际的田野调查案例数据指标分析两个方面来实际评价云南民族自治地方金融排斥。

第一节 云南民族自治地方金融排斥的维度指标评价

本节我们按照上一章构建的云南民族自治地方金融排斥指标评价体系对云南民族自治地方金融排斥进行指标评价。由于云南民族地区非金融机构融资规模数据无法准确核实，且比较口径无法统一，所以本节仅从五个方面的指标实际评价云南民族自治地方的金融排斥态势。

一、云南民族自治地方地理排斥指标评价

云南省地理位置特殊，地形地貌复杂。大体上，西北部是高山深谷的横断山区，东部和南部是云贵高原。最高峰是西北部迪庆藏族自治州德钦县的梅里雪山，其主峰卡瓦格博峰海拔6740米。最低点是河口县的元江河谷，海拔仅有76.4米。整个云南西北高、东南低，有84%多的面积是山地，高原、丘陵占10%，仅有不到6%是坝子、湖泊之类。个别县市的山地比重竟然超过了98%。所以金融地理排斥的特征在这里特别显著。

表4.2 2007—2011年云南省与全国地区银行类金融机构数比较①

	法人机构数		银行业金融机构网点	
	云南	全国	云南	全国
2007		8877	5038	197560
2008	148	5634	5026	179753
2009	151	3857	5004	189000
2010	147	3769	5140	195000
2011	149		5177	200900

表4.2数据显示，自2008年以来，云南省银行类金融法人机构数一直只有150家左右，而同期全国的银行类法人机构数达到3800家左右，这一指标云南不到全国的4%，银行业机构网点数到2011年末，全国达到200900家，而云南只有5177家，只占全国的2.6%。这一绝对指标表明云南省的地理排斥严重。

从云南省内看，至2012年9月末，全省民族地区共有银行业网点2846个，民族地区金融机构网点数占全省机构网点总数的42.6%，且网点主要集中在民族自治州州府及县域以上地区，边远民族乡镇由于山高路远，网点服务半径过大，金融服务仍处于严重缺失状态。目前全省仍有118个金融网点空白乡镇，涉及少数民族21个。很多少数民族地区的人们还是无法摆脱"翻山越岭去贷款"的困境。

二、云南民族自治地方评估排斥指标评价

云南的八大民族自治州多是集中在不发达贫困地区，这些地区不仅如上文分析的存在很严重的地理排斥现象，同时很少的金融机构由于金融公司本质属性及其正常的风险评估程序，致使这些金融机构不得不在这些地区实行信贷配给制度，使得民族地区的评估排斥也呈现显性化趋势。

---

① 数据来源：根据中国人民银行《2010中国区域金融运行报告》以及历年《云南金融年鉴》整理计算。

表4.3 2009—2011年云南少数民族自治州地区与全国
人均银行承兑汇票余额指标比较①

地区	地区银行承兑汇票余额/地区人口 单位:(元/人)		
	2009年末	2010年末	2011年末
楚雄	148.09	154.07	169.38
红河	65.74	31.51	41.23
文山	33.87	41.74	60.14
版纳	28.81	131.28	107.71
大理	162.77	145.66	407.71
德宏	21.78	10.72	54.05
怒江	55.97	57.94	26.12
迪庆	23.75	27.43	22.33
全国	6621.08	7650.66	9985.15

表4.3是近年云南省少数民族自治州地区人均银行承兑汇票余额指标与全国平均水平的比较。这一指标显示，八个自治州都显著低于全国平均水平。其中人均银行承兑汇票余额较高的楚雄、大理和版纳地区也与全国平均水平相距甚远，大理2011年末的指标达到这些地区的最高水平407.71元/人，也与全国2009年末的这一指标相差很远，而这些地区最低水平的德宏2010年末的10.72元/人，更是显示了非常显著的评估排斥。除了上述供给方的原因以外，少数民族地区更高的信息不对称性也限制了这些地区的大多数公众接近金融资源。

三、云南民族自治地方条件排斥指标评价

云南的边疆民族地区人口大都分布于远离区域经济发展重心的地区，由于历史和现实的诸多因素，民族经济社会的发展相对滞后，从发展需求看，

---

① 数据来源：根据历年《云南金融年鉴》及其《中国支付体系发展报告（2008—2010）》等整理计算。

这些地区的资金需求更甚于其他地区,而金融机构资金服务的附加条件一般都比较规范,在很大程度上将这些地区的群体排斥在金融服务之外。

表 4.4 2004—2011 年云南少数民族自治州地区与全国人均贷款余额指标比较[①]

地区	人均贷款余额(元/人)							
	04 年末	05 年末	06 年末	07 年末	08 年末	09 年末	10 年末	11 年末
红河	4791.3	5064.7	6075.5	6698.8	7252.7	9235.2	10835.5	12647.4
文山	2937.4	3239.7	3993.8	4940.7	5445.8	6711.1	7718.6	8547.7
版纳	4089.0	4314.3	5225.2	7301.4	9128.0	11143.1	12800.8	14684.8
楚雄	4135.8	4357.9	4561.7	5080.5	5859.5	8010.7	9870.5	11149.4
大理	4504.9	4571.6	5217.2	6256.9	7119.6	9054.7	11261.3	13504.0
德宏	4837.6	5210.2	6285.1	8017.8	8632.9	11020.1	13375.9	15981.2
怒江	3154.2	4300.1	4695.6	5984.9	6864.9	8111.9	9616.8	10955.2
迪庆	6760.3	6192.4	10607.6	12480.1	13907.2	18543.5	21785.5	27173.7
全国	13653.8	14884.5	17144.9	19810.1	22846.0	29939.0	35760.9	40679.1

表 4.4 以人均贷款余额指标评价的条件排斥程度来看,云南八个自治州的指标数值均显著低于全国指标数值,其中文山地区条件排斥更为突出,2011 年末人均贷款余额只有全国同期指标的 21%。这一指标较高的迪庆也只达到了全国水平的 67%。这些地区显著的条件排斥显示了信贷投入严重不足。而且从信贷结构看,信贷投放主要集中在一些大项目、大企业和居民个人消费贷款上,对乡镇地区少数民族群众及中小企业投放相对更少。

四、云南民族自治地方价格排斥指标评价

云南省的民族地区是我国典型的贫困人口集中分布地区,这些地区的公民收入水平普遍偏低,往往难以接受市场化下金融机构制定的金融产品价格。[②] 同时,在各金融机构拥有了自行定价权后,对于风险较大、还款保证不

---

① 数据来源:根据历年《云南金融年鉴》整理计算。
② 何晓夏、章林:《云南省金融结构的指标评价》,载《时代金融》2009 年第 5 期。

足的贷款采取的高价策略限制和排斥了这些地区的群体便捷地获取金融资源。因此这些地区的价格排斥也较明显。

表4.5 2011年云南省与全国地区金融机构贷款加权平均利率水平比较①

		T≤0.5	0.5<T≤1	1<T≤3	3<T≤5	5<T≤10	T>10	合计
基准利率		5.60	6.06	6.10	6.45	6.60	6.60	——
基准利率		5.85	6.31	6.40	6.65	6.80	6.80	——
基准利率		6.10	6.56	6.65	6.90	7.05	7.05	——
1月	云南	5.69	6.72	7.39	7.45	6.75	5.81	6.70
	全国	6.11	7.00	6.73	6.50	6.51	5.85	6.67
2月	云南	5.68	7.15	7.75	7.93	6.74	6.05	6.95
	全国	6.21	7.15	6.88	6.70	6.69	6.03	6.79
3月	云南	6.11	7.23	7.93	7.55	7.06	6.28	7.19
	全国	6.39	7.48	7.24	6.90	6.87	6.10	7.10
4月	云南	6.26	7.38	8.11	7.63	7.22	6.71	7.31
	全国	6.72	7.73	7.57	7.15	7.03	6.37	7.47
5月	云南	6.38	7.63	8.57	7.65	7.37	6.80	7.42
	全国	6.73	7.71	7.66	7.31	7.19	6.48	7.40
6月	云南	6.46	7.62	8.18	7.98	7.42	6.60	7.46
	全国	6.67	7.68	7.65	7.31	7.28	6.53	7.36
7月	云南	6.81	7.95	8.40	8.47	7.62	6.87	7.76
	全国	7.07	8.03	8.03	7.56	7.51	6.76	7.71
8月	云南	6.90	8.08	8.59	8.62	7.81	6.85	7.87
	全国	7.17	8.14	8.20	7.72	7.61	6.86	7.83
9月	云南	7.03	8.13	8.71	8.42	8.05	6.85	7.94
	全国	7.29	8.05	8.23	7.75	7.52	6.87	7.80

① 数据来源：根据历年《云南金融年鉴》及其相关金融机构内部资料库整理计算。

(续表)

		T≤0.5	0.5<T≤1	1<T≤3	3<T≤5	5<T≤10	T>10	合计
基准利率		5.60	6.06	6.10	6.45	6.60	6.60	——
基准利率		5.85	6.31	6.40	6.65	6.80	6.80	——
基准利率		6.10	6.56	6.65	6.90	7.05	7.05	——
10月	云南	7.01	8.13	8.39	7.44	8.11	6.98	7.86
	全国	7.32	8.06	8.15	7.55	7.55	6.97	7.77
11月	云南	7.01	8.21	8.65	7.52	8.39	7.39	7.95
	全国	7.33	8.04	8.13	7.65	7.61	6.94	7.81
12月	云南	7.19	8.20	8.43	8.32	7.93	7.38	7.95
	全国	7.21	8.11	8.11	7.72	7.59	6.97	7.80

表4.5数据显示2011年的云南地区金融机构贷款加权平均利率水平指标随着T值的变化波动大于全国水平，且12月的指标水平在每个区间都高于全国指标，反映出该地区金融机构通过直接的信号有区别地对待消费者，根据这些不同的特征，对消费者收取不同的价格，具有明显的价格排斥态势。

五、云南民族自治地方营销排斥指标评价

云南民族地区金融机构主体功能异化趋势明显，边疆民族地区的弱势群体很难获得贷款。同时，金融机构在市场营销方面也把边疆民族地区的金融需求排除在目标市场之外。

选择地区贷款与存款比指标是因为数据比较可得和比较起来口径统一，但这一指标只能反应一个地区银行类金融机构营销水平的一个方面，不能综合评价该地区的营销排斥状态。如表4.6所示，指标数据显示，云南各民族自治州比值与全国水平差距不大，但有七个地区历年仍然低于全国平均水平，只有迪庆这一指标一直高于全国水平，这主要是由于这一地区经济发展享受支持藏区经济发展的若干优惠金融政策。

表 4.6　2004—2011 年云南少数民族自治州地区与全国
地区贷款与存款之比指标比较①

地区	各项贷款/存款(单位:%)							
	04 年末	05 年末	06 年末	07 年末	08 年末	09 年末	10 年末	11 年末
红河	66.85	65.54	65.29	64.50	60.14	59.71	55.19	56.85
文山	89.06	82.62	79.88	81.05	78.11	76.64	70.18	64.30
版纳	40.35	42.93	44.01	56.66	61.94	59.56	56.56	52.35
楚雄	64.43	62.59	55.37	56.26	53.12	57.99	60.56	59.72
大理	73.19	64.94	62.64	67.17	65.39	67.59	65.21	66.97
德宏	54.92	55.67	57.44	66.81	63.21	62.65	55.85	55.35
怒江	49.11	64.12	52.86	62.57	68.93	60.72	56.18	61.62
迪庆	83.76	83.76	94.70	98.09	87.67	81.60	73.69	77.42
全国	73.74	67.79	67.16	67.21	65.08	66.87	66.72	67.70

从更全面的营销环节看，云南民族地区金融营销服务依然存在明显营销排斥，如服务品种单一；民族地区网点服务功能弱、电子化水平低；银行结算、银行卡业务发展滞后；仍以存款、贷款、汇兑等传统业务为主，产品创新乏力；缺乏符合少数民族地区经济社会发展实际的特色服务等。

第二节　云南民族自治地方金融排斥的田野调查案例评价

云南省地处我国西南边陲，与缅甸、老挝和越南三个国家毗邻，与邻国的边界总长达到 4060 公里。云南是我国少数民族最多的省份，全国 56 个民族中，云南就有 52 个，其中人口在 5000 人以上的民族有 26 个，除汉族外，少数民族有 25 个。云南省辖区拥有少数民族自治州 8 个，少数民族自治县 29

---

① 数据来源：根据历年《云南金融年鉴》和《中国金融年鉴》计算整理。

个。所以云南省具有典型的民族特质,因此,选取云南案例作为本文田野调查的评价实证运用,具有很高的理论和实际价值。按照上一章构建的云南民族自治地方案例评价体系,结合云南省自身的一些特点,本部分将用田野调查的方法分析云南民族自治地方的金融排斥态势。

云南民族众多,其形成原因也很多,主要是因为:云南地处高原,崇山峻岭,交通阻隔,各地居民处于相对"封闭"的状态之中,久而久之,逐渐发展为不同的民族;中原和北方统治民族进入云南,也带来了一些少数民族人口;一些少数民族人口在元明清时期因避难、逃荒或其他缘故,先后从内地迁入云南。上述这些原因,使得云南成为少数民族众多的省份。所以,田野调查研究方法,对更加深入地研究各个民族自治地方的金融排斥,应该说是非常合适的方法。

在田野调查评价的主要技术路线方面,我们委托云南省129个县区的2300家农村信用社营业网点派专人进行了实地金融需求的调查,同时,也对金融机构的金融供给情况进行了调查。全省农村信用社制定了调查提纲,确定了专门的工作机构,明确了工作程序,制定下发专门文件进行调查,并对调查工作完成时限和职责进行分配,经过近45天艰苦的调查后,全省完成调查问卷近6000份,通过抽调10名专门人员对问卷进行分析和整理,工作在60天内全面完成。

具体的方法是:根据文献综述和访谈调查得出的理论框架和访谈结果,最终确定调查问卷。根据调查对象的差异,设计了三种问卷。分别是针对在银行网点办理个人业务客户的《云南省农村信用社金融需求情况调查问卷(一)》,针对信贷客户的《云南省农村信用社金融需求情况调查问卷(二)》,和针对银行管理人员的《云南省农村信用社金融供给情况调查问卷》(详见附件1、2、3)。然后按照这些采集的数据,在云南省范围内,分别对八个民族自治州进行了详尽的金融排斥案例分析;进而以汉族相对较集中的云南省省会昆明地区作为非民族地区案例进行金融排斥的指标数据分析,再对民族自治地方和昆明地区的案例指标进行比较分析评价。

一、云南民族自治地方金融排斥案例分析

在云南民族自治地方金融排斥案例分析时,按照论文案例评价的方法,

我们委托云南省农村信用联社，以田野调查的方法，严格按照上一章建立的各项案例评价指标，选取了云南省民族自治地方行政区划的八个民族自治州，其中的调查数据均来自这八个地区的 40 个自治县。案例分析的所有数据表详见附录 4（云南民族自治地方金融排斥案例分析田野调查数据表）。

（一）楚雄彝族自治州案例分析

楚雄彝族自治州地处云南省中部，辖 1 县级市（楚雄市）9 县（禄丰县、武定县、元谋县、牟定县、双柏县、南华县、永仁县、大姚县和姚安县）。经过多年发展，楚雄州已形成卷烟、医药、冶金、食品、建材、煤炭、电力、机械、纺织、化工、旅游服务等门类齐全的行业，烟草、冶金化工、生物医药、绿色食品、文化旅游、新能源新材料等六大重点产业发展迅速。2012 年，全州生产总值达 570.02 亿元，其中非公经济增加值比重达到 45.2%，比 2011 年增长 12.8%；人均生产总值 21022 元；工业增加值 193.99 亿元，比 2011 年增长 15.6%；农业产值 221.01 亿元，比 2011 年增长 7.3%；地方财政总收入 124.37 亿元（地方公共财政预算收入 46.32 亿元），比 2011 年增长 20.6%；城镇居民人均可支配收入 20292 元，比 2011 年增长 14.1%；农民人均纯收入 5418 元，比 2011 年增长 17.1%；年末金融机构人民币存款余额 587.18 亿元，其中居民储蓄存款余额 325.66 亿元。

1. 会计类科目指标

通过对楚雄彝族自治州 10 个自治县的会计类科目指标田野调查，我们整理的大量数据[①]显示：2012 年楚雄彝族自治州的金融供给方农村信用联社的指标数据，其中：柜员合计 1240 人；信贷员合计 760 人；ATM（自动取款机）合计 146 台；CRS（自动存取款机）合计 23 台；BST（自动补登折机）合计 31 台；POS（销售点）合计 1839 个。这些指标数据主要反映了金融供给方为有效的或者潜在的金融需求方提供的基本的硬件服务水平。其中柜员、信贷员是可视为表征传统金融供给方式，自助设备（包括 ATM、CRS、BST 和 POS）和电子银行可视为表征电子化金融供给方式，也是目前较为新型、具有发展潜力的金融供给方式。在柜员、信贷员指标上，具有领先优势的是

---

① 本章案例分析的数据表详见附录 4 "云南民族自治地方金融排斥案例分析田野调查数据表"。

楚雄、禄丰、武定，排名靠后的是永仁、元谋。在自助设备指标上，具有领先优势的是楚雄、禄丰、南华，排名靠后的是双柏、牟定、永仁。在电子银行指标上，具有领先优势的是楚雄、禄丰，排名靠后的是双柏、永仁。由此可以看到，在传统型和新型金融供给方式上，排名靠前的都是经济较为发达、汉族人口较为集中的楚雄等县市，而指标最低水平则集中在少数民族较集中的永仁县、牟定等县，这些地区均出现指标值为零的情况。

"存、贷、汇"业务是银行最为主流的业务，2012年楚雄彝族自治州的个人客户数合计2696308户；电子银行个人客户数合计18362户；存款业务流水量合计915万笔；存款业务交易额合计670亿元；贷款业务流水量合计18万笔；贷款业务交易额合计163亿元；转账业务流水量合计87万笔；转账业务交易额合计2171亿元。这些会计类指标主要反映了金融供给机构的最基本业务量，同时也是金融需求方最基本的金融服务需求，能够较显著地看到金融排斥的程度。从数据来看，楚雄市、禄丰县的三大业务都相对领先，而牟定、永仁则相对落后。

中间业务是银行业未来发展的主要空间，将逐步成长为银行业未来的利润来源。调研数据的会计类科目指标显示：2012年楚雄彝族自治州的保险、理财业务流水量合计2593笔；保险、理财业务交易额合计661万元；电费代理流水量合计359666笔；电费代理交易额合计10523733元；烟叶收购流水量合计805278笔；烟叶收购交易额合计1105061972元。这些指标反映的是银行类金融机构的代理中间业务水平，楚雄市、禄丰县的总体水平持续领先，而部分县市则在单项业务上显示优势，如姚安县的代理保险、理财业务；牟定县的代缴电费业务；南华县的烟叶收购业务。

调研数据的会计类科目指标显示：2012年楚雄彝族自治州的移动代理流水量合计170184笔；移动代理交易额合计523551364元；交通罚款流水量合计243笔；交通罚款交易额合计50119元；其他中间业务流水量合计5068682笔；其他中间业务交易额合计1731399488元；这些指标仍然是银行类金融机构提供的主要中间业务服务。楚雄市总体水平持续领先，而部分县市则在单项业务上显示优势，如禄丰县的代理移动缴费业务；元谋县的代缴交通罚款业务；牟定县在其他中间业务方面的优势尤为突出。

云南省农村信用社目前中间业务产品共有78种，除上述产品外，还提供财政惠农直补、财政对公托收、国税代缴、烟草配送、财政预算支付、第三方存管、实物贵金属代售、多级账户管理等财政类、社保类、税务类、商业保险类、普通生活类、理财类、特殊业务类中间业务产品。

2. 贷款可得性调查指标

对贷款可得性的调查按照银行类金融机构的一般标准和实际调查中的数据收集情况，将金额档次划分为六个档次：3000元以下；3000—5000元；5000—10000元；1万—10万元；10万—30万元；30万元以上。根据云南省农村信用社金碧卡的使用章程，贷款额度10万元以下属于小额贷款，这些指标水平确切反映了最基本的金融服务可得性，普遍地说，如果指标水平低，则说明金融排斥程度较高。根据楚雄彝族自治州10个自治县的贷款可得性指标田野调查，我们整理的大量数据显示：楚雄市、禄丰县、大姚县、双柏县在小额贷款的总量上具有明显的优势，武定县、元谋县、永仁县的小额贷款业务则相对落后。

3. 贷款结构性调查指标

对贷款结构性的调查按照银行类金融机构的一般标准和云南省农村信用社的业务经营实际情况，将业务类型划分为：个人住房贷款、个人汽车贷款、个人综合消费贷款、个人助学贷款、个人生产经营贷款、企业其他贷款、抵押贷款、质押贷款、保证贷款、信用贷款、农户一般贷款、企业流动资金贷款、企业项目贷款、企业房地产开发贷款。其中与金融排斥关联性较密切的是个人住房贷款、个人汽车贷款、个人综合消费贷款、个人助学贷款、信用贷款、农户一般贷款。

通过对楚雄彝族自治州10个自治县的贷款结构性指标田野调查，我们整理的大量数据显示：在个人住房贷款指标方面，武定县、楚雄市、大姚县在总量上具有明显的优势，姚安县则相对落后。在个人汽车贷款指标方面，禄丰县、元谋县具有明显的优势，永仁县则相对落后。在个人综合消费贷款指标方面，楚雄市、南华县具有明显的优势，姚安县则相对落后。在个人助学贷款指标方面，大部分的联社都未开展此项业务。在农户一般贷款指标方面，姚安县、大姚县具有明显的优势，双柏县则相对落后。在信用贷款指标方面，姚安县、大姚县具有明显的优势，双柏县则相对落后。

（二）红河哈尼族彝族自治州案例分析

红河哈尼族彝族自治州位于云南省东南部，辖3市10县（蒙自市、个旧市、开远市、建水县、石屏县、弥勒县、泸西县、元阳县、红河县、绿春县、金平苗族瑶族傣族自治县、屏边苗族自治县、河口瑶族自治县），135个乡（镇），1285个村委会（社区），总人口450.1万人，有汉族、哈尼族、彝族、苗族、瑶族、傣族、壮族、回族、布依族、拉祜族、布朗族等11个世居民族，少数民族占总人口的58.52%。2012年，红河州全年完成生产总值905.4亿元，增长13.2%；完成公共财政预算总收入218.7亿元，其中地方公共财政预算收入84.5亿元，增长16.1%；地方公共财政预算支出248.1亿元，增长16.4%；规模以上固定资产投资560.9亿元，增长27.1%；社会消费品零售总额217.3亿元，增长18.0%；外贸进出口总额完成36.5亿美元，增长178.6%；城镇居民人均可支配收入19712元，增长17.4%；农民人均纯收入5468元，增长17.6%；居民消费价格指数控制在2.6%；城镇居民登记失业率控制在4.5%；人口自然增长率为6.3‰；单位生产总值能耗下降3.5%。

1. 会计类科目指标

通过对红河哈尼族彝族自治州13个自治县的会计类科目指标田野调查整理的大量数据显示：2012年红河哈尼族彝族自治州的10个县市的金融供给方农村信用联社的指标数据，其中：柜员合计2136人；信贷员合计640人；ATM（自动取款机）合计181台；CRS（自动存取款机）合计61台；BST（自动补登折机）合计20台；POS（销售点）合计1623个。在柜员、信贷员指标上，具有领先优势的是建水、个旧，排名靠后的是绿春、屏边。在自助设备指标上，具有领先优势的是建水、弥勒，排名靠后的是红河、屏边。在电子银行指标上，具有领先优势的是个旧、开远，排名靠后的是红河、元阳。

2012年红河哈尼族彝族自治州的个人客户数合计3541838户；电子银行个人客户数合计27289户；存款业务流水量合计1493万笔；存款业务交易额合计1296亿元；贷款业务流水量合计38万笔；贷款业务交易额合计352亿元；转账业务流水量合计126万笔；转账业务交易额合计4934亿元。这些会计类指标主要反映了金融供给机构的最基本业务量，同时也是金融需求方最基本的金融服务需求,能够较显著地看到金融排斥的程度。从数据来看,弥勒、建水的三大业务都显著领先,而红河、屏边则相对落后。

2012年红河哈尼族彝族自治州的保险、理财业务流水量合计2600笔;保险、理财业务交易额合计99.436938万元;电费代理流水量合计134880笔;电费代理交易额合计5554665.6元;烟叶收购流水量合计0笔;烟叶收购交易额合计0元。这些指标反映的是银行类金融机构的代理中间业务水平,建水、石屏的总体水平持续领先,而部分县市则在单项业务上显示优势,如个旧代缴电费业务。

2012年红河哈尼族彝族自治州的移动代理流水量合计252623笔;移动代理交易额合计734572722元;交通罚款流水量合计16359笔;交通罚款交易额合计2406533.5元;其他中间业务流水量合计5791102笔;其他中间业务交易额合计2501181735元;在这些指标上,各个县市则在单项业务上显示出优势,如弥勒市的代理移动缴费业务;建水县在其他中间业务方面的优势尤为突出。

2. 贷款可得性调查指标

通过对红河哈尼族彝族自治州13个自治县的贷款可得性指标田野调查整理的大量数据显示:泸西县在小额贷款的总量上具有明显的优势,河口、金平的小额贷款业务则相对落后。

3. 贷款结构性调查指标

通过对红河哈尼族彝族自治州13个自治县的贷款结构性指标田野调查整理的大量数据显示:在个人住房贷款指标方面,弥勒市、蒙自县在总量上具有明显的优势,泸西县则相对落后,个旧、石屏、金平则未办理此项业务。在个人汽车贷款指标方面,开远市、蒙自县具有明显的优势,泸西、元阳则未办理此项业务。在个人综合消费贷款指标方面,蒙自县、弥勒市具有明显的优势,绿春县、河口县则相对落后。在个人助学贷款指标方面,大部分的联社都未开展此项业务。在农户一般贷款指标方面,石屏县具有明显的优势,红河县则相对落后。在信用贷款指标方面,石屏县具有明显的优势,金平县则相对落后。

(三) 文山壮族苗族自治州案例分析

文山壮族苗族自治州辖文山市和砚山、麻栗坡、西畴、广南、马关、富宁、丘北 7 个县，州府所在地文山市。面积 32239 平方千米，人口 370 万。其中汉族约 140 万人，壮族 97 万人，苗族 41 万人，彝族 31 万人，瑶族 8 万人等。汉族占全州总人口的 43.5%，少数民族占 56.5%。文山州是典型的农业地州，农业人口占总人口的 92.3%。2012 年全州完成地区生产总值达 478.0 亿元，增长 14.2%。增幅分别高于全国（7.8%）、全省（13.0%）6.4 和 1.2 个百分点，居全省八个民族自治州第三位。其中第一产业 115.1 亿元，增长 7.0%；第二产业 183.6 亿元，增长 20.5%；第三产业 179.3 亿元，增长 11.8%。

1. 会计类科目指标

通过对文山壮族苗族自治州 8 个自治地方的会计类科目指标田野调查整理的大量数据显示：2012 年文山壮族苗族自治州的金融供给方农村信用联社的指标数据，其中：柜员合计 1301 人；信贷员合计 467 人；ATM（自动取款机）合计 83 台；CRS（自动存取款机）合计 18 台；BST（自动补登折机）合计 5 台；POS（销售点）合计 965 个。在柜员、信贷员指标上，具有领先优势的是文山市、广南，排名靠后的是邱北、砚山。在自助设备指标上，具有领先优势的是文山、广南，排名靠后的是麻栗坡、西畴。在电子银行指标上，具有领先优势的是文山、广南，排名靠后的是富宁。

2012 年文山壮族苗族自治州的个人客户数合计 1956845 户；电子银行个人客户数合计 16467 户；存款业务流水量合计 859 万笔；存款业务交易额合计 674 亿元；贷款业务流水量合计 10 万笔；贷款业务交易额合计 90 亿元；转账业务流水量合计 59 万笔；转账业务交易额合计 2543 亿元。这些会计类指标主要反映了金融供给机构的最基本业务量，同时也是金融需求方最基本的金融服务需求，能够较显著地看到金融排斥的程度。从数据来看，文山、砚山的三大业务都显著领先，而西畴则相对落后。

2012 年文山壮族苗族自治州的保险、理财业务流水量合计 1046 笔；保险、理财业务交易额合计 106.0027 万元；电费代理流水量合计 4 笔；电费代理交易额合计 143.58 元；烟叶收购流水量合计 162554 笔；烟叶收购交易额合计162554元。这些指标反映的是银行类金融机构的代理中间业务水平，文山市代理保险、理财业务非常突出，但其他两项业务没有开展，邱北县联社的烟叶收购业务开展的较好。总体上看，代缴电费、烟叶收购这两项业务都没有广泛开展。

2012年文山壮族苗族自治州的移动代理流水量合计179269笔；移动代理交易额合计638722687元；交通罚款流水量合计92笔；交通罚款交易额合计25862元；其他中间业务流水量合计2991868笔；其他中间业务交易额合计681764001元；在这些指标上，各个县市则在单项业务上显示出优势，如文山市、砚山、广南的代理移动缴费业务；砚山、富宁在其他中间业务方面也具有明显优势。

2. 贷款可得性调查指标

通过对文山壮族苗族自治州8个自治地方的贷款可得性指标田野调查整理的大量数据显示：文山市、广南、麻栗坡在小额贷款的总量上较为领先，砚山的小额贷款业务则相对落后。

3. 贷款结构性调查指标

通过对文山壮族苗族自治州8个自治地方的贷款结构性指标田野调查整理的大量数据显示：与金融排斥关联性较密切的是个人住房贷款、个人汽车贷款、个人综合消费贷款、个人助学贷款、信用贷款、农户一般贷款。在个人住房贷款指标方面，西畴、文山市在总量上具有明显的优势，邱北、富宁则相对落后。在个人汽车贷款指标方面，马关较为领先，麻栗坡相对落后。在个人综合消费贷款指标方面，广南、邱北较为领先，砚山、马关则相对落后。在个人助学贷款指标方面，所有的联社都未开展此项业务。在农户一般贷款指标方面，富宁、麻栗坡较为领先，邱北则相对落后。在信用贷款指标方面，麻栗坡较为领先，西畴则相对落后。

（四）西双版纳傣族自治州案例分析

西双版纳位于云南的最南端，既是面向东南亚、南亚的重要通道和基地，也是云南对外开放的窗口。西双版纳辖景洪市、勐海县、勐腊县和10个国营农场。这里聚居着傣、哈尼、拉祜、布朗、基诺、彝、瑶等13个少数民族，占全州人口的77.3%。2012年，西双版纳实现地区生产总值232.6亿元，增长 13.7%，增速高于年度计划目标 1.7 个百分点；规模以上固定资产投资 160.2 亿元，增长 33%，增速高于年度计划目标 8 个百分点；社会消费品零售总额 71.2 亿元，增长 17.3%；对外经济贸易总额实现 16.3 亿美元，增长 40.5%，增速高于年度计划目标 24 个百分点；公共财政预算收入 22.3 亿元，增长 26.5%，增速高于年度计划目标 6.5 个百分点，公共财政预算支出 80.6 亿元，增长 20.1%；城镇居民人均可支配收入 17909 元，增长 14.3%，农民人均纯收入 6174 元，增长 15.9%，增速分别高于年度计划目标 4.3 个百分点和 5.9 个百分点；接待国内外游客 1253 万人次，增长 23.8% 以上，实现旅游综合总收入 140 亿元，增长 39.6% 以上，增速分别高于年度计划目标 4.8 个百分点和 19.6 个百分点；金融机构人民币各项存款余额 361.4 亿元，增长 12.8%，贷款余额 193 亿元，增长 15.1%；居民消费价格总水平涨幅控制在 2.9% 以内；城镇登记失业率控制在 2.6% 以内，人口自然增长率控制在 6.3‰ 以内。

1. 会计类科目指标

通过对西双版纳傣族自治州 3 个自治地方的会计类科目指标田野调查整理的大量数据显示，2012 年西双版纳傣族自治州的金融供给方农村信用联社的指标数据包括：柜员合计 398 人；信贷员合计 136 人；ATM（自动取款机）合计 77 台；CRS（自动存取款机）合计 9 台；BST（自动补登折机）合计 3 台；POS（销售点）合计 719 个。总体上看，三个县在指标上的差距不大，景洪市联社稍微领先。在柜员、信贷员指标上，具有领先优势的是景洪，排名靠后的是勐腊。在自助设备指标上，具有领先优势的是景洪，排名靠后的是勐腊。在电子银行指标上，具有领先优势的是景洪，排名靠后的是勐腊。

2012 年西双版纳傣族自治州的个人客户数合计 888838 户；电子银行个人客户数合计 11610 户；存款业务流水量合计 355 万笔；存款业务交易额合计 386 亿元；贷款业务流水量合计 6 万笔；贷款业务交易额合计 66 亿元；转账业务流水量合计 32 万笔；转账业务交易额合计 1582 亿元。这些会计类指标主要反映了金融供给机构的最基本业务量，同时也是金融需求方最基本的金融服务需求，能够较显著地看到金融排斥的程度。从数据来看，景洪、勐腊的三大业务都显著领先于勐海。

2012年西双版纳傣族自治州的保险、理财业务流水量合计1489笔；保险、理财业务交易额合计768278元；电费代理流水量合计198583笔；电费代理交易额合计9770622元；烟叶收购流水量合计0笔；烟叶收购交易额合计0元。这些指标反映的是银行类金融机构的代理中间业务水平，景洪市代理保险、理财业务非常突出，景洪市、勐海的电费代理业务也开展得较好。勐腊在这两项业务上都相对落后。

2012年西双版纳傣族自治州的移动代理流水量合计129711笔；移动代理交易额合计549477637元；交通罚款流水量合计16笔；交通罚款交易额合计7902元；其他中间业务流水量合计1070453笔；其他中间业务交易额合计359186377元；在这些指标上，各个县市则在不同单项业务上显示优势，如景洪市的代理移动缴费业务；勐海县的代收交通罚款业务，景洪市在其他中间业务方面也具有明显优势。

2. 贷款可得性调查指标

通过对西双版纳傣族自治州3个自治地方的贷款可得性指标田野调查整理的大量数据显示：景洪市在小额贷款的总量上较为领先，勐海、勐腊的小额贷款业务则相差不大。

3. 贷款结构性调查指标

通过对西双版纳傣族自治州3个自治地方的贷款结构性指标田野调查整理的大量数据显示：与金融排斥关联性较密切的是个人住房贷款、个人汽车贷款、个人综合消费贷款、个人助学贷款、信用贷款、农户一般贷款。总体上看，景洪市在各个贷款业务上都相对领先，勐腊和勐海则分别在不同的业务上较对方领先。

（五）大理白族自治州案例分析

大理白族自治州地处云南省中部偏西，自治州总面积29459平方千米，山区面积占总面积的93.4%，坝区面积占6.6%。全州辖大理市、漾濞彝族自治县、祥云县、宾川县、弥渡县、南涧彝族自治县、巍山彝族回族自治县、永平县、云龙县、洱源县、剑川县、鹤庆县，共1市11县，2012年末，全州总人口349.3万人，少数民族人口约占50%，其中白族人口三分之一。2012年全州地区生产总值（GDP）实现672.1亿元，比上年增长15.6%。分产业看，第一产业增加值146.0亿元，增长7.3%；第二产业增加值284.9亿元，增长21.4%；第三产业增加值241.2亿元，增长13.7%。三次产业结构由上年的21.7∶41.9∶36.4调整为21.7∶42.4∶35.9。全州人均GDP达到19283元。

1. 会计类科目指标

通过对大理白族自治州12个自治地方的贷款可得性指标田野调查整理的大量数据显示：2012年大理白族自治州的金融供给方农村信用联社的指标数据，其中：柜员合计1862人；信贷员合计663人；ATM（自动取款机）合计188台；CRS（自动存取款机）合计57台；BST（自动补登折机）合计52台；POS（销售点）合计2099个。在柜员、信贷员指标上，具有领先优势的是大理市、祥云，排名靠后的是漾濞。在自助设备指标上，具有领先优势的是大理市，排名靠后的是漾濞、永平。在电子银行指标上，具有领先优势的是大理市，排名靠后的是漾濞、南涧。

2012年大理白族自治州的个人客户数合计2883875户；电子银行个人客户数合计22207户；存款业务流水量合计1153万笔；存款业务交易额合计1146亿元；贷款业务流水量合计50万笔；贷款业务交易额合计286亿元；转账业务流水量合计99万笔；转账业务交易额合计3703亿元。这些会计类指标主要反映了金融供给机构的最基本业务量，同时也是金融需求方最基本的金融服务需求，能够较显著看到金融排斥的程度。从数据来看，大理市、宾川、弥渡、洱源的三大业务都显著领先，而漾濞则相对落后。

2012年大理白族自治州的保险、理财业务流水量合计11470笔；保险、理财业务交易额合计181.66695万元；电费代理流水量合计177667笔；电费代理交易额合计7734474.1元；烟叶收购流水量合计322474笔；烟叶收购交易额合计607911289元。这些指标反映的是银行类金融机构的代理中间业务水平，鹤庆、巍山的代理保险、理财业务非常突出，鹤庆县代缴电费也较为领先，永平、剑川的烟叶收购业务开展的较好。

2012年大理白族自治州的移动代理流水量合计273865笔；移动代理交易额合计748754033元；交通罚款流水量合计92笔；交通罚款交易额合计27090元；其他中间业务流水量合计4367524笔；其他中间业务交易额合计1694824397元；在这些指标上，各个县市则在不同的单项业务上显示优势，如大理市、祥云的代理移动缴费业务；永平、南涧、宾川在其他中间业务方面也具有明显优势。

2. 贷款可得性调查指标

通过对大理白族自治州 12 个自治地方的贷款可得性指标田野调查整理的大量数据显示：大理市、宾川在小额贷款的总量上较为领先，而漾濞的小额贷款业务则相对落后。

3. 贷款结构性调查指标

通过对大理白族自治州 12 个自治地方的贷款结构性指标田野调查整理的大量数据显示：与金融排斥关联性较密切的是个人住房贷款、个人汽车贷款、个人综合消费贷款、个人助学贷款、信用贷款、农户一般贷款。在个人住房贷款指标方面，大理市、云龙在总量上具有明显的优势，南涧、巍山则相对落后。在个人汽车贷款指标方面，云龙较为领先，永平相对落后，近一半的县未办理此项业务。在个人综合消费贷款指标方面，大理、南涧较为领先，漾濞则相对落后。在个人助学贷款指标方面，所有的联社都未办理此项业务。在农户一般贷款指标方面，大理市、祥云较为领先，漾濞则相对落后。在信用贷款指标方面，宾川较为领先，漾濞则相对落后。

（六）德宏傣族景颇族自治州案例分析

德宏傣族景颇族自治州地处云南省西部，德宏州首府驻芒市，德宏州辖 2 市 3 县，即潞西、瑞丽市、梁河、盈江、陇川县。辖 50 个乡镇，1 个街道办事处，370 个村（居）委会，3759 个村民小组。2012 年，全州生产总值突破 200 亿元大关，达到 201 亿元、同比增长 11.1%，高于全国增幅 3.3 个百分点。财政总收入 39.7 亿元，比上年增加 8.8 亿元、增长 28.5%；公共财政预算收入完成 24.2 亿元，比上年增加 5.3 亿元、增长 27.9%。公共财政预算支出首次突破百亿元大关，完成 102.2 亿元，比上年增加 9.9 亿元、增长 10.7%。

1. 会计类科目指标

通过对德宏傣族景颇族自治州 5 个自治地方的会计类科目指标田野调查整理的大量数据显示：2012 年德宏傣族景颇族自治州的金融供给方农村信用联社的指标数据，其中：柜员合计 657 人；信贷员合计 219 人；ATM（自动取款机）合计49台；CRS（自动存取款机）合计33台；BST（自动补登折机）合计22台；POS（销售点）合计1250个。在柜员、信贷员指标上，具有领先优势的是芒市、瑞丽，排名靠后的是梁河。在自助设备指标上，具有领先优势的是芒市，排名靠后的是梁河。在电子银行指标上，具有领先优势的是瑞丽，排名靠后的是盈江。

2012年德宏傣族景颇族自治州的个人客户数合计938094户；电子银行个人客户数合计7883户；存款业务流水量合计519万笔；存款业务交易额合计525亿元；贷款业务流水量合计10万笔；贷款业务交易额合计83亿元；转账业务流水量合计39万笔；转账业务交易额合计1546亿元。这些会计类指标主要反映了金融供给机构的最基本业务量，同时也是金融需求方最基本的金融服务需求，能够较显著地看到金融排斥的程度。从数据来看，瑞丽、芒市、盈江的三大业务都显著领先，而梁河则相对落后。

2012年德宏傣族景颇族自治州的保险、理财业务流水量合计410笔；保险、理财业务交易额合计186602元；电费代理流水量合计3笔；电费代理交易额合计79.22元；烟叶收购流水量合计0笔；烟叶收购交易额合计0元。这些指标反映的是银行类金融机构的代理中间业务水平，芒市的代理保险、理财业务非常突出，但其他两项业务在各个县都基本处于空白状态。

2012年德宏傣族景颇族自治州的移动代理流水量合计168679笔；移动代理交易额合计419451716元；交通罚款流水量合计27笔；交通罚款交易额合计6804.5元；其他中间业务流水量合计1907372笔；其他中间业务交易额合计830293520元；在这些指标上，各个县市则在单项业务上显示优势，如瑞丽的代理移动缴费业务；盈江在其他中间业务方面也具有明显优势。

2. 贷款可得性调查指标

通过对德宏傣族景颇族自治州5个自治地方的贷款可得性指标田野调查整理的大量数据显示：盈江、芒市在小额贷款的总量上较为领先，瑞丽的小额贷款业务则相对落后。

3. 贷款结构性调查指标

通过对德宏傣族景颇族自治州5个自治地方的贷款结构性指标田野调查

整理的大量数据显示:与金融排斥关联性较密切的是个人住房贷款、个人汽车贷款、个人综合消费贷款、个人助学贷款、信用贷款、农户一般贷款。在个人住房贷款指标方面,瑞丽在总量上具有明显的优势,梁河则相对落后。在个人汽车贷款指标方面,芒市较为领先,陇川相对落后。瑞丽、盈江未办理此业务。在个人综合消费贷款指标方面,陇川、芒市较为领先,瑞丽则相对落后。在个人助学贷款指标方面,所有的联社都未开展此项业务。在农户一般贷款指标方面,芒市较为领先,瑞丽则相对落后。在信用贷款指标方面,芒市较为领先,瑞丽则相对落后。

(七)怒江傈僳族自治州案例分析

怒江傈僳族自治州位于云南西北部,总人口49.2万人。人口52万,全州少数民族人口比例占总人口的92.2%,其中傈僳族占51.6%。辖泸水、福贡两个县和兰坪、贡山两个少数民族自治县。州政府驻泸水县六库镇。怒江州是全国唯一的傈僳族自治州,其中独龙族和怒族是怒江所特有的少数民族。2012年,全州完成生产总值74.94亿元,增长15.96%,完成目标任务的101.3%。完成固定资产投资63.63亿元,增长35%,完成省下达任务,完成目标任务的111.63%。完成全社会消费品零售总额20.64亿元,增长17%,完成目标任务的103.2%。完成地方公共财政预算收入7.51亿元,增长12.79%,完成目标任务的102.9%。完成粮食总产量19.83万吨,增长2.1%,完成目标任务的109.4%。完成农民人均纯收入2800元,增长18.5%,完成目标任务的103.1%。完成城镇居民人均可支配收入14217元,增长17.3%,完成目标任务的104.54%。全年净脱贫人数达到3万人,完成目标任务的100%。城镇登记失业率控制在4.5%以内,单位GDP能耗下降1.7%,居民消费价格总水平涨幅控制在2.4%,人口自然增长率控制在5‰。

1. 会计类科目指标

通过对怒江傈僳族自治州4个自治地方的会计类科目指标田野调查整理的大量数据显示,2012年怒江傈僳族自治州的金融供给方农村信用联社的指标数据包括:柜员合计316人;信贷员合计116人;ATM(自动取款机)合计25台;CRS(自动存取款机)合计4台;BST(自动补登折机)合计1台;

POS（销售点）合计 236 个。在柜员、信贷员指标上，具有领先优势的是泸水，排名靠后的是贡山。在自助设备指标上，具有领先优势的是泸水，排名靠后的是贡山。在电子银行指标上，具有领先优势的是兰坪、泸水，排名靠后的是贡山。

2012 年怒江傈僳族自治州的个人客户数合计 358687 户；电子银行个人客户数合计 2955 户；存款业务流水量合计 149 万笔；存款业务交易额合计 78 亿元；贷款业务流水量合计 2 万笔；贷款业务交易额合计 18 亿元；转账业务流水量合计 9 万笔；转账业务交易额合计 240 亿元。这些会计类指标主要反映了金融供给机构的最基本业务量，同时也是金融需求方最基本的金融服务需求，能够较显著地看到金融排斥的程度。从数据来看，兰坪、泸水三大业务都显著领先，而贡山则相对落后。

2012 年怒江傈僳族自治州的保险、理财业务流水量合计 79 笔；保险、理财业务交易额合计 138259 元；电费代理流水量合计 2 笔；电费代理交易额合计 34.66 元；烟叶收购流水量合计 0 笔；烟叶收购交易额合计 0 元。这些指标反映的是银行类金融机构的代理中间业务水平，总体上看，这三项业务都没有广泛开展。

2012 年怒江傈僳族自治州的移动代理流水量合计 40130 笔；移动代理交易额合计 148672930 元；交通罚款流水量合计 7 笔；交通罚款交易额合计 3000 元；其他中间业务流水量合计 236664 笔；其他中间业务交易额合计 161555837 元。在这些指标上，各个县市则在单项业务上显示优势，如兰坪、泸水的代理移动缴费业务；泸水在其他中间业务方面也具有明显优势。

2. 贷款可得性调查指标

通过对怒江傈僳族自治州 4 个自治地方的贷款可得性指标田野调查整理的大量数据显示：兰坪、泸水在小额贷款的总量上较为领先，贡山的小额贷款业务则相对落后。

3. 贷款结构性调查指标

通过对怒江傈僳族自治州 4 个自治地方的贷款结构性指标田野调查整理的大量数据显示：与金融排斥关联性较密切的是个人住房贷款、个人汽车贷款、个人综合消费贷款、个人助学贷款、信用贷款、农户一般贷款。在个人住房贷款指标方面，福贡在总量上具有明显的优势，兰坪则相对落后。在个人汽车贷款指标方面，福贡较为领先，兰坪未办理此项业务。在个人综合消费贷款指标方面，兰坪较为领先，贡山则相对落后。在个人助学贷款指标方面，所有的联社都未开展此项业务。在农户一般贷款指标方面，兰坪较为领先，贡山则相对落后。在信用贷款指标方面，泸水较为领先，贡山则相对落后。

（八）迪庆藏族自治州案例分析

迪庆藏族自治州，总面积23870平方千米，全州辖香格里拉县、德钦县和维西傈僳族自治县三县。内有藏、傈僳、纳西、汉、白、回、彝、苗、普米等9个千人以上的民族和其他16个少数民族。2012年全州实现地区生产总值1136281万元，按可比价计算，同比增长16%，增速较上年同期回落3.1个百分点。其中，第一产业实现增加值90879万元，同比增长7.0%，对经济增量的贡献率为3.7%，拉动经济增长0.6个百分点；第二产业实现增加值457120万元，同比增长16.3%，对经济增量的贡献率为41.3%，拉动经济增长6.6个百分点。第二产业增加值构成中，全部工业实现增加值228039万元，同比增长13.0%，对经济增量的贡献率为17.3%，拉动经济增长2.8个百分点；建筑业实现增加值229081万元，同比增长20%，对经济增量的贡献率为24.1%，拉动经济增长3.9个百分点。第三产业实现增加值588282万元，同比增长17.3%，对经济增量的贡献率为55%，拉动经济增长8.8个百分点。按总人口计算的人均生产总值为28133元（总人口为年平均人口），比上年增加4137元，按可比价计算，增长15.4%。一、二、三产业占GDP的比重由上年的8.42∶40.87∶50.71调整为8.0∶40.2∶51.8，第一产业比重较上年下降0.42个百分点，第二产业比重较上年下降0.67个百分点，第三产业比重较上年提高1.09个百分点。

1. 会计类科目指标

通过对迪庆藏族自治州3个自治地方的贷款可得性指标田野调查整理的大量数据显示，2012年迪庆藏族自治州的金融供给方农村信用联社的指标数据包括：柜员合计328人；信贷员合计101人；ATM（自动取款机）合计29台；CRS（自动存取款机）合计9台；BST（自动补登折机）合计3台；POS

（销售点）合计140个。在柜员、信贷员指标上，具有领先优势的是香格里拉，排名靠后的是德钦。在自助设备指标上，具有领先优势的是香格里拉，维西，排名靠后的是德钦。在电子银行指标上，三个县发展水平相当，但总体都比较落后。

2012年迪庆藏族自治州的个人客户数合计364495户；电子银行个人客户数合计2086户；存款业务流水量合计138万笔；存款业务交易额合计112亿元；贷款业务流水量合计3万笔；贷款业务交易额合计25亿元；转账业务流水量合计11万笔；转账业务交易额合计360亿元。这些会计类指标主要反映了金融供给机构的最基本业务量，同时也是金融需求方最基本的金融服务需求，能够较显著地看到金融排斥的程度。从数据来看，香格里拉的三大业务都显著领先，而德勤则相对落后。

2012年迪庆藏族自治州的保险、理财业务流水量合计52笔；保险、理财业务交易额合计2.3925万元；电费代理流水量合计6笔；电费代理交易额合计217.38元；烟叶收购流水量合计0笔；烟叶收购交易额合计0元。这些指标反映的是银行类金融机构的代理中间业务水平，除维西县在代理理财、保险业务上有所突破外，总体上看，这三项业务都没有广泛开展。

2012年迪庆藏族自治州的移动代理流水量合计1157笔；移动代理交易额合计2964890元；交通罚款流水量合计8笔；交通罚款交易额合计2350元；其他中间业务流水量合计473232笔；其他中间业务交易额合计165206640元。在这些指标上，各个县市则在单项业务上显示优势，如香格里拉的代理移动缴费业务；香格里拉、德钦在其他中间业务方面也具有优势。

2. 贷款可得性调查指标

对贷款可得性的调查按照银行类金融机构的一般标准和实际调查中的数据收集情况，通过对怒江傈僳族自治州4个自治地方的贷款可得性指标田野调查整理的大量数据显示：香格里拉在小额贷款的总量上较为领先，其他两个县的总量差异不大。

3. 贷款结构性调查指标

与金融排斥关联性较密切的是个人住房贷款、个人汽车贷款、个人综合消费贷款、个人助学贷款、信用贷款、农户一般贷款。通过对怒江傈僳族自治州4个自治地方的贷款结构性指标田野调查整理的大量数据显示：在个人住房贷款指标方面，维西在总量上具有明显的优势，德钦则相对落后。在个人汽车贷款指标方面，香格里拉较为领先，德钦未办理此项业务。在个人综合消费贷款指标方面，维西较为领先，德钦则相对落后。在个人助学贷款指标方面，所有的联社都未开展此项业务。在农户一般贷款指标方面，香格里拉较为领先。在信用贷款指标方面，香格里拉较为领先，其他两个县的水平差异不大。

二、云南民族自治地方金融排斥案例评价

上面我们按照本文建立的云南民族自治地方金融排斥案例评价指标对云南8个民族自治州案例进行了详尽的分析，为了进一步评价这些民族自治地方的金融排斥态势，我们首先按上述案例分析方法，选取云南省省会、汉族人口相对较集中的昆明地区作为典型云南非民族自治地方进行金融排斥案例分析；进而采用比较的方法，对云南民族自治地方金融排斥案例进行深入评价。

（一）云南省非民族自治地方金融排斥案例分析：昆明地区案例

1. 会计类科目指标

通过对云南昆明市15个地区的会计类科目指标田野调查整理的大量数据显示，2012年昆明地区的金融供给方农村信用联社的指标数据包括：柜员合计3593人；信贷员合计2007人；ATM（自动取款机）合计691台；CRS（自动存取款机）合计136台；BST（自动补登折机）合计134台；POS（销售点）合计7018个。这些指标数据主要反映了金融供给方为有效的或者潜在的金融需求方提供的基本的硬件服务水平。其中柜员、信贷员是可视为表征传统金融供给方式，自助设备（包括ATM、CRS、BST和POS）和电子银行可视为表征电子化金融供给方式，也是目前较为新型、具有发展潜力的金融供给方式。在柜员、信贷员指标上，具有领先优势的还是昆明市的四个核心区域：五华、盘龙、官渡和西山区，排名靠后的是禄劝、东川和寻甸。在自助设备指标上，具有领先优势的依然是昆明市四区，排名最后的是东川。在电子银行指标上的情况基本也是一致的。由此可以看到，在传统型和新型金融供给方式上，排名靠前的都是经济较为发达、汉族人口较为集中昆明四区。

2012年昆明地区的个人客户数合计5909861户;电子银行个人客户数合计86992户;存款业务流水量合计2350.25万笔;存款业务交易额合计3877.45亿元;贷款业务流水量合计24.27万笔;贷款业务交易额合计921.19亿元;转账业务流水量合计256.92万笔;转账业务交易额合计23549.33亿元。这些会计类指标主要反映了金融供给机构的最基本业务量,同时也是金融需求方最基本的金融服务需求,能够较显著地看到金融排斥的程度。从数据来看,昆明市四区的各项业务都相对领先。

中间业务是银行业未来发展的主要空间,将逐步成长为银行业未来的利润来源。会计类科目指标显示:2012年昆明地区的保险、理财业务流水量合计535070笔;保险、理财业务交易额合计138913.8万元;电费代理流水量合计409875笔;电费代理交易额合计65241318元;烟叶收购流水量合计583088笔;烟叶收购交易额合计1043578727元。这些指标反映的是银行类金融机构的代理中间业务水平,前四项指标昆明市四区还有安宁、呈贡区的总体水平持续领先,而后两项指标由于地域条件限制,只有晋宁、禄劝和寻甸有此业务。

2012年昆明地区的移动代理流水量合计312020笔;移动代理交易额合计1042935448.21元;交通罚款流水量合计951笔;交通罚款交易额合计180206元;其他中间业务流水量合计5472736笔;其他中间业务交易额合计6544518293元;这些指标仍然是银行类金融机构提供的主要中间业务服务。昆明四区总体水平持续领先,而在其他中间业务方面则是其他县市显示优势。

云南省农村信用社目前中间业务产品共有78种,除上述产品外,还提供财政惠农直补、财政对公托收、国税代缴、烟草配送、财政预算支付、第三方存管、实物贵金属代售、多级账户管理等财政类、社保类、税务类、商业保险类、普通生活类、理财类、特殊业务类中间业务产品。

2. 贷款可得性调查指标

对昆明地区的贷款可得性指标金额档次与前面云南各民族自治州案例口径一致;3000元以下;3000—5000元;5000—10000元;1万—10万元;10万—30万元;30万元以上六个档次。通过对云南昆明市15个地区的贷款可得性指标田野调查整理的大量数据显示:昆明市四区以及相对靠近市区的地区在小额贷款方面较弱,甚至出现空缺;而较偏远的地区的小额贷款业务则相对领先。

3. 贷款结构性调查指标

对贷款结构性的调查按照银行类金融机构的一般标准和云南省农村信用社的业务经营实际情况,将业务类型划分为:个人住房贷款、个人汽车贷款、个人综合消费贷款、个人助学贷款、个人生产经营贷款、企业其他贷款、抵押贷款、质押贷款、保证贷款、信用贷款、农户一般贷款、企业流动资金贷款、企业项目贷款、企业房地产开发贷款。其中与金融排斥关联性较密切的是个人住房贷款、个人汽车贷款、个人综合消费贷款、个人助学贷款、信用贷款、农户一般贷款。通过对云南昆明市 15 个地区的贷款结构性指标田野调查整理的大量数据显示:在个人住房贷款指标方面,官渡区、西山区、石林县、宜良县在总量上具有明显的优势,寻甸县则相对落后。在个人汽车贷款指标方面,安宁市、东川区具有明显的优势,宜良县则没有此项业务。在个人综合消费贷款指标方面,西山区、呈贡区具有明显的优势,禄劝县在笔数上有较大优势,宜良县则相对落后。在个人助学贷款指标方面,昆明地区全部为零,都未开展此项业务。在农户一般贷款指标方面,嵩明县、寻甸县具有明显的优势,昆明营业部未开展此项业务五华区则相对落后。在信用贷款指标方面,嵩明县具有明显的优势,昆明营业部则相对落后。

(二)云南民族自治地方金融排斥案例比较评价

为了对云南民族自治地方金融排斥案例评价的各项指标有一个更加直观、深入的理解,下面我们采用比较的方法,对云南民族自治地方金融排斥案例进行深入评价。

1. 会计类科目指标评价

表4.8 2012年云南民族自治州会计类科目指标比较(一)

地区	联社	柜员	信贷员	ATM	CRS	BST	POS(7月)	企业客户数	电子银行企业客户数
楚雄	合计	1240	760	146	23	31	1839	10962	1020
红河	合计	2136	640	181	61	20	1623	9791	1244

（续表）

地区	联社	柜员	信贷员	ATM	CRS	BST	POS（7月）	企业客户数	电子银行企业客户数
文山	合计	1301	467	83	18	5	965	5013	535
版纳	合计	398	136	77	9	3	719	2728	658
大理	合计	1862	663	188	57	52	2099	8816	883
德宏	合计	657	219	49	33	22	1250	3587	360
怒江	合计	316	116	25	4	1	236	1192	178
迪庆	合计	328	101	29	9	3	140	1142	76
昆明	合计	3593	2007	691	136	134	7018	52500	9032

表4.8数据显示了2012年昆明地区和云南各民族自治地方的金融供给方农村信用联社的会计类科目的指标数据比较。总体来看，昆明地区的各项指标都显著高于云南八大民族自治州。其中，昆明地区的柜员合计3593人，比八大州中相对最多的红河多1457人，比八大州中此项指标最低的怒江多出3277人；昆明地区信贷员合计2007人，比民族地区最多的大理多1819人；昆明地区ATM（自动取款机）合计691台，比民主自治地方最高的大理高出了503台，比最低的怒江高出了666台；昆明地区CRS（自动存取款机）合计136台，而民族自治地区最低的怒江地区只有9台；昆明地区的BST（自动补登折机）合计134台，怒江该项指标仅有1台；POS（销售点）合计昆明地区是7018台，民族自治地区最高的是大理2099台，最低的迪庆只有140台。前文已经说明，这些指标数据主要反映了金融供给方为有效的或者潜在的金融需求方提供的基本的硬件服务水平。由表4.8我们看到，这些指标中最高的无一都是集中在汉族相对较集中的昆明地区，而指标最低水平则集中在少数民族较集中的迪庆、怒江等地区，说明了云南省民族自治地方金融供给方为有效的或者潜在的金融需求方提供的基本的硬件服务水平严重不足。

表 4.9　2012 年云南民族自治州会计类科目指标比较（二）

地区	联社	个人客户数	电子银行个人客户数	2012年存款业务流水量（万笔）	2012年存款业务交易额（亿元）	2012贷款业务流水量（万笔）	2012贷款业务交易额（亿元）	2012转账业务流水量（万笔）	2012年转账业务交易额（亿元）
楚雄	合计	2696308	18362	915	670	18	163	87	2171
红河	合计	3541838	27289	1493	1296	38	352	126	4934
文山	合计	1956845	16467	859	674	10	90	59	2543
版纳	合计	888838	11610	355	386	6	66	32	1582
大理	合计	2883875	22207	1153	1146	50	286	99	3703
德宏	合计	938094	7883	519	525	10	83	39	1546
怒江	合计	358687	2955	149	78	2	18	9	240
迪庆	合计	364495	2086	138	112	3	25	11	360
昆明	合计	5909861	86992	2350.25	3877.45	24.27	921.19	256.92	23549.33

表 4.9 数据显示：这些会计类指标也和表 4.8 中的趋势一致，都是昆明地区显著地高于其他民族自治地方，反映了云南民族自治地方在金融供给机构的最基本业务量，同时也是金融需求方最基本的金融服务需求方面显著的金融排斥的程度。

表 4.10　2012 年云南民族自治州会计类科目指标比较（三）

地区	联社	2012年保险、理财业务流水量(笔)	2012年保险、理财业务交易额(万元)	2012年电费代理流水量(笔)	2012年电费代理交易额(元)	2012年烟叶收购流水量(笔)	2012年烟叶收购交易额(元)
楚雄	合计	2593	661.67684	359666	10523733	805278	1105061972
红河	合计	2600	99.436938	134880	5554665.6	0	0
文山	合计	1046	106.0027	4	143.58	162554	551498821
版纳	合计	1489	76.82782	198583	9770622	0	0
大理	合计	11470	181.66695	177667	7734474.1	322474	607911289
德宏	合计	410	18.66025	3	79.22	0	0
怒江	合计	79	1.382596	2	34.66	0	0
迪庆	合计	52	2.3925	6	217.38	0	0
昆明	合计	535070	138913.8	409875	65241318	583088.00	1043578727

表4.10和4.11的云南民族自治地方和昆明地区的会计类科目指标比较显示：这些会计类指标也和上述指标趋势一致，都是昆明地区显著地高于其他民族自治地方，反映了在银行类金融机构的代理中间业务水平方面，云南民族自治地方显著的金融排斥程度。

表4.11　2012年云南民族自治州会计类科目指标比较（四）

地区	联社	2012年移动代理流水量（笔）	2012年移动代理交易额（元）	2012年交通罚款流水量	2012年交通罚款交易额	2012年其他中间业务流水量（笔）	2012年其他中间业务交易额（元）
楚雄	合计	170184	523551364	243	50119	5068682	1731399488
红河	合计	252623	734572722	16359	2406533.5	5791102	2501181735
文山	合计	179269	638722687	92	25862	2991868	681764001
版纳	合计	129711	549477537	16	7902	1070453	359186377
大理	合计	273865	748754033	92	27090	4367524	1694824397
德宏	合计	168679	419451716	27	6804.5	1907372	830293520
怒江	合计	40130	148672930	7	3000	236664	161555837
迪庆	合计	1157	2964890	8	2350	473232	165206640
昆明	合计	312020.00	1042935448.21	951.00	180206.00	5472736	6544518293

由表4.8、4.9、4.10和4.11的各类云南民族自治地方和昆明地区的会计类指标比较，我们同样看到这些指标中最高的无一都是集中在汉族相对较集中的昆明地区，而指标最低水平则集中在少数民族较集中的迪庆、怒江等地区，说明了云南省民族自治地方金融排斥态势显著。

2. 贷款可得性调查指标评价：

表4.12　2012年云南民族自治州贷款可得性指标比较（一）

地区	联社	3000元以下				3000—5000元			
		申贷户数	申贷金额	批准贷款户数	批准贷款金额	申贷户数	申贷金额	批准贷款户数	批准贷款金额
楚雄	合计	644	1202097.8	633	1197952.3	1826	6963010	1824	6954760

（续表）

地区	联社	3000元以下				3000—5000元			
		申贷户数	申贷金额	批准贷款户数	批准贷款金额	申贷户数	申贷金额	批准贷款户数	批准贷款金额
红河	合计	1795	3236116.5	1784	3224818.9	3788	13543100	3783	13524100
文山	合计	266	460235.37	264	457734.02	497	1805550	494	1795550
版纳	合计	113	191881	108	190558.5	312	1155700	312	1155700
大理	合计	488	739766.28	468	710854.28	860	3166369.5	847	3124869.5
德宏	合计	171	306328.76	171	306328.76	642	2238800	642	2238800
怒江	合计	10	14816.62	10	14816.62	16	57500	16	57500
迪庆	合计	22	36057	22	36057	62	229000	62	229000
昆明	合计	638	1106178.22	628	1105169.22	2401	8829800	2397	8809100

表4.13 2012年云南民族自治州贷款可得性指标比较（二）

地区	联社	5000—10000元				1万—10万元			
		申贷户数	申贷金额	批准贷款户数	批准贷款金额	申贷户数	申贷金额	批准贷款户数	批准贷款金额
楚雄	合计	4499	29389770	4491	29345770	60247	2.27E+09	60143	2264073400
红河	合计	17038	128043570	17032	127982570	93999	3578751520	93915	3573492220
文山	合计	1977	13351790	1971	13316790	26647	1045354150	26560	1040784650
版纳	合计	766	5049300	766	5049300	18293	818921256	18269	817384056
大理	合计	4280	27905413	4257	27753413	120797	4141739616	120658	4133529721
德宏	合计	2786	17300125	2784	17283125	29354	1111800678	29342	1111054178
怒江	合计	58	405500	58	405500	5024	214416250	5007	213546250
迪庆	合计	184	1197662.5	184	1197662.5	8326	376276944	8317	375521804
昆明	合计	8166	53713080	8161	53683080	58797	2100482010	58669	2094472010

表 4.14 2012 年云南民族自治州贷款可得性指标比较（三）

地区	联社	10万—30万元				30万元以上			
		申贷户数	申贷金额	批准贷款户数	批准贷款金额	申贷户数	申贷金额	批准贷款户数	批准贷款金额
楚雄	合计	9630	1309189200	9582	1299106500	2143	3652544000	2125	3619749000
红河	合计	15533	2140322800	15498	2134392800	3822	9031977000	3813	8992677000
文山	合计	4242	627230000	4233	625810000	2388	2428334000	2385	2418334000
版纳	合计	7669	1031185828	7650	1026883828	793	1041591000	787	1031061000
大理	合计	12050	1521402960	12003	1514172960	3244	4765107000	3231	4725627000
德宏	合计	3238	408810133	3235	408160133	996	2284781284	995	2276281284
怒江	合计	459	61159500	457	60899500	164	226965000	164	224385000
迪庆	合计	1341	194867496	1340	194767496	427	458348322	427	452348322
昆明	合计	16617	2556750800	16566	2548550800	8482	44275317152	8452	43931087152

贷款可得性的指标水平确切反映了一个地区最基本的金融服务可得性，从较低档次的金融服务可以看到小额贷款的服务水平。普遍地说，如果指标水平低则说明金融排斥程度较高。

根据表4.12、4.13和4.14的贷款可得性指标数据比较分析：昆明地区的情况是，昆明市四区以及相对靠近市区的地区在小额贷款方面较弱，甚至出现空缺；而较偏远的地区的小额贷款业务则相对领先。但是与云南民族自治地方的八大州相比，无论哪个档次的申贷户数和申贷金额都依然是昆明地区要显著较高，也从另一个角度说明了：云南民族自治地方金融排斥态势有日益扩大的趋势。

3. 贷款结构性调查指标评价

对贷款结构性的调查按照银行类金融机构的一般标准和云南省农村信用社的业务经营实际情况，将业务类型划分为：个人住房贷款、个人汽车贷款、个人综合消费贷款、个人助学贷款、个人生产经营贷款、企业其他贷款、抵押贷款、质押贷款、保证贷款、信用贷款、农户一般贷款、企业流动资金贷款、企业项目贷款、企业房地产开发贷款。其中与金融排斥关联性较密切的是个人住房贷款、个人汽车贷款、个人综合消费贷款、个人助学贷款、信用贷款、农户一般贷款。

表4.15 2012年云南民族自治州贷款结构性指标比较（一）

地区	联社	个人住房贷款		个人汽车贷款		个人综合消费贷款		个人助学贷款		个人生产经营贷款	
		笔数	金额	笔数	金额	笔数	金额	笔数	金额	笔数	金额
楚雄	合计	1168	272571000	131	14623040	2419	304978206	1	30000	11386	1835863728
红河	合计	232	65029000	1237	303461001	2845	382929330	0	0	16049	3852433678
文山	合计	2176	439173063	176	16781050	1581	217420624	0	0	7845	1668891791
版纳	合计	193	75124000	5	368500	472	79340810	0	0	3452	607332001
大理	合计	353	102102600	8	888000	5055	734945160	0	0	11605	1940519969
德宏	合计	648	203165000	16	2305000	804	93812000	0	0	4833	1835681080
怒江	合计	263	18944900	10	444000	942	67864158	0	0	599	105607200
迪庆	合计	319	87413000	16	2025000	354	75757000	0	0	1861	248296624
昆明	合计	2001	968928653	120	23092500	4841	1033968130	0	0	14600	3665130308

表4.16 2012年云南民族自治州贷款结构性指标比较（二）

地区	联社	农户一般贷款		企业流动资金贷款		企业项目贷款		企业房地产开发贷款		小企业贷款	
		笔数	金额	笔数	金额	笔数	金额	笔数	金额	笔数	金额
楚雄	合计	62964	2837101519	280	1817193000	5	67900000	0	0	34	108800000
红河	合计	113370	6365000800	296	3406375000	2	12000000	9	168700000	54	352300000
文山	合计	24096	1211016796	68	417790000	8	64700000	4	25600000	11	43250000
版纳	合计	23435	1737402632	78	358820000	0	0	0	0	18	41650000
大理	合计	124035	5323064683	172	2115540000	5	26500000	1	10000000	40	160730000
德宏	合计	30491	1281226321	53	355950000	5	43200000	1	17000000	2	11000000
怒江	合计	3906	233573308	13	64020000	0	0	0	0	3	11600000
迪庆	合计	7787	445197718	22	74710000	2	56000000	0	0	4	39800000
昆明	合计	69934	5335560041	1493	25924140000	70	7097700000	15	2447300000	142	964940000

表4.17 2012年云南民族自治州贷款结构性指标比较（三）

地区	联社	企业其他贷款		抵押贷款		质押贷款		保证贷款		信用贷款	
		笔数	金额	笔数	金额	笔数	金额	笔数	金额	笔数	金额
楚雄	合计	2	4800000	3755	2912883700	273	127981500	2752	1028058700	71188	3160019393
红河	合计	21	110800000	13775	7423274408	425	1798130100	25846	2341433968	94943	3341025033
文山	合计	5	16990000	7538	2.94E+09	250	32258000	18340	816048572	9706	321709275
版纳	合计	1	290000	1286	769770900	185	47918984	2745	476453200	23460	1596318359
大理	合计	5	21450000	7080	4454828286	316	193194200	7268	819363043	126881	4956251789
德宏	合计	1	1000000	1400	2094287030	175	27672300	10620	604349741	25406	1097659578
怒江	合计	1	475000	316	192117000	26	35700000	85	11817000	5266	262054567
迪庆	合计	0	0	723	468972009	131	18162800	1905	159424982	7599	378360551
昆明	合计	95	1260730000	6905	29591486208	686	2089038800	29272	12722252513	56623	4527617790

表4.15、4.16及4.17的云南民族自治州与昆明地区的贷款结构性指标比较可以看到：在个人住房贷款指标方面，昆明地区虽然在笔数上略少于民族自治地方最多的文山州，但是在总量上仍然具有明显的优势；在个人汽车贷款指标方面，民族自治地方的红河州一枝独秀，在笔数和金额方面都高于昆明地区，但其他州均显著低于昆明地区；在个人综合消费贷款指标方面，大理地区在笔数上超过昆明地区，但金额上仍然落后；在个人助学贷款指标方面，大部分的云南地区都未开展此项业务；在农户一般贷款指标方面，红河和大理可以与昆明地区抗衡，但其他民族地区却远远落后；在信用贷款指标方面，民族自治地方的楚雄、红河、大理在笔数上具有明显的优势，总量上则只有大理略高于昆明地区，其他民族自治州则相对落后。

总结云南民族自治地方金融排斥案例评价的结论是：通过与云南典型非民族自治地方的昆明地区的各项案例评价指标比较，我们看到三类指标中绝大部分指标中最高的无一都是集中在汉族相对较集中的昆明地区，而指标最低水平则集中在少数民族较集中的迪庆、怒江等地区，说明了云南省民族自治地方金融排斥态势显著。

第五章　云南民族自治地方金融排斥效应研究

云南民族自治地方有着特殊的金融生态环境和特殊的金融政策，民族特质深刻地影响着云南民族自治地方的金融发展水平，上一章实证研究是按照本书构建的云南民族自治地方金融排斥指标评价体系对云南各个民族自治地方的金融排斥态势作出评价，进而结合建立的云南民族自治地方案例评价体系，比较分析了典型的云南民族自治地方金融排斥案例。云南民族自治地方的金融排斥与其社会排斥交融，进一步加深了其社会排斥程度，从而深刻地影响着这些地区的社会关系和社会稳定。本章在前面研究的基础上，对云南民族自治地方金融排斥效应进行研究。首先分析我国民族地区金融排斥效应的一般理论；进而仍然采用田野调查的方法，结合案例调查的相关数据，实证分析云南民族自治地方的金融排斥效应。

第一节　民族地区金融排斥效应的理论分析

随着金融排斥的不断加深，不仅金融系统本身会带来功能和效率的损失，而且还会产生其他更深层次的影响。金融产品（银行账户、消费信贷、储蓄或者保险）是影响社会是否公平和谐的重要因素。云南民族自治地方的金融排斥正如我国整个民族地区的金融排斥态势一样呈不断加剧的趋势，进一步加深了其社会排斥程度，从而深刻地影响着这些地区的社会关系和社会稳定。从相关理论分析，我国民族地区金融排斥效应主要有：贫困放大效应、区域金融荒漠化效应、加剧社会不安定状态、增大反洗钱难度等等。

一、贫困放大效应

我国民族地区的贫困问题始终是其经济和社会发展的桎梏。这些地区的贫困是由一系列复杂、特殊的自然、政治、经济和文化因素相互作用，客观因素与主观因素相互交织、强化的结果。从上一章的分析，我们知道了民族地区的贫困是这些地区金融排斥的主要因素，而实际上金融排斥的加剧反过来使得这些地区更加贫困，产生了贫困放大效应。

新中国成立50多年以来，民族地区经济社会发展取得了令人瞩目的成就。特别是改革开放和实施"国家八七扶贫攻坚计划"以来，民族地区的扶贫开发取得了巨大成绩，经济社会发展的步伐加快。但是由于自然、历史、社会等原因，大多数民族地区经济社会发展仍处于相对落后的状态，大多数民族地区人口的收入依然很低，生产生活条件还很差，抵御自然灾害的能力还很薄弱，还有相当一部分民族地区群众的温饱问题未得到解决。民族地区是我国贫困人口的集中分布地区，与其他贫困地区相比，民族地区呈现出贫困面积大、贫困程度深、脱贫难度大的特点。民族地区人口占全国人口的比重不足14%，但贫困面和贫困人口却占全国总量的50%—60%。在"国家八七扶贫攻坚计划"重点扶持的592个贫困县中，属于民族自治地方的有257个，占贫困县总数的43.4%。据统计，2012年底，民族地区剩余贫困人口1798万人，农村贫困发生率13.8%，而全国剩余贫困人口2817万人，农村贫困发生率为4.2%。民族地区剩余贫困人口占全国贫困人口的比例为68.3%，农村贫困发生率高于全国10.9个百分点。国家扶贫重点县中，民族自治地方占267个（西藏除外），比"八七"扶贫攻坚的县增加了10个。加上西藏74个县整体被列入国家扶贫开发重点扶持范围，民族自治地方享受国家扶贫开发重点扶持的县为341个，占民族自治地方（县、旗）总数的53.5%，比"八七"时期高13.2个百分点，比全国覆盖率（30%）高27.5个百分点。少数民族地区的贫困人口贫困程度与其他地区相比更深。据2011年我国农村统计资料和贫困监测调查，国家民族贫困县人均纯收入为1239.9元，比当年全国农村居民人均纯收入低42.7%，比592个国家贫困县平均水平还低5.9个百分点。从民族地区贫困县农牧民生活消费状况来看，2011年国家少数民族贫困县的人均消费支出为 1236 元，其中人均食品支出为 661.6 元，恩格尔系数为 64.5%，比同期全国农村的恩格尔系数高 11.5 个百分点。据中国人口较少民族发展研究课题组组织实地调查，2010 年，甘肃积石山县保安族聚居的 5 个行政村，1563 户，年人均收入 300 元以下的占 21%，云南潞西市三台山德昂族乡贫困人口为 2300 人，占该乡德昂族总人口的 63%；内蒙古鄂温克族自治旗鄂温克族贫困发生率达 52%，新疆塔什库干塔吉克族自治县农民人均收入 477 元，低于温饱水平（670 元），有 75% 的群众生活在温饱线以下。民族贫困地区脱贫难度大。随着国家扶贫工作进程，贫困人口的分布变动总体上呈现西部山地、边疆地区、高寒山区集中的趋势，处于这种积聚态势中心的地区。这些少数民族聚居区基础设施薄弱，社会公共服务条件差，行路难、用电难、人畜饮水难、上学难、看病难等问题仍比较普遍。而且由于种种综合原因作用的结果，我国民族人口大都分布于这些远离区域经济发展重心的地区，处于现代都市经济辐射末梢，落后的生产生活条件严重制约了民族经济社会的发展。

　　日益加剧的金融排斥态势加剧了我国民族地区的这些"深度贫困问题"。因为贫困放大效应是一种典型的"马太效应"，即指经济个体"穷的更穷，富的更富"。金融排斥最主要的效应就是贫困放大器，具有财富的负杠杆效应。因为金融作为现代经济生活的载体和创造财富的工具，是人们与企业生存与生活的润滑剂，一旦缺少这个载体，经济生活将举步维艰。经济生活需要信用，而信用需求涵盖了短期的信用需求（如平衡家庭的预算）以及用于购买大额商品的不同种类的银行贷款。如果遭受到金融排斥，被排斥者就被迫从非常规金融贷款者那里借款，支付高额借款成本。由于这类非常规贷款通常是以借款者的财产作为担保，一旦无法偿还，被排斥者微薄的财产将被变现而陷入更加穷困的处境。可能更糟的是，金融被排斥者有可能向放高利贷者借款，高利贷者通常制定非常高的利率以及执行非常严峻的惩罚。如果借款者无法偿还贷款，严峻的惩罚甚至威胁到借款者本人及其家人的人身安全。那些没有房子的人们，由于缺乏合适的担保物而很难获得银行信贷，从而进一步降低了其购房的能力。金融排斥影响房地产市场的结果是有房的人囤房，无房的人始终没有能力买房。此外，金融排斥的存在使政府金融弱势支持政策的传递遇到障碍，减弱了反贫困的政策效果。例如政府通过信贷工具在民族地区施行惠农政策，降低对农贷款利率。那些非常需要资金但收入低资信差的农民无法获得贷款，从而无法享受到优惠的利率。而那些资金实力较强的农民由于信用资质较好，容易获得惠农贷款，能够享受到优惠的利率。再如，政府转移支付的对象一般是民族地区的弱势群体，若其无基本的银行账户，则转移支付必须依赖现金。而现金支付会造成财政转移支付难以系统化管理，增大转移支付的管理成本，同时极易漏掉生活贫困却急需帮助的贫困者。因此金融排斥加剧了弱势群体的社会排斥，使其更加贫困。另外金融排斥会加剧低收入人群风险防范的脆弱性。被排斥者的风险承受能力原本较弱，尤其是面对被保险产品覆盖的风险如火灾、失窃、财产损失、意外伤害、疾病时更脆弱。如果面临这类风险而没有相应的保护，最直接的后果是家庭和个人的焦虑感提高，家庭被迫进行更多的储蓄来应付突如其来的风险，而单薄的储蓄不但无法在灾难发生时给予风险保护，而且影响了整个家庭的消费水平和生活质量。此外，由于缺乏保险产品，弱势群体不易在遭受风险的时候获得贷款，得以化解风险。缺乏养老金保障或者保障不足的一个明显的结果是，老年时期贫困的可能性提高。没有拥有自有产权的房产的居民则无法享受到抵押的保护，使得其面临更加严峻的金融排斥。这些被排斥者的脆弱性就提高。

二、区域金融荒漠化效应

在第三章的分析中我们得出的结论是：金融是经济的血脉，是现代经济的核心。完善的金融体系有助于优化金融资源配置，提高资本的使用效率，调整产业结构，促进经济增长，最终达到金融体系和经济发展的良性循环。在金融发展与实体经济增长之间存在互为因果的关系。在我国民族自治地方，金融发展与其社会发展、经济增长、产业结构优化存在着显著的正相关关系。正是由此，民族自治地方金融发展的滞后也成为其经济发展的桎梏，特别是其金融排斥态势的加剧从不同路径制约着实体经济的发展并已经成为其社会和经济不协调发展的重要原因。

从现代金融机构的发展实践看，金融机构的存在要有几个必要条件：

经济发展水平较高、金融生态环境较好、商业水平发展较好以及当地居民收入达到一定的水平。如果发生区域金融排斥，那么金融对于经济的促进作用将会弱化甚至缺失，金融排斥会致使区域经济遭受损失，地区被边缘化。在我国民族地区，六个维度的金融排斥因素显著，金融机构通常很难存在或极为稀少，削弱了这些地区的金融功能，比如投资能力较弱、影响房地产市场、导致已有的银行关闭或者退出该区域，产生该区域的金融荒漠化风险（financial desertification）。另外，由于民族地区的金融排斥加剧，普遍缺少金融服务，遏制了这些地区中小企业的外源融资，抑制了民族地区的商业发展，进而导致当地商店数量减少，甚至倒闭，此区域经济陷入衰退周期，社会分化最终将对整个社会产生消极影响。因此，更富裕的地区得到更好的金融服务支持而更繁荣，贫困的民族地区则由于缺乏金融服务而更贫穷甚至荒漠化，从而造成区域的两极分化。另外，金融排斥还可能加剧民族地区的城乡两极分化，导致农村地区的资金源源不断地流向城市，拉大了这些地区大城市与农村的经济发展的差距，使得一些贫穷、落后的民族村寨被金融边缘化和荒漠化。

三、加剧社会不安定状态

群体的共同特征越明显，群体的金融排斥集中度就越强，因而民族自治地方的金融排斥更加突出，以上各章的研究结论也证明了这一点，尤其是民族地区的自我排斥更加显著。因为共同特征越多，越容易产生群体心理，我国各民族地区的民族特质使得各民族的群体认同度极高，如某个民族将自己的群体认同为社会弱势群体或者被金融排斥歧视群体，那么金融排斥群体的意志就会顺利地植入至这个民族的个人意识中。在个体不自知的自觉状态下顺利完成从外物到内化的转变。此时的个体就成为"有意识人格的消失，无意识人格的得势"。这类群体往往具有简单而极端的感情，个体对群体的认同被强化为一种扭曲的团结，因此提供给群体的意见想法和观念，他们或全盘接受或一概拒绝，甚至将其视为绝对真理或绝对谬论。如同本文分析的那样，金融排斥作为一种动态的过程，前期表现可能是隐性的，此时民族地区被排斥者对群体的认同不是很明确。因为造成弱势群体的弱势状态的是一种看似平等的社会规则，但是却因民族地区特殊的文化、风俗习惯、宗教观念甚至是一些偏见或者规则执行过程中裁判的心理偏差而不公正和不公平。由于司空见惯，民族地区的个人会不假思索地认为它是合理的。如果有外界的力量引导隐性的金融排斥显性化，那么这些地区的弱势群体就会反抗导致他们弱势地位的社会规则，并且找到导致其贫困的原因，同时感觉到了自己是被金融系统排斥的。这种主观感受使其对民族群体的认同非常明确，行为间也相互认同，从而造成这类民族个人心理上的极度不平衡或不满意。一旦群体意志植入民族地区的弱势群体的思想，弱势群体易受到非法组织的控制，就会以一种扭曲的团结爆发对社会的消极不满的想法，严重时报复社会，从而造成社会极大的不安定。所以民族自治地方的金融排斥与社会排斥相交融，也成为我国民族自治地方容易发生不安定状态的重要原因。

另外，金融排斥对加剧民族地区社会不安定状态的效应还体现在其催生了民族地区的地方货币系统。地方货币系统是相对于正规货币系统而提出的，即指地方货币聚集、供应、分配、消费的循环，为当地居民提供金融服务的机构，属于非正规金融的范畴。因为民族地区的个人或企业很难及时地从正规金融机构获得金融服务，而使这种需求的普遍性催生出地方货币系统非常广泛的存在空间。这个层面可以用来解释我国民族地区存在的正规金融与非正规金融并存的这种二元金融结构的现实合理性。但是，由于这些地方金融系统存在着法律与道德意义上的缺陷，比如，很多的地方货币系统都是非正规渠道、非常规地设立起来的，往往会演变成地下钱庄，带来一定的法律和社会问题，加剧了社会不安定状态。

四、增大反洗钱难度

近年来，我国民族地区逐渐成为洗钱的首选地区，许多犯罪分子喜欢在民族地区从事非法洗钱活动，这也与这些地方的金融排斥显著相关。洗钱的方式主要包括利用金融机构、投资实业、商品交易活动、一些国家和地区对银行账户的保密限制以及地下钱庄和民间借贷等五种方式。在金融排斥较严重的民族地区，主流金融系统的地理排斥、价格排斥、评估排斥、营销排斥、条件排斥和自我排斥均特别严重，使得这些地方的民间借贷和地下钱庄通常较发达,而且交易更多的依赖于现金和部分实物的流转,使洗钱的方式更加隐蔽。另外,民族地区的金融监管力量相对也较弱,一定程度上也为洗钱创造了有利的滋长环境。因而,民族自治地方金融排斥的存在加大了这些地区反洗钱的难度,使洗钱的方式更加隐蔽,甚至会使洗钱罩上社会慈善的面罩。

第二节 云南民族自治地方金融排斥效应

上述理论是从金融排斥的一般效应对我国民族地区的金融排斥效应进行理论分析,本节将针对云南民族自治地方金融排斥态势的个性效应进行研究,依然采用田野调查的基本方法和调研数据对云南民族自治地方金融排斥效应作出详尽分析。具体的方法是:根据上一章以云南省农村信用社为主体调查得出的理论框架和访谈结果,最终确定调查问卷(《云南省农村信用社金融需求情况调查问卷(一)》、《云南省农村信用社金融需求情况调查问卷(二)》、《云南省农村信用社金融供给情况调查问卷》)(详见附件1、2、3)。在这些数据基础上对数据进行理论处理,按照金融排斥效应分析的理论逻辑方法和实际分析模型来研究云南民族自治地方金融排斥效应。

一、网点客户金融需求分析

(一)研究方法

采用问卷调查法进行研究。所使用的问卷为《云南省农村信用社金融需求情况调查问卷(一)》,问卷具体内容见附件1。

问卷第一部分是人口学变量,包括性别、年龄、家庭人数、居住地、户口类别、文化程度、职业和月收入情况,采用选择和填空形式,共计8题;第二部分是根据预定的理论框架编制的选择题和主观题,共计10个大题,30个小项。

选择题采用了Likert的5点式量表法和迫选排序法,为了增强量表的隐蔽性、使被试者在答题时更加客观,采用匿名式问卷。

(二) 研究对象

研究对象为在云南省农村信用社营业网点办理个人业务的客户。

为了在条件允许的范围内最大限度保证和提高样本的代表性，调查问卷直接向云南省辖内所有州市的所有县（市、区）发放，有金融机构的乡镇全部在问卷调查范围内。

(三) 问卷施测

发放《云南省农村信用社金融需求情况调查问卷（一）》4200份，回收问卷4089份，回收率97.36%，有效问卷为4053份，有效率99.12%。

调查采用纸质问卷调查。在问卷的引导中，告知被试者调查以匿名的方式进行，调查结果只用于研究，并保证对调查结果完全保密，以消除被试者的顾虑。当所有问卷搜集结束后，对以下几种问卷作为废卷剔除：空白问卷、题目漏做超过5道的问卷、反应倾向过于明显（全部题目选择正性或负性的极端值）的问卷、反应没有变化（全部题目选择同一个选项）的问卷。

(四) 数据结果

云南是中国少数民族、跨境民族最多的省份，有8个少数民族自治地州，29个少数民族自治县。少数民族的经济金融问题，既是云南省经济金融的重要组成部分，又使其具备了不同于其他省份的独有特点，因此，在数据分析的过程中，我们将8个少数民族自治州辖内的被试者作为云南省民族自治地方样本，有效样本数为1613个，对全省的总体情况和民族自治地方的情况进行了比较。

(五) 人口统计学变量分析

问卷调查的人口统计学变量见表5.1。

1. 性别构成

在网点办理业务的客户中，男性比例66.9%，远高于女性的33.1%。在少数民族地区，男女比例为69.5%和30.5%，差距进一步扩大。提示了在云南省金融生活中，男性占据更大的主导地位，女性则相对处于劣势，在少数民族地区这种对比更加明显。

2. 户口类别

2011年，我国城镇人口占总人口的比重首次超过50%，标志着我国城市化率首次突破50%。① 虽然云南省129家县级农信社中，只有29家为城区联社，但是城镇户口的客户已经占到40.6%。随着云南省城市化进程的不断推进和加快，这一比例还将继续提升。少数民族地区的城市化水平相对略低，城镇户口客户占38.2%。

3. 年龄结构

在银行网点办理业务的客户，30—39岁（37.3%）和40—49岁（38.3%）两个年龄段最为集中。这一方面体现出中年人在经济、金融生活中的主体地位，一方面也反映了他们对传统"面对面"的银行服务的消费习惯。少数民族地区与全省各地在客户结构上的一个明显差异，是50岁及以上年龄的客户比例，全省范围内，老年客户在所有年龄段中所占比例仅为4.2%，而少数民族地区的老年客户为7.4%。

4. 家庭人数

从全省来看，三口之家和四口之家的比重都超过了33%，这两种家庭人数，在代际结构上多属于"两代人家庭"，从关系结构看多属于"核心家庭"②。少数民族地区的家庭人数相对较多，5人和5人以上的比例高于全省平均。

5. 文化程度

根据"中国家庭动态跟踪调查"（CFPS）③的调查结果，全国15岁以上居民中，初中及以下教育程度的人口比例为80.1%，高中为13.2%，大专及以上为6.6%。而接受调查的网点客户中，高中学历为31.0%，大专及以上学历达到35.5%，文化程度远远高于人口总体水平。两者之间的巨大反差，揭示出文化程度越低的人群，越难获得基本的金融服务。

---

① 中国社会科学院"中国社会形势分析与预测"课题组：《中国社会蓝皮书：2011年中国社会形势分析与预测》，社会科学文献出版社2012年版。

② 核心家庭是由已婚夫妇和子女两代人组成的家庭，如果家中只有夫妇中的一方，也界定为核心家庭。根据夫妇生育子女的数量，又可以将核心家庭细分为尚未生育子女、只生育了1个子女和生育了多个子女三类。

③ 北京大学中国社会科学调查中心：《中国报告·民生·2011》，北京大学出版社2011年版。

6. 职业类型

选择"个人经商"的比例高达 42.6%，其次为从事农业生产，占 28.8%，公务员占 13.9%。

7. 收入水平

2011 年，我国城镇居民家庭人均可支配收入为 1818 元/月，农村居民家庭人均纯收入 581 元/月。① 然而在接受调查的网点客户中，超过半数月收入达到 2000—5000 元，5000—10000 元的比例为 13.4%，还有 12.8% 的客户月收入超过万元，而月收入不到 2000 元的比例仅为 20.4%，少数民族地区的情况也大体类似，可以看出，低收入人群能够获得并享受到的金融服务极为有限。

表 5.1 被试的人口统计学变量情况

		全省（N=4053）		少数民族地州（N=1613）	
		有效人数	百分比(%)	有效人数	百分比(%)
性别	男	2648	66.9	1091	69.5
	女	1308	33.1	478	30.5
户口	城镇	1311	40.6	488	38.2
	农村	1915	59.4	788	61.8
年龄	29 岁及以下	807	20.2	308	19.1
	30—39 岁	1490	37.3	612	37.9
	40—49 岁	1530	38.3	573	35.5
	50 岁及以上	168	4.2	120	7.4
家庭人数	1—2 人	177	4.4	54	3.4
	3 人	1338	33	468	29.1
	4 人	1361	33.6	521	32.3
	5 人	756	18.7	357	22.2
	5 人以上	418	10.3	211	13.1

---

① http://data.stats.gov.cn/index.

(续表)

		全省(N=4053)		少数民族地州(N=1613)	
		有效人数	百分比(%)	有效人数	百分比(%)
文化程度	初中及以下	1177	33.5	520	37.3
	高中	1091	31	436	31.3
	大专	767	21.8	268	19.2
	本科	483	13.7	171	12.3
	本科以上	0	0	0	0
职业	公务员	450	13.9	173	13.5
	农业生产	928	28.8	424	33.0
	工业生产	109	3.4	36	2.8
	个人经商	1376	42.6	541	42.1
	其他	364	11.3	111	8.6
月收入	2000元以下	765	20.4	328	22.5
	2000—5000元	1999	53.4	776	53.3
	5000—10000元	501	13.4	173	11.9
	10000元以上	481	12.8	180	12.4

（六）金融服务便利性

1. 金融机构可获得性

问卷调查的被试者全部来自于农村信用社的网点，对于其中89.1%的人而言，农村信用社是最近的金融机构，其次是农业银行（4.2%）和邮政储蓄银行（2.2%）。在少数民族地区，分化的情况更为突出。

表5.2 离居住地最近的金融机构

金融机构	全省(N=4053)		少数民族地州(N=1613)	
	有效人数	百分比(%)	有效人数	百分比(%)
农村信用社	3606	89.1	1442	90.7

(续表)

金融机构	全省(N=4053)		少数民族地州(N=1613)	
	有效人数	百分比(%)	有效人数	百分比(%)
农业银行	171	4.2	64	4.0
邮政储蓄银行	89	2.2	36	2.3
工商银行	71	1.8	13	0.8
建设银行	72	1.8	21	1.3
中国银行	17	0.4	10	0.6
政策性银行	1	0.0	0	0.0
村镇银行	8	0.2	2	0.1
地方城市商业银行	6	0.1	0	0.0
其他	5	0.1	1	0.1
合计	4046	100.0	1589	100.0

2. 金融服务可获得性

从全省平均情况来看，客户从居住地步行到银行网点的平均时间为21分钟，少数民族地区客户则为23.6分钟。但是值得注意的是，13.6%的被调查者需要步行半个小时以上才能到达银行，步行时间的最大值达到了600分钟，按照5千米/小时的步行速度估算，居住地与营业网点的距离超过50千米。在少数民族地区，步行时间超过30分钟的客户比例提高到了17.3%。

表5.3 从居住地步行到银行的时间

	步行时间(分钟)			各时间段所占比例				
	均值	极小值	极大值	5分钟以内	5—10分钟	11—20分钟	21—30分钟	30分钟以上
全省各地(N=4053)	21	0	600	21.0%	40.8%	16.2%	8.4%	13.6%
少数民族地州(N=1613)	23.6	0	460	22.1%	37.2%	15.1%	8.3%	17.3%

(七) 业务种类重要性

关于各项银行业务重要性的问题,首先区分出是否知道或办理过,对于知道或办理过的业务,提供了"非常重要"、"重要"、"一般"、"不重要""非常不重要"五种选择。

1. 业务种类认知度

存款取款、转账汇款是最基本的网点服务项目,代收业务、网上支付和信用卡业务的认知率也较高,而贵金属投资、国债、第三方存管业务和外汇买卖对客户来说比较陌生。

少数民族地区的客户,对除存款取款、转账汇款和贵金属投资以外的10项业务,选择"不知道或未办理过"的比例均高于全省平均水平,金融业务认知度较低,说明少数民族地区客户获得的金融服务类型较少、范围较窄、水平较低。

表5.4 不知道或未办理过各类业务的客户比例(单位:%)

	存款取款	转账汇款	代收业务	网上支付	信用卡	保险代理	结汇购汇
全省各地(N=4053)	0	0.6	6	7	10.6	14.9	19.6
少数民族地州(N=1613)	0	0.3	7.4	8.4	13.7	16.7	26
	理财产品	基金业务	贵金属投资	国债	第三方存管	外汇买卖	
全省各地(N=4053)	21.9	22.7	29.4	30.4	32.1	33.7	
少数民族地州(N=1613)	27.9	28.3	5.7	37.1	39.4	40.7	

2. 业务种类重要性

在分析业务重要性时,将问卷回答中的"非常重要"和"重要"视为正向选择。除传统的存款取款和转账汇款业务,信用卡、网上支付和代收业务是网点客户最为重视的业务类型。其中,最值得关注的是客户对信用卡业务的接受和重视,虽然10.6%的客户不知道或未办理过,但是其重要性已位列第三位。云南农村信用社的信用卡业务处于起步阶段,网上支付功能较商业银行还有一定差距,代收业务的种类不如商业银行齐全,但是从客户需求角度看,加快这三类业务的发展速度极为必要。相较而言,客户对理财产品、保险代理、基金业务、第三方存管、国债、贵金属投资和外汇买卖等投资性业务的重视程度较低。

少数民族地区客户对各项业务重要性的排序情况与全省总体情况一致,但是在所有业务的正向选择比例均高于全省平均水平,这从态度认知的角度,反映出少数民族地区客户更加珍视所获得的金融服务,对金融服务的依赖程度也更高。

表5.5 对业务种类重要性的选择比例（单位:%）

业务种类	全省各地(N=4053)			少数民族地州(N=1613)		
	非常重要	重要	合计	非常重要	重要	合计
存款取款	76.7	19.3	96	76.8	20.3	97.1
转账汇款	53.5	30	83.5	53.2	32.3	85.5
信用卡	25.7	31.5	57.1	26.8	33.8	60.6
网上支付	22.4	28.2	50.6	22.1	30.9	52.9
代收业务	18.7	31.6	50.3	19.8	32.7	52.5
结汇购汇	8	12	20	10.6	15.8	26.4
理财产品	5.3	13.3	18.6	6.6	14	20.7
保险代理	5.1	13	18.1	7.5	16.2	23.6
基金业务	3.6	8.3	11.9	4.4	8.9	13.4
第三方存管业务	2.5	6.1	8.6	3.2	7.7	10.9
国债	2.2	5.8	8.1	2.8	7	9.8
贵金属投资	2	6	7.9	2.4	7.7	10.1
外汇买卖	1.4	3.4	4.8	1.8	4.8	6.6

(八) 新兴业务普及情况

从本次问卷调查的结果来看，客户对新兴业务的反映比较积极，在受访者中，60.8%的客户已开通电子银行，近半数的客户开通手机银行或办理过信用卡，37.8%的客户用过电话银行。

但是在少数民族地区，各类新业务的开通比例均低于全省平均水平。

表5.6 部分新业务的开通比例（单位:%）

	开通电子银行	开通手机银行	已办理信用卡	用过电话银行
全省各地(N=4053)	60.8	48.3	47.9	37.8
少数民族地州(N=1613)	58.4	47.0	42.0	35.0

(九) 金融服务需求

在询问"银行网点存在的主要问题"和"希望银行网点更多提供什么服务"两个题目时，使用了迫选排序法，即要求被试者按照选项重要性最多选择三项并按其重要性排序。在数据处理时，按照第一位"3"、第二位"2"和第一位"1"的权重值，进行了加权平均。

1. 网点存在问题

从表5.7和表5.8可以看出，客户对金融机构最大的不满在于产品和服务的匮乏，其次是办理速度慢、等待时间长、自助设备配置不充分、网点与居住地距离远等问题。

表5.7 网点存在的主要问题（全省，N=4053，单位:%）

主要问题	第一位	第二位	第三位	加权平均
产品、服务少	28.4	23.6	4.4	22.8
办理业务速度慢	19.5	18.3	35.2	21.7
自助设备不足	16.0	23.0	25.3	19.9
离居住地远	25.8	17.5	—	18.8
营业网点少	8.7	15.0	9.9	11.0
网银等不能用	1.6	2.6	15.4	4.2
员工素质差	—	0.1	9.3	1.6

表5.8 网点存在的主要问题（少数民族地州，N=1613，单位：%）

主要问题	第一位	第二位	第三位	加权平均
产品、服务少	29.5	21.5	4.3	22.6
办理业务速度慢	20.2	18.1	29.6	21.0
自助设备不足	24.3	17.7	16.7	20.9
离居住地远	13.9	25.5	21.5	19.0
营业网点少	10.2	14.6	7.5	11.2
网银等不能用	1.9	2.6	12.9	4.0
员工素质差	—	—	7.5	1.3

2. 金融服务需求

如表5.9和表5.10所示，与网点存在问题相对应，客户最迫切的需求是增加ATM、POS等自助设备的配置。此外，增加VIP通道、提供保险代理服务和增设营业网点也是客户反映较为集中的问题。

表5.9 最需要的金融服务（全省，N=4053，单位：%）

	第一位	第二位	第三位	加权平均
增设自助设备	25.6	19.5	83.1	33.1
VIP通道	20.0	18.6	0.1	16.2
保险代理	13.5	19.6	0.1	13.3
增加营业网点	18.2	7.8	9.1	13.2
普及金融知识	9.1	18.1	—	10.6
增加产品种类	10.6	13.1	1.3	9.9
推广电子手机银行	3.0	3.3	6.4	3.6

表5.10 最需要的金融服务（少数民族地州，N=4053，单位:%）

	第一位	第二位	第三位	加权平均
增设自助设备	24.8	24.8	81.7	34.3
VIP通道	20.5	17.9	0.0	16.2
增加营业网点	16.1	7.4	9.9	12.2
保险代理	12.3	17.7	0.0	12.1
普及金融知识	10.4	16.6	0.0	10.8
增加产品种类	11.8	11.5	1.3	9.9
推广电子手机银行	2.9	3.2	7.0	3.7
其他	1.1	0.9	0.0	0.9

二、信贷客户金融需求分析

（一）研究方法

采用问卷调查法进行研究。所使用的问卷为《云南省农村信用社金融需求情况调查问卷（二）》，问卷具体内容见附件2。

问卷第一部分是人口学变量，包括性别、年龄、家庭人数、居住地、户口类别、文化程度、职业和月收入情况，采用选择和填空形式，共计8题；第二部分是根据预定的理论框架编制的选择题和主观题，共计15个大题，33个小项。

针对重要性选择的问题，采用了迫选排序法，为了增强量表的隐蔽性、使被试者在答题时更加客观，选用匿名式问卷。

（二）研究对象

研究对象为在云南省农村信用社办理信贷业务的代表性客户。

为了在条件允许的范围内最大限度保证和提高样本的代表性，调查范围涵盖云南省辖内所有州市的所有县（市、区），由所在地农村信用社信贷负责人从客户中挑选代表性客户作为被试者。

（三）问卷施测

发放《云南省农村信用社金融需求情况调查问卷（二）》3600份，回收问卷 3517 份，回收率 97.7%，有效问卷为 3497 份，有效率 99.43%。

调查采用纸质问卷调查。在问卷的引导中，告知被试者调查以匿名的方式进行，调查结果只用于研究，并保证对调查结果完全保密，以消除被试者的顾虑。当所有问卷搜集结束后，把以下几种问卷作为废卷剔除：空白问卷、题目漏做超过 5 道的问卷、反应倾向过于明显（全部题目选择正性或负性的极端值）的问卷、反应没有变化（全部题目选择同一个选项）的问卷。

（四）数据结果

在数据分析的过程中，同样将 8 个少数民族自治州辖内的被试者作为云南省少数民族地区样本，有效样本数 1478 个，对全省的总体情况和少数民族地区的情况进行比较。

在所有使用迫选排序法的题目中，均要求被试者按照选项重要性最多选择三项并按其重要性排序。在数据处理时，按照第一位"3"、第二位"2"和第一位"1"的权重值，进行了加权平均。

（五）人口统计学变量分析

问卷调查的人口统计学变量见表 5.11。

1. 性别构成

在办理信贷业务的客户中，男性比例超过 80%，进一步验证了在云南省经济金融生活中，男性的优势和主导地位。

2. 户口类别

总体来看，云南省农村信用社的信贷客户，还是以农村居民为主，城镇户口客户的比例为 30.8%（少数民族地区为 31.6%）。

3. 年龄结构

与网点客户的年龄结构相类似，超过 80% 的信贷客户处于 30—49 岁的年龄段。少数民族地区的年龄分布与全省其他地区没有明显差异。

4. 家庭人数

4 人家庭所占比例最高，全省平均为 37.7%，少数民族地区为 34.4%。其次是 3 人家庭。少数民族地区 5 人和 5 人以上家庭的比例高于全省平均。

5. 文化程度

"中国家庭动态跟踪调查"（CFPS）①的调查结果显示，全国 15 岁以上居民中，初中及以下教育程度的人口比例为 80.1%，高中为 13.2%，大专及以上为 6.6%。对低学历人群而言，信贷业务的普及率远远高于在网点办理的个人业务。接受调查的信贷客户中，初中及以下学历占到 43.2%，在少数民族地区达到 46.6%。

6. 职业类型

农村信用社的信贷客户在两个职业种类上非常集中，一是从事农村生产的，占总体的 39.9%；二是个人经商的，占总体的 39.8%。在少数民族地区，从事农业生产的信贷客户则占到了 43.8%。

7. 收入水平

2011 年，我国城镇居民家庭人均可支配收入为 1818 元/月，农村居民家庭人均纯收入 581 元/月。②信贷客户的收入水平整体高于网点客户，月收入不足 2000 元的客户只有 15.3%，月收入 10000 元以上的客户占到 18.8%，少数民族地区的情况也大体类似，可以推论，低收入人群从银行信贷中获得的资金支持极为有限。

表 5.11 被试的人口统计学变量情况

		全省（N=3497）		少数民族地州（N=1478）	
		有效人数	百分比(%)	有效人数	百分比(%)
性别	男	2788	82.8	1156	80.9
	女	580	17.2	273	19.1
户口	城镇	817	30.8	356	31.6
	农村	1836	69.2	769	68.4

① 北京大学中国社会科学调查中心：《中国报告·民生·2011》，北京大学出版社 2011 年版。
② http://data.stats.gov.cn/index.

(续表)

		全省(N=3497)		少数民族地州(N=1478)	
		有效人数	百分比(%)	有效人数	百分比(%)
年龄	29岁及以下	346	10.1	141	9.7
	30—39岁	1344	39.1	585	40.0
	40—49岁	1452	42.2	609	41.7
	50岁及以上	296	8.6	126	8.6
家庭人数	1—2人	101	2.9	36	2.5
	3人	989	28.7	399	27.3
	4人	1299	37.7	503	34.4
	5人	654	19.0	321	21.9
	5人以上	405	11.7	205	14.0
文化程度	初中及以下	1271	43.2	588	46.6
	高中	885	30.1	389	30.8
	大专	501	17.0	185	14.6
	本科	266	9.1	97	7.7
	本科以上	16	0.5	4	0.3
职业	公务员	247	9.9	107	9.6
	农业生产	991	39.9	487	43.8
	工业生产	72	2.9	27	2.4
	个人经商	988	39.8	425	38.3
	其他	185	7.5	65	5.9
月收入	2000元以下	477	15.3	231	17.5
	2000—5000元	1531	49.2	664	50.3
	5000—10000元	520	16.7	210	15.9
	10000元以上	584	18.8	215	16.3

(六) 贷款需求分析

1. 收入构成

信贷客户的主要收入来源是农业生产、实业投资和工资收入三种。在少数民族地区，农业生产作为主要收入来源的地位更为突出，加权平均值达到34.7%。

表5.12 主要收入构成情况（全省，N=3497，单位:%）

收入来源	第一位	第二位	第三位	加权平均
农业生产	37.0	33.3	15.7	32.5
实业投资	24.9	25.8	17.3	25.8
工资收入	23.0	14.1	14.9	18.8
其他	13.8	13.4	23.5	11.3
金融投资	1.3	13.5	28.7	9.0

表5.13 主要收入构成情况（少数民族地州，N=1478，单位:%）

收入来源	第一位	第二位	第三位	加权平均
农业生产	43.1	32.8	13.5	34.7
实业投资	23.2	27.1	18.1	23.6
工资收入	21.2	13.8	14.4	17.6
其他	11.2	14.8	22.8	14.3
金融投资	1.3	11.5	31.1	9.7

2. 借贷满足及致富

总收入不足以满足的资金需求，需要通过借贷方式来获取。

从获得借贷资金的充足性上来看，只有大约四分之一的客户认为目前的借贷能够满足全部的资金需求，另有25.6%的客户认为能满足资金需求的2/3，19.4%的客户认为满足了资金需求的1/2，25.2%的客户认为只满足了资金需求的1/3，5.5%的客户认为完全不能满足需求。

少数民族地区情况大致相同，但认为所获资金完全不满足需求的极端情况相对较少。

表5.14　目前借贷能够满足资金需求的比例

	全省(N=3497)		少数民族地州(N=1478)	
	有效人数	百分比(%)	有效人数	百分比(%)
全部	829	24.3	362	25.1
1/3	858	25.2	353	24.4
1/2	663	19.4	318	22.0
2/3	873	25.6	360	24.9
完全不满足	188	5.5	51	3.5

49.2%的被试者,将"缺少资金"放在影响致富主要因素的第一排序位置,少数民族地区作出同样选择的被试者更高达52.0%。

表5.15　影响致富的主要因素(全省,N=3497,单位:%)

收入来源	第一位	第二位	第三位	加权平均
缺少资金	49.2	23.8	8.5	33.9
缺少政策支持	26.1	20.6	13.1	22.1
缺少市场信息	8.4	20.2	16.3	13.6
环境制约	6.2	8.4	25.3	10.1
缺少技术	3.6	9.9	15.2	7.6
缺少社会关系	3.7	10.3	12.6	7.4
缺乏经营能力	2.2	6.5	8.0	4.6
其他	0.5	0.3	1.0	0.5

表5.16　影响致富的主要因素(少数民族地州,N=1478,单位:%)

收入来源	第一位	第二位	第三位	加权平均
缺少资金	52.0	21.9	7.7	34.6
缺少政策支持	24.6	21.0	13.0	21.5
缺少市场信息	8.1	21.5	16.9	14.0
环境制约	6.4	8.9	26.1	10.5

（续表）

收入来源	第一位	第二位	第三位	加权平均
缺少技术	3.6	11.4	15.2	8.2
缺少社会关系	2.7	9.5	11.7	6.5
缺乏经营能力	2.2	5.4	8.6	4.3
其他	0.4	0.3	0.8	0.4

3. 贷款用途

商业用途是获取贷款最重要的目的所在，41.3%客户的贷款用于生意周转，这一比例远远高于名列第二和第三的"农业生产"（15.7%）和"建房"（14.5%）。考虑到"买房"与"建房"都是与居住条件直接相关，如将两者的所占比例相加，则贷款用于房产的比例达到24.4%。

在少数民族地区，贷款用于"农业生产"和"养殖"的比例较全省平均水平略高。

表5.17 贷款的主要用途

	全省（N=3497）		少数民族地州（N=1478）	
	有效人数	百分比（%）	有效人数	百分比（%）
不需要贷款	29	1.0	17	1.4
生意周转	1214	41.3	503	40.5
建房	427	14.5	185	14.9
子女读书	37	1.3	15	1.2
农业生产	463	15.7	217	17.5
买房	290	9.9	112	9.0
承包工程	120	4.1	30	2.4
养殖	239	8.1	115	9.3
治病	4	0.1	2	0.2
其他	120	4.1	47	3.8

4. 贷款期限

在贷款期限问题上,现实情况与客户预期存在较大的分歧。目前银行提供给客户的贷款中,3 年期占 42.8%,1 年期占 37.5%,4—5 年期的比例只有 3.6%,6—10 年或 10 年以上的比例更低。然而从客户需求的角度来看,最需要 3 年期贷款的占 41.3%,4—5 年期占 26.3%;在少数民族地区,4—5 年长期贷款的选择比例达到 30.7%。

金融机构一般将 1 年以内(含)的贷款划分为短期贷款,1 年以上 5 年以内(含)的贷款划分为中期贷款,5 年以上的贷款划分为长期贷款。从表 5.18 和表 5.19 的对比可以看出,信贷客户最想获得中期贷款,而目前金融机构提供的短期贷款超出了客户的心理需求,中长期贷款需要难以满足,特别是 5 年期贷款的供需缺口巨大。在少数民族地区,这种供需不协调的现象更为突出。

表 5.18　目前所获贷款的期限

	全省(N=3497)		少数民族地州(N=1478)	
	有效人数	百分比(%)	有效人数	百分比(%)
1 年	1289	37.5	436	30.0
2 年	431	12.5	176	12.1
3 年	1472	42.8	719	49.4
4—5 年	124	3.6	71	4.9
6—10 年	81	2.4	30	2.1
10 年以上	40	1.2	22	1.5

表 5.19　最需要的贷款期限

	全省(N=3497)		少数民族地州(N=1478)	
	有效人数	百分比(%)	有效人数	百分比(%)
1 年	362	11.0	131	9.6
2 年	399	12.2	135	9.9

(续表)

	全省(N=3497)		少数民族地州(N=1478)	
	有效人数	百分比(%)	有效人数	百分比(%)
3 年	1353	41.3	563	41.2
4—5 年	861	26.3	419	30.7
6—10 年	243	7.4	101	7.4
10 年以上	62	1.9	17	1.2

7. 借贷渠道

金融机构是居民借贷的首选，占比达到 96.6%，选择村民集资满足资金需求的被试者只有 1.4%，其他渠道主要包括向亲戚、朋友借款，小额贷款公司或民间借贷，其比例也只有 2%。少数民族地区居民对金融机构的借贷依赖更加明显。

表5.20 倾向的借贷渠道

	全省(N=3497)		少数民族地州(N=1478)	
	有效人数	百分比(%)	有效人数	百分比(%)
金融机构	3259	96.6	1398	97.4
村民集资	46	1.4	16	1.1
其他	67	2.0	21	1.5

在问及近年来向哪个渠道借贷过资金时，由于问卷发放的对象全部为农村信用社的客户，93.8%的客户在第一排序位置选择了农村信用社，但是在第二排序位置上，选择农业银行的客户达到了 51.4%。经过加权平均后，农村信用社的选择比例为 49.7%，农业银行为 19.9%。其他商业银行、邮政储蓄银行和政策性银行的选择率均在 6%以下。

表 5.21 借贷渠道选择（全省，N=3497，单位:%）

	第一位	第二位	第三位	加权平均
农村信用社	93.8	6.3	4.0	49.7
农业银行	2.2	51.4	9.9	19.9
建设银行	1.3	7.3	14.8	5.6
其他渠道	0.4	8.7	14.8	5.6
邮政储蓄银行	0.1	6.1	20.2	5.4
工商银行	0.8	5.9	11.4	4.3
其他村民	0.1	5.9	8.6	3.5
不愿借贷无经历	0.4	3.9	3.2	2.0
无借贷渠道无经历	0.3	1.8	6.8	1.9
政策性银行	0.2	1.2	3.7	1.1
中国银行	0.4	1.5	2.6	1.1

少数民族地区的借贷渠道选择，与全省各地无明显差别。

表 5.22 借贷渠道选择（少数民族地州，N=1478，单位:%）

借贷渠道	第一位	第二位	第三位	加权平均
农村信用社	93.5	6.1	3.9	49.5
农业银行	2.6	56.0	8.7	21.4
邮政储蓄银行	0.0	4.6	24.6	5.6
建设银行	1.3	6.7	14.2	5.2
其他渠道	0.1	6.1	14.6	4.5
工商银行	0.9	5.9	10.8	4.2
其他村民	0.2	6.4	7.3	3.5
不愿借贷无经历	0.4	4.1	3.5	2.2
无借贷渠道无经历	0.1	1.8	8.5	2.1
政策性银行	0.4	1.3	2.2	1.0
中国银行	0.4	1.0	1.8	0.8

(八) 贷款难易程度

尽管接受调查的被试者本身就是已经获得或正在办理贷款的客户，但是超过30%的被试者认为向金融机构贷款比较困难。

表5.23　向金融机构贷款的困难性判定

	困难		不困难	
	有效人数	比例	有效人数	比例
全省各地(N=4053)	1042	32.40%	2175	67.60%
少数民族地州(N=1613)	416	30.50%	947	69.50%

造成向金融机构贷款困难的主要原因是"缺乏抵押物或担保人"（加权平均值为43.0%）、"手续复杂时间长"（加权平均值为39.2%）和手续费太高（加权平均值为13.0%）。此外，金融机构"根本不提供贷款"的加权平均值也达到了4.9%，在少数民族地区，这一比例略高于全省平均。

表5.24　向金融机构贷款困难的主要原因（全省，N=3497，单位:%）

	第一位	第二位	第三位	加权平均
缺乏抵押物或担保人	49.4	50.7	8.4	43.0
手续复杂时间长	48.0	39.2	12.6	39.2
手续费太高	2.0	7.9	56.0	13.0
根本不提供贷款	0.5	2.3	23.0	4.9

表5.25　向金融机构贷款困难的主要原因（少数民族地州，N=1478，单位:%）

	第一位	第二位	第三位	加权平均
缺乏抵押物或担保人	49.3	50.9	6.4	42.7
手续复杂时间长	48.3	39.3	10.0	38.9
手续费太高	1.9	7.5	57.5	13.0
根本不提供贷款	0.4	2.4	26.0	5.3

（九）担保方式

"缺乏抵押物或担保人"是造成贷款困难的首要原因，下面就分析一下目前的贷款担保情况。

如下表所示，信用贷款是最常见的担保方式，加权平均值达到39.0%，其次是房产抵押，加权平均值31.4%。除了这两种担保方式，其他担保方式的加权平均值都在10%以下，可见银行贷款所接受的担保方式实际上是比较传统、单一的。增强担保方式的灵活性、针对性和多样性，一方面是银行信贷业务创新的重要内容，另一方面也是满足客户需求的有效手段。

表5.26 获得银行贷款所用的担保方式（全省，N=3497，单位:%）

	第一位	第二位	第三位	加权平均
信用	58.7	22.5	12.7	39.0
房产抵押	30.7	41.5	13.4	31.4
联保贷款	2.3	11.5	24.3	9.1
其他	5.3	7.6	12.6	7.2
集体所有土地抵押	0.7	6.5	14.0	4.9
集体所有林地抵押	1.1	6.2	12.0	4.6
担保公司	1.3	4.3	11.0	3.9

在少数民族地区，通过"集体所有林地抵押"和"集体所有土地抵押"作为担保获得银行贷款的比例比全省略高，通过"其他"担保方式和"担保公司"的比例，则低于全省平均水平。

表5.27 获得银行贷款所用的担保方式（少数民族地州，N=1478，单位:%）

	第一位	第二位	第三位	加权平均
信用	60.6	20.9	11.3	39.1
房产抵押	31.9	43.3	11.6	32.3
联保贷款	2.4	11.7	27.2	9.6
集体所有林地抵押	1.6	9.6	17.4	6.9
集体所有土地抵押	0.9	7.8	16.9	5.9
其他	1.8	4.8	7.8	3.8
担保公司	0.8	2.0	7.8	2.3

（十）对贷款相关问题的态度

1. 对现行利率的态度

2012年7月6日中国人民银行调整后，金融机构贷款基准利率的执行标准为：6个月以内（含6个月）5.60%，6个月至1年（含）6.00%，1至3年（含）6.15%，3至5年（含）6.4%，5年以上6.55%。对于银行根据基准利率及央行允许的浮动范围所确定的现行贷款利率，57.5%的客户认为"有一点偏高"，37.9%的客户则认为"可以接受"。

表5.28　对现行贷款利率的态度（单位:%）

	可以接受	有一点偏高	无法接受	只要能贷款无所谓
全省各地（N=3497）	37.9	57.5	1.6	3.1
少数民族地州（N=1478）	39.1	56.5	1.4	3.0

2. 对小额贷款公司的态度

近1/4的信贷客户认为银行所提供的借贷品种不能满足其需求，11.5%的受访客户有过向小额贷款公司贷款的经历，而57.7%的客户都认为小额贷款负担沉重。

传统银行信贷业务品种不多、灵活性不强、抵押要求高，然而小额贷款公司所提供的借贷资金，利息成本又远高于银行借贷，对于广大信贷客户来说，的确是个两难的选择。

表5.29　对借贷种类和小贷公司的态度（单位:%）

	借贷种类不能满足需求	向小额贷款公司贷过款	认为小额贷款负担沉重
全省各地（N=3497）	24.2	11.5	57.7
少数民族地州（N=1478）	20.8	10.1	54.2

3. 对担保机构的态度

在看待担保机构对借贷筹款所发挥的作用时，30.6%的客户认为"很有帮助"，35.9%认为"没有帮助"，还有33.5%的客户认为"费用太高，无力投保"。在少数民族地区，选择"很有帮助"和"没有帮助"的比例，都略高于全省平均水平。

从这个比例来看，担保机构在一定范围内得到了客户的认可，在资金借贷的过程中发挥了作用。

表5.30　担保机构在借贷筹款中的作用（单位：%）

	很有帮助	费用太高	无力投保	没有帮助
全省各地(N=3497)	30.6	33.5		35.9
少数民族地州(N=1478)	32.5	29.9		37.5

（十一）银行信贷存在的问题及改进方法

1. 银行信贷现存问题

客户对银行贷款现存的不满，主要集中在三个方面：一是贷款金额太小，二是担保要求过高，三是贷款利率或费率过高。

表5.31　银行贷款现存问题（全省，N=3497，单位：%）

	第一位	第二位	第三位	加权平均
金额太小	51.9	18.0	14.2	34.3
担保要求过高	17.4	37.2	16.8	23.9
贷款利率或费率过高	17.1	24.4	29.7	21.6
审批速度太慢	8.3	14.3	22.7	12.7
离居住地距离太远	3.0	4.4	11.0	4.8
其他	1.9	0.8	3.6	1.8
员工专业水平低态度差	0.4	0.9	2.0	0.8

表5.32　银行贷款现存问题（少数民族地州，N=1478，单位：%）

	第一位	第二位	第三位	加权平均
金额太小	54.5	16.8	12.9	35.0
担保要求过高	14.8	36.4	18.6	22.6
贷款利率或费率过高	16.9	25.0	31.0	22.0

(续表)

	第一位	第二位	第三位	加权平均
审批速度太慢	9.4	16.1	22.0	13.8
其他	2.6	4.8	10.8	4.7
员工专业水平低态度差	1.6	0.3	2.8	1.4
离居住地距离太远	0.1	0.7	1.8	0.6

2. 需要改进的服务

与存在的问题相对应，客户最希望得到改进的贷款服务：一是降低小额贷款的门槛要求，二是加快审批速度，三是提供有针对性和创新性的贷款产品，四是提供担保渠道。

表5.33 对金融机构的贷款服务需求（全省，N=3497，单位:%）

	第一位	第二位	第三位	加权平均
降低小额贷款门槛	33.9	28.3	8.2	27.7
加快审批速度	32.5	14.3	14.0	23.4
创新型贷款产品	14.7	19.2	22.4	17.5
提供担保渠道	9.6	20.0	17.9	14.4
加大金融知识宣传力度	4.4	8.1	21.2	8.4
提供农业保险、理财产品等	1.9	5.1	8.0	4.0
上门服务	2.3	4.6	6.9	3.8
其他	0.7	0.3	1.5	0.7

表5.34 对金融机构的贷款服务需求（少数民族地州，N=1478，单位:%）

	第一位	第二位	第三位	加权平均
降低小额贷款门槛	34.5	28.2	7.0	27.8
加快审批速度	34.2	15.0	13.7	24.4
创新型贷款产品	13.5	19.8	21.8	17.0
提供担保渠道	7.8	19.2	17.3	13.2

(续表)

	第一位	第二位	第三位	加权平均
加大金融知识宣传力度	5.3	8.7	23.0	9.4
上门服务	2.4	5.0	9.2	4.4
提供农业保险、理财产品等	2.0	4.0	7.7	3.6
其他	0.4	0.1	0.3	0.3

三、银行管理人员调查

（一）研究方法

采用问卷调查法进行研究。所使用的问卷为《云南省农村信用社金融供给情况调查问卷》，问卷具体内容见附件3。

问卷是根据预定的理论框架编制的选择题和主观题，共计11个大题25个小项。选择题采用了Likert的5点式量表法和迫选排序法。

（二）研究对象

调查对象为云南省农村信用社129家县级联社的主要负责人和2400个营业网点的网点负责人。

为了在条件允许的范围内最大限度保证和提高样本的代表性，调查问卷直接向云南省辖内所有州市的所有县（市、区）发放，有金融机构的乡镇全部在问卷调查范围内。

（三）问卷施测

发放《云南省农村信用社金融供给情况调查问卷》2600份，回收问卷2325份，回收率89.42%，有效问卷为2269份，有效率97.59%。

调查采用纸质问卷调查。当所有问卷搜集结束后，对以下几种问卷作为废卷剔除：超过规定时间寄回的问卷、空白问卷、题目漏做超过5道的问卷、反应倾向过于明显（全部题目选择正性或负性的极端值）的问卷、反应没有变化（全部题目选择同一个选项）的问卷。

（四）金融机构设置情况

1. 金融机构数量

在云南省，农村信用社是网点最多、分布最广的金融机构，有超过2400

个联通城乡的机构网点,其中县(市)级行政区所在地营业网点655个,乡镇营业网点1876个。在调查问卷中,要求全省所有农村信用社县级联社负责人和网点主任,列出了在本区域内的其他金融机构。见表5.35。

从全省来看,14.9%的区域只有农村信用社一家金融机构,17.2%的区域有2家金融机构,17.2%的区域有3家金融机构,这三者之和达到49.3%。有4家以上金融机构的区域明显减少,有9家以上金融机构的区域只占全省范围的2.6%。

在少数民族地区,这种现象更加明显。16.6%的区域只有农村信用社一家金融机构,18.1%的区域有2家金融机构,21.9%的区域有3家金融机构,这三者之和已经高达56.6%,远超过全省49.3%的平均值。有4家以上金融机构的区域比例均低于全省平均水平,有9家以上金融机构的区域只占2.1%。

云南省本身就是一个少数民族边疆省份,金融机构数量反映出了云南金融市场高度集中和缺乏竞争的不合理性,细分到少数民族地州的金融市场,这种不合理性进一步加深加重。

表5.35 金融机构数量

金融机构数量	全省各地(N=2269)	少数民族地州(N=837)
只有农村信用社	14.9%	16.6%
除农村信用社,有1家金融机构	17.2%	18.1%
除农村信用社,有2家金融机构	17.2%	21.9%
除农村信用社,有3家金融机构	14.2%	12.7%
除农村信用社,有4家金融机构	8.9%	6.5%
除农村信用社,有5家金融机构	6.7%	6.1%
除农村信用社,有6家金融机构	5.0%	2.8%
除农村信用社,有7家金融机构	5.6%	4.3%
除农村信用社,有8家金融机构	7.8%	8.9%
除农村信用社,有9家以上(含)金融机构	2.6%	2.1%

2. 金融机构覆盖率

因问卷全部由农村信用社管理人员填写，在调查范围内，农村信用社的覆盖率为100%。在农村信用社的服务范围内，邮政储蓄银行的覆盖率为22.9%，居于首位，其次是农业银行21.5%，第三是建设银行13.1%，工商银行覆盖率为10.3%，其他金融机构的覆盖率都在10%以下。

在少数民族地区，邮政储蓄银行覆盖率为25.4%，农业银行为22.5%，建设银行13.0%，除政策性银行以外[①]，其他金融机构的覆盖率均低于全省平均水平。

表5.36 除农村信用社以外的金融机构覆盖率

金融机构	全省各地(N=2269)	少数民族地州(N=837)
邮政储蓄银行	22.9%	25.4%
农业银行	21.5%	22.5%
建设银行	13.1%	13.0%
工商银行	10.3%	9.8%
政策性银行	8.5%	9.0%
城市商业银行	7.6%	5.5%
中国银行	7.0%	6.1%
村镇银行	5.9%	5.8%
其他	3.2%	2.9%

（五）业务种类重要性

与客户的视角有所不同，银行管理人员对业务重要性的认知，更多是从内部经营管理的角度出发。他们认为对银行发展来说，最重要的业务是农户贷款、电子银行、创新型贷款和中小企业贷款，其次是信用卡业务和代收代

[①] 主要原因可能在于政策性银行有相当一部分政策性贷款项目，专门针对少数民族地区或人群发放。

缴业务。除电子银行和代收代缴业务，其他都属于信贷业务范畴，"信贷为首、信贷为王"的传统发展思路依然地位稳固。

表5.37 最重要的业务种类（单位:%）

业务种类	全省各地(N=2269)			少数民族地州(N=837)		
	非常重要	重要	合计	非常重要	重要	合计
农户贷款	87.1	10.5	97.6	90.6	7.8	98.4
电子银行	70.5	23.8	94.3	74.2	20.9	95.2
创新型贷款业务	59.8	31.0	90.8	62.0	30.3	92.2
中小企业贷款	65.7	23.9	89.6	64.6	25.6	90.2
信用卡业务	48.1	38.1	86.2	49.8	38.3	88.0
代收代缴	39.7	44.0	83.7	47.3	40.7	88.0
保险代理	20.1	38.6	58.7	19.1	41.2	60.3
理财产品	12.1	38.0	50.1	16.1	44.0	60.1
基金代理	6.8	30.1	37.0	5.5	31.5	36.9
国债业务	6.5	26.5	33.0	6.2	28.4	34.6
第三方存管业务	6.1	23.2	29.2	6.2	26.3	32.5
贵金属业务	5.8	21.3	27.1	5.1	24.7	29.8
外汇业务	4.2	16.3	20.5	4.6	19.2	23.8

而外汇、贵金属、第三方存管、国债、基金代理被认为是最不重要的业务种类。见表5.37和表5.38。

与第一部分中网点客户对各种业务重要性的态度相对比，银行管理人员的认知没有出现重大偏差。但是在信用卡业务的问题上，客户将其排在电子银行、代收业务之前，说明信用卡业务存在巨大的市场需求，金融机构应该对此给予更大的关注和侧重。

表5.38 最不重要的业务种类（单位:%）

业务种类	全省各地(N=2269)			少数民族地州(N=837)		
	非常重要	重要	合计	非常重要	重要	合计
外汇业务	11.4	29.6	29.6	10.1	27.6	27.6
贵金属业务	5.9	23.7	23.7	5.5	21.6	21.6
第三方存管业务	6.2	23.1	23.1	5.5	20.8	20.8
国债业务	5.2	21.8	21.8	4.9	20.9	20.9
基金代理	2.5	18.0	18.0	2.0	17.3	17.3
保险代理	1.2	9.9	9.9	1.4	9.4	9.4
理财产品	1.6	7.9	7.9	1.4	5.5	5.5
中小企业贷款	0.3	1.9	1.9	0.1	2.3	2.3
信用卡业务	0.4	1.5	1.5	0.4	1.0	1.0
代收代缴	0.1	1.5	1.5	0.0	0.6	0.6
创新型贷款业务	0.2	1.2	1.2	0.1	0.8	0.8
电子银行	0.0	0.4	0.4	0.0	0.1	0.1
农户贷款	0.1	0.3	0.3	0.0	0.1	0.1

（六）衡量贷款的主要条件

为了探讨有资金需求的客户难以获得贷款的问题，我们先了解一下银行管理人员在决定是否向某一客户发放贷款时，以哪些标准作为主要的衡量条件。如表5.39和表5.40所示，排在第一位的是客户的还款能力，加权平均值达到40.0%；第二位是信用状况，加权平均值为35.8%；第三位则是财产抵押，加权平均值为18.0%。

根据北京大学中国社会科学调查中心对2011年全国各地家庭总收入情况的调查，在排除了所有收入超过1000万的18个家庭之后，收入最高的4%家庭占有了全部家庭收入总和的20%，全国50%的家庭只占全部家庭收入总和的20%，72.4%的家庭只占全部收入的40%。[①]

[①] 北京大学中国社会科学调查中心：《中国报告·民生·2011》，北京大学出版社2011年版，第29—34页。

收入水平越低、可用于抵押的财产越少的人群，还款能力越差，越难获得银行贷款。在社会分配不平等状况日益突出的背景下，资金"嫌贫爱富"的特性将越演越烈，形成对特定人群的排斥。

表5.39 决定是否贷款的主要衡量条件（全省各地，N=2269，单位:%）

	第一位	第二位	第三位	加权平均
还款能力	48.3	43.9	7.2	40.0
信用	43.0	34.6	16.4	35.8
财产抵押	7.4	16.8	52.0	18.0
借贷历史	1.2	4.5	22.9	5.9
其他	0.2	0.2	1.6	0.4

表5.40 决定是否贷款的主要衡量条件（少数民族地州，N=837，单位:%）

	第一位	第二位	第三位	加权平均
还款能力	47.1	44.5	8.2	39.8
信用	44.7	32.9	16.1	36.0
财产抵押	7.0	16.8	52.7	17.9
借贷历史	1.1	5.6	21.6	6.0
其他	0.1	0.1	1.4	0.3

（七）农户贷款问题

1. 金融机构农户贷款的顾虑

在为农户提供贷款时，金融机构最担心的问题主要是三个方面：一是农户还款能力差，二是农户贷款风险大，三是农户信用低。

非农业家庭无论总收入还是人均收入都比农业家庭多，如与云南同为西部省份的甘肃，非农业家庭的平均总收入是农业家庭平均总收入的1.7倍，人均收入方面，非农业家庭更是农业家庭的2倍。

表 5.41 给农户贷款最担心的问题（全省各地，N=2269，单位：%）

	第一位	第二位	第三位	加权平均
农户还款能力差	28.2	32.1	22.9	28.6
风险大	26.6	14.8	18.1	21.2
农户信用低	19.2	25.2	18.5	21.1
贷款的挪用	16.1	14.6	23.0	16.7
金额小造成办理成本高	8.3	12.2	14.9	10.7
其他	1.8	1.1	2.5	1.7

表 5.42 给农户贷款最担心的问题（少数民族地州，N=837，单位：%）

	第一位	第二位	第三位	加权平均
农户还款能力差	28.5	32.3	22.8	28.8
农户信用低	20.4	27.0	18.6	22.3
风险大	27.2	15.5	20.6	22.2
贷款的挪用	15.9	13.3	21.6	16.0
金额小造成办理成本高	6.2	10.7	13.4	8.9
其他	1.7	1.2	3.0	1.7

2. 农户贷款困难的原因

缺乏抵押是农户信贷工作中的首要困难，这根源于较低的收入水平、较少的财产积累。对农户贷款使用的监督难度，是金融机构忧虑的另一个重要因素。此外，农户自有资金较少、缺乏担保、追还难度大也是农户信贷困难的影响因素。

表 5.43 农户信贷工作的困难（全省各地，N=2269，单位：%）

	第一位	第二位	第三位	加权平均
缺乏抵押	30.4	25.8	12.9	26.0
对农户贷款的使用监督难	16.4	19.7	20.0	18.1

(续表)

	第一位	第二位	第三位	加权平均
农户自有资金少	17.3	10.3	14.4	14.5
缺乏担保	11.7	19.2	8.0	13.6
追还贷款难	10.2	13.3	20.7	13.0
金融机构人力不足	11.4	7.5	19.9	11.5
无法对农户信用评级	1.8	3.1	3.1	2.4
其他	0.8	1.0	1.0	0.9

5.44 农户信贷工作的困难（少数民族地州，N=837，单位:%）

	第一位	第二位	第三位	加权平均
缺乏抵押	31.5	25.2	12.5	26.3
对农户贷款的使用监督难	14.1	19.0	19.7	16.7
农户自有资金少	19.1	11.6	14.6	15.9
追还贷款难	11.4	14.1	19.6	13.6
缺乏担保	10.1	20.3	9.4	13.4
金融机构人力不足	12.1	6.3	20.1	11.5
无法对农户信用评级	0.7	2.2	2.6	1.5
其他	1.0	1.2	1.4	1.1

3. 金融机构对农户资金需求的调查

金融机构基本没有对农户资金需求进行系统的调查与分析。在问及对农户资金需求情况采取的调查方式时，超过九成的银行管理人员选择"信贷员入户了解"。信贷员入户的工作内容，主要包括贷前调查、贷中调查、贷后检查和定期跟踪检查，这些调查都是针对已贷款的客户，不直接接触有贷款需求但尚未获得贷款的潜在客户，更谈不上对他们的资金需求进行调查，缺乏在调查基础上进行的深入分析（见表5.45）。

表 5.45　对农户资金需求情况的调查方式（单位:%）

	信贷员入户了解	其他	问卷调查	从不进行了解
全省各地(N=2269)	91.4	3.6	3.5	1.5
少数民族地州(N=838)	93.6	2.6	2.7	1.1

（八）市场竞争与未来发展

1. 市场竞争中的劣势

在对市场竞争的认识上，内部管理人员认为目前存在的最大劣势是金融产品创新力度弱，其他问题则包括人力资源配置不合理、经营成本过高、中间业务发展不足、网银等新式工具推广不足。见表5.46。

表 5.46　市场竞争中的劣势所在（全省各地，N=2269，单位:%）

	第一位	第二位	第三位	加权平均
金融产品创新力度弱	15.5	16.1	23.3	17.0
人力资源问题	17.0	12.7	12.6	14.8
经营成本过高	18.4	11.0	9.8	14.5
中间业务发展不足	8.8	20.6	17.6	14.2
网银等新式工具推广不足	8.9	18.2	11.9	12.5
业务办理效率不高	7.8	6.9	6.6	7.3
贷款份额太少	8.0	5.7	3.1	6.4
存款份额太少	10.2	2.9	1.7	6.4
宣传力度不够	3.6	4.7	12.2	5.4
其他	1.8	1.0	1.1	1.4

值得注意的是，在少数民族地区，经营成本过高排在了竞争劣势的首位。究其原因，可能是因政策硬性规定，必须在金融缺失乡镇设立网点，而且民族地区的金融服务对人力、物力和其他资源的占用大于普通地区，一定程度上拉高了经营成本，削减了利润空间。

表 5.47 市场竞争中的劣势所在（少数民族地州，N=837，单位:%）

	第一位	第二位	第三位	加权平均
经营成本过高	19.0	11.8	9.6	15.0
金融产品创新力度弱	12.5	13.6	22.7	14.6
人力资源问题	16.1	11.4	10.9	13.7
中间业务发展不足	7.5	20.3	18.6	13.6
网银等新式工具推广不足	8.4	20.5	11.9	13.0
存款份额太少	13.2	3.5	2.0	8.1
贷款份额太少	8.1	7.5	3.6	7.1
宣传力度不够	5.1	5.8	13.4	6.7
业务办理效率不高	7.8	4.7	6.6	6.6
其他	2.3	0.8	0.7	1.5

2. 未来发展的重点

在未来发展重点方面，内部管理人员认为提高存款市场份额、提供金融创新产品和改善人力资源结构是最重要的三个重点。

表 5.48 金融机构未来发展的重点（全省各地，N=2269，单位:%）

	第一位	第二位	第三位	加权平均
提高存款市场份额	36.9	7.6	4.9	21.8
提供金融创新产品	19.8	21.8	22.5	20.9
改善人力资源结构	17.7	15.5	17.4	16.9
提高贷款市场份额	5.7	23.1	5.7	11.5
提高业务办理效率	8.3	12.4	13.9	10.6
降低经营成本	8.2	10.8	13.3	9.9
增加金融知识宣传力度	1.7	4.1	13.1	4.4
提供农业保险等其他产品	0.8	4.1	7.9	3.1
其他	0.9	0.7	1.3	0.9

在少数民族地区,对提高存款市场份额的意愿更为明显,其加权平均值达25.0%。

表5.49 金融机构未来发展的重点（少数民族地州,N=837,单位:%）

	第一位	第二位	第三位	加权平均
提高存款市场份额	42.7	8.9	4.0	25.0
提供金融创新产品	16.8	20.4	23.4	19.1
改善人力资源结构	14.3	13.8	18.5	14.8
提高贷款市场份额	5.7	25.3	5.0	12.1
降低经营成本	9.2	10.5	14.3	10.5
提高业务办理效率	6.8	12.7	12.0	9.6
增加金融知识宣传力度	2.7	4.3	14.1	5.1
提供农业保险等其他产品	0.6	3.5	7.7	2.8
其他	1.2	0.6	0.9	1.0

3. 国家的政策期待

金融机构管理人员对国家加强农村金融服务的政策期待主要是关于土地流转、林权抵押和理论市场化三个方面。

农村土地流转全称为"农村土地承包经营权流转"。也就是说,在土地承包权不变的基础上,农户把自己承包村集体的部分或全部土地,以一定的条件流转给第三方经营。党的十七届三中全会和2013年中央1号文件专门出台了政策:加强土地承包经营权流转管理和服务,建立健全土地承包经营权流转市场。按照依法、自愿、有偿原则,允许农民以转包、出租、互换、转让、股份合作等形式流转土地承包经营权,发展多种形式的适度规模经营。有条件的地方可以发展专业大户、家庭农场、农民专业合作社等规模经营主体。农村土地流转,不得改变土地集体所有性质,不得改变土地用途,不得损害农民土地承包权益。也就是说,农村土地流转后,相当于"三权分离":经营权归受让方,承包权还是归承包农户,所有权也还是属于集体。流转后的土地,仍然只能用于发展农业,不能用作房地产开发等其他用途；农民依法享有土地流转权益，如租金、股份分红等。这也体现了中央切实维护农民权益的宗旨：把大量农民从土地上解放出来，转移到二、三产业，进而扩大农业生产经营规模。

土地流转被视为开启城乡一体化的新路径，普遍认为这一政策能够有效改善土地资源配置效率，进一步激活农业剩余劳动力的转移，为农业规模化、集约化、高效化经营提供广阔空间。另一方面，构建和规范农村集体建设用地的流转机制，可以使农民更充分地参与分享城市化、工业化的成果，显化集体土地资产价值，促进农民获得财产性增收。

林权抵押是指为担保债务的履行，林权人（从事林业种植、加工和经营的企业或个人）按照有关规定，将林业行政管理部门颁发的《林权证》载明的拥有或有权依法处分的林地承包经营权抵押给债权人，当债务人不履行到期债务或者发生当事人约定的实现抵押权的情形，债权人有权就该财产优先受偿。

云南省的林权抵押贷款自2010年以来连续稳居全国第一。2012年云南省林权抵押贷款余额已突破百亿大关，达102.87亿元。① 扩大林权抵押的适用范围，提供多项政策优惠，加快林权抵押贷款的发展速度，对加强农村金融服务具有重大意义。

我国利率市场化进程正在不断加快。经国务院批准，中国人民银行决定，自2013年7月20日起全面放开金融机构贷款利率管制。

表5.50　对国家加强农村金融服务的政策期待（全省各地，N=2269，单位:%）

	第一位	第二位	第三位	加权平均
土地流转	42.9	23.3	15.1	31.7
林权抵押	18.4	45.2	17.2	27.2
利率市场化	23.9	15.6	39.3	23.7
民间金融合法化、阳光化	9.9	11.0	17.9	11.6
其他	3.9	2.0	6.7	3.7
设立更多村镇银行	1.0	2.9	3.7	2.1

---

① 李石雄：《云南省林权抵押贷款余额突破百亿大关》，载《云南林业》2013年第34期。

表 5.51 对国家加强农村金融服务的政策期待（少数民族地州，N=837，单位:%）

	第一位	第二位	第三位	加权平均
土地流转	44.7	22.6	16.5	32.6
林权抵押	19.5	46.6	18.6	28.4
利率市场化	23.2	16.7	39.5	23.7
民间金融合法化、阳光化	8.7	10.4	17.7	10.8
其他	3.4	1.8	5.6	3.2
设立更多村镇银行	0.5	1.9	2.1	1.2

第六章　云南民族自治地方金融排斥治理路径研究

云南民族自治地方的金融排斥与其社会排斥交融,进一步加深了其社会排斥程度,从而深刻地影响着这些地区的社会关系和社会稳定。如果不能遏制金融排斥态势的发展,对其实行有效的治理,不仅会直接影响云南民族自治地方的经济、金融发展,也会影响其社会发展和全国的稳定,因而必须研究云南民族自治地方切实有效的金融排斥治理方法。本章首先介绍有关国外典型经济体对金融排斥治理的实践发展;进而分析我国金融排斥治理实践发展;最后研究云南民族自治地方金融排斥治理路径。

第一节　典型经济体金融排斥治理实践发展

在第一章相关理论梳理中,我们详尽分析了金融排斥治理方面的理论及研究前沿,基于此,我们在这里介绍一些典型经济体对金融排斥治理的实践发展,旨在为下文云南民族自治地方金融排斥治理路径的研究给出一些借鉴和启示。

在金融排斥治理理论的分析中,我们主要从两个线索展开:一是传统的小额信贷理论;另一个是金融普惠体系。在现实的金融排斥治理实践中,各经济体按照自身金融发展水平和金融排斥特征,采取了各具特色的金融排斥治理方式,为金融排斥治理路径的研究提供了有益的实践经验。

一、美国金融排斥治理实践

美国金融排斥现象依然表现在农业金融和社区弱势群体方面，因而美国的金融排斥治理也主要是针对这两个方面。由于市场经济发展相对较完善，美国注重结合市场机制和适当的政府干预解决金融排斥。因为金融排斥是金融市场不完全竞争和信息不完全的市场失灵的表现。而哈耶克的局部知识理论认为竞争是一个发现信息、减少信息不完全和不对称的过程，信息不完全可以通过竞争得以缓解。而那些以弱势群体为主要服务对象的小型金融机构正是最佳使用分散局部知识的组织。美国鼓励这些金融机构竞争，同时政府又对大型金融机构的运行给予适当的干预。这种鼓励竞争和充分发挥市场机制的治理方案对云南民族自治地方解决金融排斥有很大的借鉴意义。

美国是世界上农业最发达国家之一，有着先进的农业生产力发展水平和经营管理水平。它也是全球最大的农产品出口国，在出口的农产品中，粮食及其制品、油料等农产品的出口在全球名列前茅，而且水果蔬菜和畜产品出口的增长也非常迅速。美国农业是典型的大农场式的资本主义大农业，其具有高投入、高产出和高技术的特点。尽管如此，美国的农业相对于其他产业而言依然具有金融弱质性，会受到某种程度的金融排斥。美国政府一直对农业采取强有力的支持和保护政策以促进农业经济的发展，为了治理金融排斥，经过多年的发展，美国建成了多层次全方位的农村金融体系，通过不断的财政补贴来支持农村的金融发展。同时，对于农村和社区弱势群体，出台了一系列改善金融排斥的政策与措施：

1. 《社区再投资法》（简称 CRA）。该条款着力解决针对银行存蓄账户的金融排斥。CRA 的基本目标是确保金融机构能够满足其所在社区的信用需求。根据该条款，联邦银行监管机构对辖区内银行进行每两年一次的服务测试评估（servicetest），即根据贷款和其他金融服务记录进行评级。评估的基础是银行致力于满足社区信贷需求的表现以及能否始终如一的进行稳健、合理以及安全的银行管理。根据此评级制度，银行被分为四个层次：出色、满意、需要改进、严重违规。监管者根据贷款、服务和投资三个指标的测试结果及其权重进行综合评估并给予 CRA 评级。贷款权重为 50%，指抵押贷款、消费融资和小型企业融资;服务权重为25%,是指分支机构的分布、关闭或开设分支机构的记录、其他服务渠道、服务和产品的种类和范围;投资权重为25%,是指针对社区的投资种类与数量。银行只有达到相应的 CRA 评级才能获得设立分支机构、地址选择以及并购业务等方面的资质。因此该评级制度极大约束了那些试图开设新分支机构或者吞并竞争对手的银行,该类机构不得不致力于改善服务社区的金融排斥状况以获得业务扩张的许可。该法律条款的实行的确有效地改善了美国金融排斥状况。因为该条款鼓励银行对居民购房和小企业融资提供近 10 亿美元的贷款,而且通常这类贷款的利率比市场利率优惠。

2.《公平贷款条款》。《公平贷款条款》要求银行必须对客户提供关于贷款、租赁或者其他金融服务的详尽信息,包括成本或者其他重要的要求。

3.《反歧视法》。《反歧视法》要求银行不得对各类贷款客户施加有关年龄、性别、种族和其他外貌的限制。

4. 开设基本账户或生命线账户。根据相关法律的要求,银行有义务对那些贫困的人提供低成本的支票账户,同时放宽对该基本账户的最低资产要求。当然,有关数据表明这一举措改善金融排斥的效果甚微。

5. 降低可选择金融产品的成本。有关立法机构对某些金融产品的价格设置最高费率,但是实际上这一措施并不明智,因为最高费率远远高于市场费率,影响不大。

二、英国金融排斥治理实践

英国金融排斥的治理与美国大致相同,在注重市场机制本身的同时,也强调政府的力量,英国政府的金融排斥治理实践主要表现在以下几个方面:

(一) 政府出资设立各类基金改善金融排斥

儿童基金。由于儿童时期的金融排斥会加剧其成年后的金融排斥,甚至引起贫穷和被排斥代际遗传。因此针对儿童的金融支持可以更有效地改善全社会的金融排斥。英国政府实行了一系列扶持儿童的创新性计划,旨在改善金融教育和促进积极的储蓄态度,帮助儿童储蓄,并保证所有不同家庭背景的儿童都有一定的资产。2005 年 4 月启动由财政出资的"儿童信托基金"

(Child Trust Fund)。此外，政府给 2002 年 8 月 31 日以后出生的儿童每人至少 250 英镑用于投资长期储蓄或者投资账户，其中低收入家庭儿童得到更多，等孩子满 7 岁时政府再给一笔钱。

穷人基金。由于低收入或者经济困难的群体没有基本的稳定收入，储蓄常常中断，并陷入贫困的恶性循环，为此英国政府向低收入者提供一个理想的储蓄起点实施"储蓄门户"(Saving Gateway)，即由政府出资在一定限额内为储蓄的钱给予资金支持，鼓励低收入人群进行储蓄，并提供适合不同个人的信息和教育，帮助个人作出基于自身信息的科学储蓄选择。这一措施有助于贫穷者积累资产，摆脱贫困的恶性循环。

危机基金。当弱势群体遭遇危机，通常只能借助高利贷获得资金帮助，从而使其经济基础遭受到毁灭式破坏。这些弱势群体通常是单身父母、年轻人和租房者。他们大部分是有抚养幼年子女责任、长期生病或者身体残疾的人群。因此英国政府通过社会基金为经济脆弱的人群在其危机时期提供捐赠和无息贷款（还款直接从福利中扣除）。近两年，英国政府对于社会基金进行了若干改革变化，包括提高社会基金申请人贷款的额度、降低贷款利率、简化无息贷款的申请程序和提高透明度，增加社会基金的资金量。

（二）政府与金融机构和社会组织合作

英国政府专门设立各类机构调查金融排斥。如劳动管理当局（Labour Goverment）组建了"社会排斥单位"（Soceial Exelusionunit），这个单位成立一系列的政策行动小组（Policy Action Teams），其中一个行动小组 PAI，就是专门调查英国金融排斥状况和致力于解决金融排斥问题的机构。通过这类组织，政府获得数据，寻求与金融部门的合作，期待能够改善金融排斥。这些组织有的与金融机构合作设立，有的与民间学术机构或者慈善机构等社会团体合作设立。比如 JRF 机构，是政府与学术界合作设立的研发机构，这个机构针对不同的被金融排斥的群体提出了不同的解决措施。2007 年，JRF 机构出版了《解决贫困和社会排斥》（*Monitorpoverty and Social Exelusion*）。JRF 还专门建立学术网站，学术交流非常活跃。官方的数据和学术界的理论研究的结合使改善金融排斥在英国进展较为顺利。无论在深度还是广度上，金融排斥的问题受到很多人的关注，使解决措施的实施得到很多支持。FSA 以及 PSE

都是具有官方性质的专门调查金融排斥的机构,提供了非常全面和详细的数据。通常这类机构是建立在合作伙伴关系的基础上。

(三) 政府促进邮政储蓄和信用社的发展

英国最严重的金融排斥群体都处于偏远地区或人口稀少地区。但是在这些地区建立金融网络的成本极高,通过设立商业银行进行网络覆盖是不可行的。因此英国政府以推动者、斡旋者以及监管者的身份促进当地邮政系统和信用社改革,加大其对当地金融的支持,努力拓宽金融服务通道。另外,专门设立协调邮政系统和信用社的中央服务中心,帮助这些网络庞大的贫民金融机构能够更好地服务于贫困地区。

(四) 加深金融包含

加深金融包含有利于遏制金融排斥的恶化,有利于金融包含效应扩散到被排斥群体。因此英国更加详细地调查金融包含群体的深度金融需求,如资金管理需求、金融信息需求和咨询等。这类需求有利于缩小供需缺口,有利于金融机构进行金融创新,进一步提高人们对金融包含的满足度,使其具有更强的能力帮助那些被金融系统排斥的群体。如通过促进一家之主的金融包含程度,可以改善家庭其他成员如家庭主妇的金融排斥状况。

三、日本金融排斥治理实践

日本金融排斥治理的主要特征突出地表现在对农业弱势群体金融排斥的治理方面。

(一) 政府财政大力支持治理农村金融排斥

日本政府非常重视对农村金融的政策支持,建立了农贷利息补贴制度对农村金融机构进行扶持,政策干预主要有吸收各银行的资金投入农业、对农协给予利息补贴和通过国家金融机构直接发放财政资金贷款等三种方式,对农村合作金融组织还给予存款利率和税收等方面的优惠,且对农协的分红不征税;另外,政府还给予农民农业保险补贴,补贴费用为农作物保险保费的50%—80%。在所有发达国家中,日本政府利用财政对农业的支持力度和保护程度是最高的。

(二) 建立多层次、多元化的农村金融体系

日本农村金融体系结构包括:政策性金融机构、农村民间合作金融体系、

民间农业金融组织、政府民间农业金融组织、农村合作金融以外的民间金融组织、农林渔业金融公库、中小企业金融公库、中央农林金库、都、道、府、县信用联合会、基层农协的信用组织、政府农业保险体系等。多层次、多元化的农村金融体系能够提高金融覆盖水平、扩大金融包含率;并且这些机构之间的竞争可以提升金融服务水平和管理水平。

(三)对农业保险发展的高度重视

日本的地理位置和气候条件都很特殊,自然灾害频发,农业生产经营活动对保险的需求十分强烈,而在市场条件下商业保险公司又无力承担农业保险的发展,因此,为了农业保险的发展,日本政府直接参与保险计划,并规定参与农业保险具有强制性,要求生产数量超过规定数额的农民必须参与农业保险。

农业保险是准公共物品,如果让农业保险在市场机制下自由交易,那么在市场价格条件下农业保险既缺乏有效需求,也缺乏有效供给。为了发挥农业保险支农的积极作用,日本政府直接进行参与农业保险发展计划,并强制农民进行参保以解决因信息不对称造成的逆向选择问题。日本政府在强制农民参保的同时对农民给予高额的保费补贴,使农民只需交纳少量费用就可以参保。

四、孟加拉国金融排斥治理实践

孟加拉国应该说是发展中国家金融排斥治理方面最有成效和最具特色的国家。所以,这里比较详尽地介绍其金融排斥治理实践。

孟加拉国与印度和缅甸接壤,面向孟加拉国湾,国土面积约为14.76万平方公里。孟加拉国是世界上最贫穷的国家之一,在贫困线以下生活的人口占到全国总人口的近一半。孟加拉国良好的自然条件为这个贫穷国家的农业发展提供了基础:孟加拉国属于亚热带海洋气候,有明显的雨季和旱季之分,这里是多种热带植物的天然种植园;孟加拉国境内纵横的河流湖泊为其提供了充足的水资源,适合其发展水产养殖业。孟加拉国的农业机械化发展较晚且比较落后,国内只有部分农业设备实现了机械化。孟加拉国是农业国家,农业劳动人口占其总人口的近三分之二,而农业产值占其国内总产值只有三分之一左右。虽然孟加拉国拥有发展农业的良好自然条件，但由于农业基础薄弱、生产效率低下和缺乏规划的国家发展等因素，孟加拉国的耕地面积急剧减少，农业生产受到严重影响。到20世纪末，国家粮食必须依靠进口才能满足国民的生活需要。而在这样一个贫穷的国家，小额信贷却非常活跃，孟加拉国的GB模式被国际上公认为是较为成功的一种扶贫模式。

孟加拉国的农村金融服务体系结构比较复杂，主要由正规金融、半正规金融和非正规金融三部分组成。

正规金融机构包括：（1）中央银行（孟加拉国银行），负责监管正规金融机构的运作；（2）农业发展银行（Bangladesh Krishi Bank）和 RKUB（Rajshahi Krishi Unnayan Bank）；（3）商业银行（主要包括3家国有商业银行Sonali、Janata、Aggrani）。

半正规和非正规的金融机构有许多，其中比较有代表性的是：

1. 乡村银行（GB）。1976年，孟加拉国吉大港大学经济学教授穆罕默德·尤努斯博士为了探讨穷人获取金融服务的途径，实施了向穷人发放无抵押贷款的实验项目，该项目被尤努斯博士命名为"乡村银行项目"。该项目试验结果非常成功。1983年10月，乡村银行项目正式成为一个独立的银行，即乡村银行。在乡村银行成立之初，其原始股份的60%由政府提供，其余40%股份由借贷者提供。经过20多年发展之后，政府股份占比已不到6%，其余均由借贷人持有。乡村银行的资金来源主要由成员存款、自有资金、借款和其他来源等组成。乡村银行的业务包括一般贷款、住房贷款、小企业贷款、教育贷款和人寿保险等，其要求借款人必须加入小组，由组员相互担保进行无抵押贷款，一般贷款利率较低、贷款期限较短且可以分期偿还。孟加拉国的小额信贷对象主要是贫困地区的贫困妇女，其原因主要有：（1）妇女大多善于理财，具有勤俭持家的美德；（2）妇女主要将其收入用于衣食、教育和住房等，这些投入有利于穷人的健康和福利发展；（3）妇女一般具有强烈的自尊心和责任感。

2. 农村就业支持基金会（FKSF）。农村就业支持基金会成立于1960年，是由孟加拉国政府出资建立的，也是孟加拉国唯一的一家小额信贷资金批发机构。FKSF不直接向穷人发放贷款，它主要以向合作伙伴提供资金的方式帮扶贫困人口,还注重协助合作伙伴加强机构建设。FKSF 的管理机构是由机构成员组成,负责机构的具体业务管理。机构成员均是著名的扶贫人士,穆罕默德·尤努斯博士也是 FKSF 管理机构的成员之一。FKSF 的合作伙伴范围比较广,有政府机构、非政府机构、地方政府机构和自愿机构等。按照其经营范围也可以分为全国性机构和地方性机构。FKSF 会对想要成为其合作伙伴的机构进行经营业务、业绩、管理体制、财务报表、人力资源和工作区域等进行评估。评估达标的准许其成为合作伙伴,对于没有达标但条件尚可的机构会准许其成为准会员,同时对其进行培训以帮助这些机构达标。

3. 孟加拉国农村进步委员会(BRAC)。孟加拉国农村进步委员会成立于 1972 年,最初只是减灾组织。20 世纪 80 年代后期,BRAC 的工作重心转移为扶贫方面,孟加拉国的贫困人口,尤其是日收入不足 1 美元的贫困人口和妇女是其主要的扶贫对象。现如今,孟加拉国农村进步委员会是孟加拉国最大的一家全国性的非政府组织。

孟加拉国农村进步委员会基层机构的经营模式与乡村银行类似,主要是通过信贷小组发放和管理贷款。但不同的是,BRAC 以小额信贷为工具,将卫生、教育和经济等不同领域的项目结合起来,为农民提供资金和培训等全方位服务,以便帮助农民利用好贷款改善其经济状况。BRAC 提供的服务有:(1)创建安全网络,首先确保参与者的生存问题,再实施小额贷款救助计划,主要帮扶对象是贫困妇女;(2)BRAC 为参与者提供各种免费创收培训,例如种植、养殖和编织等;(3)BRAC 为参与者中的赤贫妇女提供收费低廉的公共医疗服务。

孟加拉国在金融排斥治理方面的实践主要有以下几个方面:

(一)创新金融产品开发

孟加拉国是世界上最贫穷的国家之一,近一半的人口生活在贫困线以下,农民极难从正规金融机构获取贷款服务。经济学教授尤努斯博士积极探寻,开发实施了一个向穷人发放无抵押贷款(即小额信贷)的实验项目,成功探索出一条穷人进入金融系统的道路。1776 年,该项目只在一个小村庄进行实验,1983 年,成立了乡村银行,到 2006 年 4 月,乡村银行拥有 2014 个分支机构,业务几乎涵盖了孟加拉国的所有村庄。同时,为了减少小额信贷的风险,减轻借款人的还款压力,积极创新出小额贷款分期还贷的经营模式,其贷款的回收率高达98.41%。这种小额信贷产品模式的成功开发,不仅帮助乡村银行取得了快速发展,有效破解了孟加拉国农村地区的金融排斥难题,而且还取得了积极的社会作用,激励了众多致力于通过金融途径解决贫困问题的机构。尤努斯博士也由于该项目的成功获得了诺贝尔奖。

(二)加强农民金融知识教育

孟加拉国农村地区居民多数生活比较贫困,受教育的程度较低。因而,农民对金融知识知之甚少,不懂得如何更好的利用贷款以改善自己的生活。孟加拉国的农村金融机构,尤其是 BRAC,在向农民提供贷款的同时还对其进行全方位的培训,以帮助农民更好地利用贷款。这种方式在解决农民金融知识匮乏,缺少金融产品认知方面发挥了重要作用。也正是由于这种金融知识教育,孟加拉国农村地区居民的金融知识相对丰富了,利用贷款的效率提高了,而发放贷款的金融机构也因此降低了贷款的坏账率。

第二节 中国金融排斥治理实践发展

不同国家的金融排斥的性质、种类和发生机制不同,因此各个国家解决各自的金融排斥的手段也不同。上述介绍的典型经济体对金融排斥的治理实践也各具特色。欧美国家的金融排斥主要是功能性的金融排斥。功能性的金融排斥是功能性的社会排斥在金融领域方面的体现。功能性的社会排斥是指被排斥的个体、群体或者组织由于自身功能上的欠缺而处于一种被排斥的状态,如一些残疾人、文化低的人、退休者等一些社会弱势群体。而发展中国家的金融排斥主要体现为结构性金融排斥,是一种客观、隐性和被动的金融排斥。排斥主体通常没有意识到自己被金融系统排斥,同时会对自己现存的生活方式、价值观念予以合理化认同,认为自身的处境是由命运决定的。

国内对于治理金融排斥研究方面的结论大致包括以下几方面的内容:在解决农村金融排斥问题上,首先应加快新型农村金融机构的发展。我国农村已经建立了一些金融服务机构,但农村金融机构种类和数量仍偏少,农信社处于垄断地位,农村金融机构经营模式落后,应在经济落后、自然关系仍占很大比重的农村地区引入具有金融包容性(financial inclusion)的金融中介,因地制宜地调整农村网点布局,在政策性银行、农村信用社、商业银行、邮政储蓄及农村金融合作组织等更广的范围内对农村金融组织进行重新构建,加快农村信用社改革和创新步伐,提高其金融服务水平;推动商业银行改进对农村经济的服务,协调四大国有商业银行与农村信用社的合作,加强农村金融产品的创新,尽快建立多层次、多形式、功能完善、运转高效、安全的现代农村金融体系。第二,政府应进行干预。由于金融排斥是一种市场失灵问题,因此,政府应对金融排斥问题有正确的认识,并对其进行调控,引导县域金融机构资金回流农村,为支农金融机构提供优惠政策等;通过政府介入,帮助农民走出金融排斥的恶性循环,实现农村经济的可持续发展。第三,加强对农民的金融教育。金融知识的贫乏是造成金融自我排斥的重要原因之一,正是农村独立金融人格的缺乏和创新意识较弱,导致其反学习性,影响了金融产品的推广。政府应鼓励农村金融机构通过培训、宣传、咨询等方式向农民普及金融知识,强化农民的金融意识,培养农民的独立金融人格。在解决区域金融排斥问题方面,除了与解决农村金融排斥问题相似的发展微观金融、加强政府规管、加强对弱势群体的金融教育之外,利率市场化的深化使资金逐利性的特点更加明显,从而加重了地区性的金融排斥,因此,应该稳步推进利率市场化进程,同时加强监管。此外,完善我国征信体系也是重要的措施之一。弱势群体往往缺乏信用记录,这无疑限制了其获取金融产品,我国征信系统的不完善和个人征信记录的缺失是金融系统当前存在较严重的评估排斥和条件排斥的主要原因。

我国政府对金融排斥的认识经历了一个逐步深入的过程,结合国际经验和我国国情,在金融排斥的治理实践方面也独具特色。

一、我国政府致力于改善社会排斥

因为金融排斥既是社会排斥的子集,又和社会排斥互为因果,因此在努力改善金融排斥的同时必须同步解决社会排斥,这样可以达到事半功倍的效果,也会巩固既得的进步。社会排斥从影响人们社会领域的层次可以分为经济排斥、政治社会排斥、文化排斥以及体制排斥。而金融排斥仅仅是经济排斥的一个子集。因此要有效地改善金融排斥，应当在非金融的经济领域上改善社会排斥，同时促进政治和文化的社会包容。只有改善社会排斥，才能从根本上解决金融排斥，使得改善金融排斥的所有措施具有经济基础。政治排斥是指人们参与政治时的权利不足或者被剥夺。我国宪法规定了公民享有平等的选举权和被选举权等政治权利，但是实践上很多弱势群体由于自身的缺陷而无法恰当有效地行使政治权利，遭受到了功能性政治排斥。因此我国政府致力于改善弱势群体的政治权利行使的环境，能够促进和激励他们更好地行使政治权利，充分地表达自身的政治思想。如在乡镇以下人民代表选举地方人大常委，应当鼓励或者组织村民候选人充分接触选民尤其是弱势群体，听取他们的意见和建议，同时表达候选人自身的政治意愿和当选优势，让选民能够在拥有充分信息的基础上作出有效的选举。而文化排斥是指普通群体以自己或者自己所归属的群体的标准来衡量其他人群，同时在公认的社会准则中对这类群体进行金融排斥。这种排斥更加深远，影响后果更加严重。比如城市人口由于所处环境的优越性会对进城务工的农民工存在偏见，认为农民工素质较低，是造成城市社会治安不好的主要因素。这种排斥主要是来自于偏见，因此我国政府创造了很多机会加强城乡之间的了解和沟通，消除城市人口对农民工的偏见。此外，中国的弱势群体还遭受体制排斥，主要有：教育、医疗、住房和养老。这四大问题不仅困扰着中国的农民，也令城镇的弱势群体头痛。这方面的社会排斥本质上是引起弱势群体生活贫困的根本原因。因为无法获得教育，使贫困代际遗传。由于缺乏医疗保障，大疾病就可能导致弱势群体陷入绝境，无力自我脱贫。而学无所学、病无所医、居无其所、老无所养会导致弱势群体产生极度的不安全感，并且相信完全是命运决定的而无法改变，这种潜在心理暗示会使这类群体对自己较艰难的生活方式、价值观念和行为模式进行合理化。因此，他们可能无法感觉到自己是受到社会排斥的。这种排斥实质上是客观的、隐性的社会排斥。我国政府近年来树立了科学发展观，强调了共建和谐社会，特别注重发展民生项目等等都是致力于治理社会排斥。

二、我国政府对弱势金融群体的支持

由于弱势金融群体具有规模小、效益低、货币收入不确定等特点而得不到商业性金融机构的扶持，从上述各国经验看，对弱势群体的金融扶持方式，一般有政府直接参与型和政策引导型两种。其中，政府直接参与型主要是政府设立政策性金融机构，直接向弱势产业和落后地区注入信贷资金；政策引导型则是政府通过制定优惠政策，引导市场力量加大对这些领域的投入。我国对弱势金融群体的扶持资金大部分来源于资金有限的政策性金融机构，扶持力度受限。为了拓宽弱势金融的资金扶持来源，也多方调动了一些正规金融机构参与弱势金融的扶持，对在特殊情况下某些暂无经济来源的弱势群体给予一定时期非营利性的资金融通。例如对家庭经济困难的学生开展助学贷款计划。另一方面，政府通过优惠政策和强制措施鼓励商业性金融机构对弱势群体的支持，如《关于调整放宽农村地区银行业金融机构准入政策更好支持社会主义新农村建设的若干意见》。该政策的鼓励机制为：股份制商业银行和城市商业银行在农村地区设立分支机构且开展实质性贷款活动的，不占用其年度分支机构设置规划指标，可同时在发达地区优先增设分支机构；强制机制为：国有商业银行、股份制商业银行、城市商业银行在大中城市新设立分支机构的，原则上应在新设立机构所在地辖区内的县（市）、乡（镇）或者行政村也相应设立分支机构。这两个机制有效地改善了欠发达地区金融网络不发达的状况，但由于缺乏配套政策，其作用没有得到深化。

三、普及金融知识和消除信息差距

技术进步、金融机构风险管理水平的提高以及金融产品的日益复杂，导致了缺乏金融知识的人很容易被主流金融排斥在外。而信息差距则指金融主体在信息基础设施状况、信息资源开发及配置应用方面和信息知识方面存在的差距。我国金融知识和信息的差距非常突出，尤其是在城乡之间，很多农村被信息化革命边缘化了，成为了新世纪的知识贫困和信息贫困人口，进一步恶化了其金融排斥的状况。信息技术与金融知识的普及具有明显的外溢性，能够帮助落后地区与弱势群体充分利用这个外部性带来一次跨越式的发展机会，帮助缩小与普通居民金融包含水平的差距。特别是使贫困人口能够获得包括基本的公用电话服务、移动电话或部分地区的网络服务,能够降低他们获得外部知识和信息的成本,进而获得更多发展的机会。我国部分地区的农村已经开始普及网络,通过网络教育帮助农民获得卫生健康、农业技术知识、金融基础知识和劳动力市场等信息,提高其收入,改善社会排斥,从而改善金融排斥。

四、我国现行的小额信贷现状

我国小额信贷最早起步于1993年的易县信贷扶贫合作社,有关政府部门也认识到小额信贷扶贫能够起到有效作用,经过十几年的发展之后,我国的小额信贷主要是以孟加拉国模式为蓝本,以扶贫式的小额信贷为主。目前,我国小额信贷的发展制度正在从扶贫方式逐步向制度创新和组织创新方面转变。自2005年以来,商业性的小额贷款公司在山西、四川、贵州、陕西、内蒙古5个省内开始试点,可以说从2005年之后,我国已经开始逐步探索商业化的小额信贷机制,2008年5月,由银监会和中国人民银行共同签发的《小额贷款公司试点指导意见》标志着我国小额信贷已经逐步向商业化、多元化转变。我国的小额贷款方式也有很多形式,归纳起来有五种:

一是由农村信用社向农户或其他需求主体发放的小额信用贷款和联保贷款,前者可以说是直接对需求方的以往信用进行评估,然后以"一次授信、循环使用"的方式提供贷款,而后者主要是像孟加拉国乡村银行学习的农户联保小组,通过3—5家农户自愿组成小组,然后由农村信用社向其发放贷款。由于农村信用社是我国农村正规金融中的主力军,因此这一类的小额信贷服务也是中国农村小额信贷服务最重要的组成部分。

二是由一些新型的农村金融机构,如小额信贷公司、村镇银行等金融服务供给主体提供的小额贷款服务。

三是由政府主导、金融机构自愿参与提供给贫困农户的特殊政策性的小额扶贫贷款,这种形式中,金融机构向农户提供贷款的同时能够从政府财政方面得到一定的补贴。

四是由邮政储蓄银行推出的存单小额质押贷款,由于邮政储蓄银行的网点有60%以上是分布在县及县以下的农村地区,可以说,拥有非常贴近农村市场的金融服务网络，在了解农户信息方面具有较大优势，能够有效地减少信息不对称的问题。

五是由那些受国际组织援助的公益性机构提供的小额信贷项目，这一部分的小额信贷服务主要是以扶贫为目标，但是由于其资金来源有限，规模较小。

除以上五种形式外，当然还有一些其他形式的小额信贷，供给主体甚至包括了外资银行，如渣打银行推出的"现贷派"业务，在不需要提供担保和质押，凭借个人信用即可获得6个月至4年的商业贷款，贷款额度从8000至30万人民币，但是由于其服务的对象主要是一些发达城市，如北京、上海、广州和深圳具有稳定职业的居民，对于被金融抑制在外的需求主体而言，并没有很大意义，故在此不作赘述。值得一提的是小额信贷公司，作为新型的金融服务提供者，在2008年之后获得了较快发展，小额贷款公司的业务范围仅限于办理各项小额贷款而且不得进行任何形式的吸收公众存款和集资活动。同时小额贷款公司必须坚持"小额、分散"的原则，向同一个贷款人提供贷款的数额不得超过小额贷款公司资本净额的5%；在利率方面，小额贷款公司的利率上限放开，但利率下限为中国人民银行贷款基准利率的0.9倍。不仅如此，小额贷款公司除了小额贷款业务之外，不得从事任何其他的经营业务，也不得对外投资。经过十多年的试点和推广，我国农村小额信贷有了很大的发展。据中国银监会的初步统计，截至2008年12月，"仅全国农村合作金融机构的农户贷款余额已经达到12260亿元。其中，农户小额信用贷款2038亿元，农户联保贷款余额达到1351亿元，获得贷款的农户达到7742万户，占全国农户总数的6%，占有合理需求并符合贷款条件农户数的近60%，受惠农民超过3亿"。但是，总体来说，我国小额信贷的发展还只是初步阶段，要真正使其成为农村经济"输血机"的农村金融机制之一，还任重而道远。

五、构建完善的竞争性农村金融体系

目前我国的农村金融体系经过多年的发展，已经得到了迅速的发展，以政策性金融为领导，商业金融和合作金融的体系已经基本完成了农村金融体系内的结构分工，但是，我国农村真正需要的不仅是分工完善，更需要的是功能完善的金融环境，只有这样，才能够进一步促进农村经济的发展，从需求的角度出发，要满足多样化多层次的农村金融需求，必须要建立竞争性金融秩序。竞争具有一个非常重要的功能，即提高效率。金融机构之间相互竞争，可以促使其更好地利用局部知识，降低服务成本。无论是正规金融之间的竞争，还是正规金融和民间金融之间的竞争都至关重要。同时对于民间金融，我们并不应该用行政或者是法律的手段强制禁止其存在，相反，在我国经济发展过程中，民间金融为农村地区的经济发展提供了不少资金支持，民间金融的存在也可以从侧面证明正规金融供给不足，与其"一刀切"地禁止其存在，不如逐步将一些成熟的民间金融纳入正规金融体系，降低农村金融的准入条件，一方面降低了管制成本，另一方面又能够为农村金融市场引入竞争，通过引入不同的金融组织和活动来促进农村金融市场的竞争，建立一个竞争性的金融市场。竞争性的农村金融体系能够为金融弱势群体的服务主体提供一个相互促进、相互激励的外部环境。20世纪90年代，东南亚的金融危机和近期的金融危机，揭示出市场机制同样会出现失灵，因此，在农村金融市场上仍然需要政府干预来弥补市场失效，政府不能够取代市场竞争，而应该利用政府的特殊地位对市场进行补充。在一个竞争性的金融体系中，仍然有一部分是由市场机制所不能解决的，我国政府通过政策融资工具，例如财政补贴、政府参与担保、对小额信贷机构运营的政策支持等方面起到辅助作用，帮助提供小额信贷公司在财务上实现可持续经营，从而提高了农村的金融排斥治理效率。

六、推进因地制宜的金融服务结构调整

目前我国在治理金融排斥的产品结构方面还有进一步改善的空间。从对象来看，金融弱势群体并不只局限于贫困的人群，一些需要资金的中小型企业、个体经营的小商户、小型的农村加工企业等都可以成为金融需求的弱势服务对象。从治理金融排斥的金融产品用途来看，不仅应该支持传统农业，也应该拓宽至各种小企业产品的生产、加工、运输、流通等各个环节的融资，既应该提供用于满足生产性需求的融资服务，又应该提供一些能够满足个体生活消费方面的融资需求。在我国，发展最快的治理金融排斥产品当属小额信贷，对于小额信贷的贷款额度来看，我国农村地区的经济发展水平并不均衡，有些乡村经济水平较高，对于贷款资金的额度，各个地区有不同的要求，因此，提供小额信贷服务的金融机构被要求根据各地农村地区的经济发展水平、借款人的借款需求、偿还能力、信用水平来确定农村小额信贷额度，坚持因时而变、因地制宜，只有这样才能够适应社会主义新农村建设过程中对于金融服务的新要求。2013年7月20日，我国全面放开了金融机构贷款利率管制，特别规定对农村信用社贷款利率不再设立上限，使得在不同的地区，提供小额信贷服务的金融机构可以通过内部的授权制度，通过对金融机构的分支机构，如营业网点的授权，在掌握借款人信息的前提下，在一定浮动范围内有一定的定价能力，从而在更好地提供小额信贷服务的同时，改善小额信贷项目的财务可持续性问题。除此以外，在确保审核信息真实性的情况下，通过简化小额信贷手续、缩短贷款审查周期等便民服务、提高金融机构服务人员综合素质等均有助于发展治理金融排斥方面产品结构的调整。

七、推动农业风险分担机制发展

我国农村金融市场上缺乏强有力的农业风险保障机制，导致农村保险业务和信贷担保类的产品创新缺乏动力，缺乏有效的保险机制，从一个侧面也加深了农村地区的金融排斥。为了有效分担农业金融市场的风险，建立一个农业金融风险补偿机制刻不容缓。我国农业保险的开展，可以说存在一定的历史性倒退，曾经出现的商业性农村保险也已经由于风险等各种原因陆续停办，目前主要是依靠国家的政策性保险来维持。连续多年的中央一号文件中也不断强调农业保险工作，加快政策性农业保险的发展，扩大保险范围，增加农业保险险种，从而扩大农业保险的覆盖面，让更多的农村经营者在农业保险中获得保障。在农村经营者的可持续经营得到保障的前提下，促进农村经济的发展，也反向为农村金融提供一个良好的经营环境。同时农业保险也为那些向农村经营者提供服务的金融机构提供一定的保障，农户生产经营有一定的保险保障，其还款能力也将有所提高，降低了农村信贷服务的违约率，可以促使金融机构信贷良性循环，营造良好的金融服务环境，从而吸引更多的资本进入农村市场。

第三节 云南民族自治地方金融排斥的治理路径

金融排斥影响着地区的经济和社会结构，从以上云南民族自治地方金融排斥评价和金融排斥效应分析，我们可以清楚地看到：云南民族自治地方的金融排斥与其社会排斥交融，进一步加深了其社会排斥程度，从而深刻地影响着这些地区的社会关系和社会稳定。如果不能遏制金融排斥态势的发展，对其实行有效的治理，不仅会直接影响云南民族自治地方的经济、金融发展，也会影响其社会发展和全国的稳定。

金融排斥表现在多个层面，金融排斥的性质、种类和发生机制不同，另外，民族特质深刻影响着云南民族自治地方的金融环境和金融政策，由此其金融排斥及其效应也有其特殊性，所以我们在研究这些地方的金融排斥治理路径时，也必须根据云南民族自治地方的金融排斥特征，更多地从其自身社会经济、金融发展实际情况出发，在大的层面上同时从金融体系的供给方、需求方、行政力量三个方面对金融排斥进行治理。

一、金融排斥治理路径：金融服务供给

云南民族自治地方金融服务的供给方主要包括：中国工商银行、建设银行、中国银行和中国农业银行四大国有银行以及城市商业银行、邮政储蓄银行；属于农村地区主力军的农村信用合作社、村镇银行以及农村资金互助社；政策性银行的中国农业发展银行等。

云南民族自治地方多是分布在经济落后、自然关系仍占很大比重的农村地区，这些地区虽然已经建立了一些金融服务机构，但其金融机构种类和数量仍偏少，农信社处于垄断地位，金融机构经营模式落后。虽然近年来这些地区加大了金融体制的改革力度，但其遵循传统思路采取的改革措施只是着力于金融机构的存在形态，金融改革的思路主要着眼于农业发展银行、农业银行和农村信用社这些机构的分分合合、框架体系，所以效果仍不明显，总体来看，云南民族自治地方的金融服务供给力量很薄弱。这正是形成这些

地区金融排斥的主要原因。未来云南民族自治地方金融排斥的治理应从单纯地注重机构变革的思路向提高金融服务供给方整体功能和服务水平转变。将治理的重心从微观层次的金融机构"改革"转向宏观层次的金融体系"发展",在一些较落后的云南民族自治地方引入具有金融包容性(financial inclusion)的金融中介,因地制宜地调整金融供给方的网点布局,在政策性银行、农村信用社、商业银行、邮政储蓄及农村金融合作组织等更广的范围内对云南民族自治地方的金融服务供给组织进行重新构建,加快农村信用社改革和创新步伐,提高其金融服务水平;推动商业银行改进对农村经济的服务,协调四大国有商业银行与农村信用社的合作,加强云南民族自治地方金融产品的创新,尽快建立多层次、多形式、功能完善、运转高效、安全的现代金融服务供给体系。

随着国有企业改革的深入,四家国有银行遵循市场化和商业化的改制政策,一方面,大量收缩云南民族自治地方的经营机构,地理排斥加剧;另一方面,为这些地区提供的信贷资金不与其吸收的存款相匹配,表现为严重的营销排斥。上市后的中国农业银行虽然把县域经济作为发展的区域战略,但是,县域经济的指向并不等同于低收入群体,其条件排斥、评估排斥和价格排斥依然严重。而作为政策性银行的中国农业发展银行基于自身的定位没有为多数弱势个体提供零售金融业务。而国际趋势在解决地区金融排斥方面,对商业银行遵从市场化、商业化和国际化的战略的同时特别强调其应尽的社会责任,比如德国储蓄银行实行的非营利性和地区取向政策;英国通过法律对商业银行的社会责任给予明确的定位,强制要求商业银行特别关注弱势群体。如果由银行为这些弱势群体提供银行服务,就可能得到这些消费者的忠诚度和信赖,有利于塑造良好的社会责任形象,有利于开拓市场。美国国会7次修订1977年制定的《社区再投资法》来规定商业银行的社会责任。[①] 中国《商业银行法》没有对社会责任作出明确的规定,尽管《公司法》第五条要求公司要履行社会责任,但是缺乏相应的实施机制和保障措施。所以,我国

---

① Jonathan R. Macey and Geoffrey P. Miller, "The Community Reinvestment Act: An Economic Analysis", *Virginia Law Review*, Vol. 79, No. 2, 1993, pp. 318 – 337.

商业银行在解决边疆民族地区金融排斥问题上还有很大的改进空间。

我国合作金融事业最初分为城市信用合作社和农村信用合作社。城市信用合作社已经转制为城市商业银行。而农村信用合作社则处于持续性的改革之中。农村信用合作社一直被政府部门视为边疆民族地区金融供给的主力军，承担着支撑农业发展、农村建设和农民增收的政策性使命。但是，从目前的制度环境来看，农村信用合作社与金融监管部门和地方政府之间的关系不稳定和模糊化，在相关利益主体之间的博弈中，农村信用合作社一直处于弱势地位，甚至被忽视。从社员权利的角度而言，农村信用合作社一直轻视社员民主参与的作用，农村信用合作社成为内部控制人的组织，商业化、非农化倾向非常严重。同时，农村信用合作社丧失合作制的制度轨迹决定了恢复合作制的成本极其巨大，政府部门、农村信用合作社及其内部控制人都不可能选择实施合作制。在实践中，地方政府推进农村信用合作社改革进程中，合作制实际上已经被抛弃了。作为正规合作金融的农村信用合作社已经异化为商业金融组织。所以在对农村信用合作社的金融排斥治理方面，源头还是要使其恢复其合作制属性，才能使之真正成为边疆民族地区人民自己的银行。

中国银监会于2006年年底推行的农村金融新政试图以村镇银行等新型农村金融机构的增量改革加快促进农村信用合作社的存量改革。村镇银行至2009年12月31日，共有148家注册成立，经营性网点193个。[①] 但是，中国银监会发布的《村镇银行管理暂行规定》第25条限定了村镇银行最大的股东或者唯一股东必须是银行业金融机构的制度设计使民间资本失去了参与村镇银行的机会。在现行制度框架下，民间资本无法大规模地通过参股村镇银行的方式为当地的金融需求者提供信贷资金。另外，村镇银行在所有权结构上是投资者所有的金融中介，以谋取投资者利益最大化的方式而存在。这就导致村镇银行虽然是在云南民族自治地方设立的，但其嫌贫爱富的资本属性无法为这些地区的低收入群体提供充足的金融服务。[②] 许多村镇银行一味与当

---

① 陈志武：《陈志武说中国经济》，山西经济出版社2010年版，第128页。
② 刘杰：《村镇银行"厌农""弃农"让人忧》，载《中国社会科学报》2010年2月4日，第3版。

地农信社、农业银行争夺优势客户资源，对需要扶持的弱势群体完全缺乏兴趣。因此，要使村镇银行从根本上解决云南民族自治地方的金融排斥的问题，必须在固定设置和治理结构方面作制度设计调整。

国际合作金融发展的实践证实，低收入群体是合作金融制度存在的基础。云南民族自治地方存在着弱势群体，就有可能存在合作金融制度。① 中国银监会于2006年年底出台的农村金融新政中设计了农村资金互助社这一新型合作金融组织。相比较国外合作金融组织的发展程度，中国农村资金互助社尚处于初创阶段。因此，我国农村资金互助社应当在我国低收入群体金融需求的基础上进行制度创新。

农村资金互助社制度创新应当注重三个因素的影响，第一个因素是国际合作金融的发展趋势。② 德国合作金融发展的实践已经有150年的历史，法国、爱尔兰、印度、美国、加拿大等发达国家和发展中国家的合作金融法律制度也为中国提供了参照系。现代国际合作金融发展的实践已经突破了传统意义上的合作制原则，显现出合作金融的异化，具体体现为：其一，社员享有的一人一票的投票权得到了变通。合作金融组织是建立在一人一票的民主机制基础上的。部分国家和地区的合作金融立法在社员一人一票的基础上，根据社员对合作金融组织的交易量或者参与程度赋予社员多个投票权，即一人可以享有多个投票权；其二，合作金融组织扩大了交易对象的范围。经典意义上的合作社是以社员作为服务对象的，但部分国家和地区的合作金融组织已经吸收非社员的存款，为非社员提供存款服务。而德国和芬兰的合作社立法甚至为非社员提供信贷资金服务，在获得金融服务方面，非社员和社员之间已经没有任何实质性区别；其三，合作金融组织引入了资本市场的融资技术。传统意义上的合作金融组织主要以社员股金和提取的准备金作为资本基础。而现代部分国家和地区的合作金融立法允许合作金融组织发行投资股、

---

① Joseph Hanlon, Armando Barrientos and David Hulme, *Just Give Money to the Poor*, Kumarian Press, An Imprint of Stylus Publishing, 2010.

② 中国人民银行农村金融服务小组：《中国农村金融服务报告2010》，中国金融出版社2011年版，第5页。

优先股和次级债以解决资金不足的问题。这些新型的融资技术对合作金融组织的治理机制产生一定程度上的影响；其四，合作金融组织向社员分配利润形式的多元化。传统合作金融组织在提取各类准备金后按照社员与合作社的交易量或惠顾比例将其他利润返还给社员。① 而现代合作金融组织为了吸取社员出资解决融资问题而向社员股金支付利息。当然，社员的股息受到合作金融法的规制。我国现行农村资金互助社的制度设计也存在着上述异化问题。

第二个因素是农民专业互助社立法的影响。《农民专业合作社法》没有明确规定农民可以设立农村合作金融组织。但全国人大农业和农村委员会在《关于提请审议〈中华人民共和国农民专业合作经济组织法（草案）〉的议案》中明确地指出，该法的调整范围不包括农村集体经济组织和农村合作金融组织。然而，《农民专业合作社法》所调整的实体经济行为离不开金融服务的支持。《农民专业合作社法》第55条设计的由政策性金融机构和商业性金融机构为农民专业合作社提供金融服务的制度目的并没有得到有效的实现，农民专业合作社及其社员资金短缺仍是一个问题没有得到有效的解决。鉴于此，中国银监会和农业部于2009年2月5日发布了《关于做好农民专业合作社金融服务工作的意见》，首次在金融政策上提出在农民专业合作社的基础上开展组建农村资金互助社，以互助和合作的方式解决信贷资金融通的问题。在实践中，我国农村资金互助社相当一部分是在农民专业合作社的基础上成立的。农村资金互助社的社员源自某一家或者几家农民专业合作社的社员。在这种情况下，农村资金互助社社员权利保护法律制度的改进和完善必须考虑农民专业合作社立法的设计。值得注意的是，我国《农民专业合作社法》存在着许多制度设计的缺陷，部分法律规则已经背离了社员互助和合作的原则。

第三个因素是政府因素。在合作金融发展至今的150年的历程中，政府部门直接或者间接地参与了合作金融组织的经营管理活动。从某种意义上说，合作金融组织的产生和发展是政府公共政策影响的产物。合作金融组织实质

---

① 李昌平：《农村亟需社区农民互助（合作）金融组织》，载《中国社会科学报》2010年5月27日，第16版。

上是政府设立的提供金融公共产品的公有制金融组织的替代性机制。尤其是在中国的制度环境下，没有政府的支持便寸步难行，几乎等于是被排挤。然而，合作金融组织政治因素的影响是一把双刃剑，既有可能为合作金融组织的发展提供优惠的政策环境，也有可能为合作金融组织的发展设置障碍。我国农村信用合作社制度的陨落就是政府部门不当干预的结果。政治因素对社员权利的影响有内部和外部两个维度。中央政府或者地方政府以社员的资格直接出资加入合作金融组织是内部性影响的方式。在这种情况下，政府部门行使社员的权利。但是，政府社员与普通社员的利益诉求并不一致，因此，合作金融立法中如何确定政府社员的权利直接影响着普通社员权利的实现。另外，政府部门基于政治利益的考虑往往会控制合作金融组织的管理人员成为内部控制人，这对社员权利的保护是一个侵害。而政府部门为合作金融组织提供税收优惠和反垄断豁免则是对合作金融组织的外部影响，以确立和保障作为低收入社员的互助原则。由此可见，政府部门和合作金融组织的利益是始终交织在一起的，直接影响社员权利的保护。

二、金融排斥治理路径：金融服务需求

云南民族自治地方的民族认同感有时会在边疆民族地区的某些群体出现异化，比如将自己认同为社会弱势群体或者被金融排斥歧视群体，那么金融排斥群体的意志就会顺利地植入群体的意识中。在个体不自知的自觉状态下顺利完成从外物到内化的转变。这是一种典型的结构性金融排斥，即是一种客观、隐性和被动的金融排斥。排斥主体通常没有意识到自己被金融系统排斥，同时会对自己现存的生活方式、价值观念予以合理化认同，认为自身的处境是由命运决定的。因此，我国边疆民族地区的金融排斥从金融服务需求方的角度显现出显著的自我排斥。对这种自我排斥的治理就要与社会排斥治理一起，强化民族地区正向的群体意识，提高其金融需求的门槛能力（指要获得最基础的金融产品所具备的最低要求，包括最低的收入水平、最基本的政治保障、最基础的金融知识）。一旦具备门槛能力，这些地区的弱势群体将具很强大的潜在的自我更新能力，能够按照自己的意愿进一步改善金融排斥，获得更加高水平的金融服务。

技术进步、金融机构风险管理水平的提高以及金融产品的日益复杂，导致了缺乏金融知识的人很容易被主流金融排斥在外。而信息差距则指金融主体在信息基础设施状况、信息资源开发及配置应用方面和信息知识方面存在的差距。我国金融知识和信息的差距非常突出，尤其是在云南民族自治地方，知识贫困和信息贫困人口较多，进一步恶化了其金融排斥的状况。信息技术与金融知识的普及具有明显的外溢性，能够帮助落后地区与弱势群体充分利用这个外部性带来一次跨越式的发展机会，帮助缩小与普通居民金融包含水平的差距。特别是使贫困人口能够获得包括基本的公用电话服务、移动电话或部分地区的网络服务，能够降低他们获得外部知识和信息的成本，进而获得更多发展的机会。我国部分边疆民族地区已经开始普及网络，通过网络教育帮助农民获得一些包括卫生健康、农业技术知识、金融基础知识和劳动力市场的信息，提高其收入，改善社会排斥，从而改善金融排斥。同时，对云南民族自治地方金融需求方的金融排斥治理应鼓励金融机构通过培训、宣传、咨询等方式向金融弱势群体普及金融知识，强化其金融意识，培养其独立金融人格。

三、金融排斥治理路径：行政力量

金融排斥是一种市场失灵问题，因此，行政力量应该适当介入对其进行治理。

我国金融监管部门注重边疆民族地区弱势群体金融排斥问题的解决，但在解决机制上偏重于城市资本下乡的路径，轻视根源于低收入群体自发行动的合作金融组织的制度功能。所以，从金融监管方面对金融排斥的治理应该提高监管水平，使得银监、证监、保监和其他监管当局能够协调，提高信息共享程度，加强对边疆民族地区金融机构的合规建设和合规管理，推行低门槛和严监管的监管文化，同时从资本充足率、资产损失准备充足率、贷款集中和资产流动性等方面实施审慎监管；发挥云南民族自治地方金融机构的自律监管作用，增强农村合作金融的内部控制力；进一步完善农村金融的法制建设，加快农村合作金融法律法规的制定，改变无法可依的状况；充分发挥农村新兴金融机构的低成本、人缘地缘、灵活便捷、集中经营和体制上的优势为弱势群体提供金融服务；继续深化邮政储蓄银行改革，依托邮政网络，按照现代商业银行公司治理和管理体制，建立严格的内部控制和风险管理体系，实行市场化经营管理。

改善社会排斥也必须依靠行政力量。社会排斥从影响人们社会领域的层次可以分为经济排斥、政治社会排斥、文化排斥以及体制排斥。而金融排斥仅仅是经济排斥的一个子集。因此要有效地改善金融排斥，应当在非金融的经济领域改善社会排斥，同时促进政治和文化的社会包容。只有改善社会排斥，才能从根本上解决金融排斥，使得改善金融排斥的所有措施具有经济基础。政治排斥是指人们参与政治时的权利不足或者被剥夺。尽管中国宪法规定了公民享有平等的选举权和被选举权等政治权利，但是实践上很多弱势群体由于自身的缺陷而无法恰当有效地行使政治权利，遭受到了功能性政治排斥。因此，改善边疆民族地区弱势群体的政治权利行使的环境，能够促进和激励他们更好地行使政治权利，充分地表达自身的政治思想。如在其乡镇以下人民代表选举地方人大常委，应当鼓励或者组织村民候选人应当充分接触选民尤其是弱势群体，听取他们的意见和建议，同时表达候选人自身的政治意愿和当选优势，让选民能够在拥有充分信息的基础上作出有效的选举。而文化排斥是指普通群体以自己或者自己所归属的群体的标准来衡量其他人群，同时在公认的社会准则中对这类群体金融排斥。这种排斥更加深远，影响后果更加严重。比如城市人口由于所处环境的优越性会对进城务工的农民工存在偏见，认为农民工素质较低，是造成城市社会治安不好的主要因素。这种排斥主要是来自于偏见，因此应当由政府创造机会加强城乡之间的了解和沟通，消除城市人口对农民工的偏见。此外中国的弱势群体还遭受体制排斥，主要有：教育、医疗、住房和养老。这四大问题不仅困扰着中国的农民，也令城镇的弱势群体头痛。这方面的社会排斥本质上是引起弱势群体生活贫困的根本原因。因为无法获得教育，使贫困代际遗传。由于缺乏医疗保障，大疾病就可能导致弱势群体陷入绝境，无力自我脱贫。而学无所学、病无所医、居无其所、老无所养会导致弱势群体产生极度的不安全感，并且相信完全是命运决定的而无法改变，这种潜在心理暗示会使这类群体对自己较艰难的生活方式、价值观念和行为模式进行合理化。因此，他们可能无法感觉到自己是受到社会排斥的。这种排斥实质上是客观的、隐性的社会排斥。

对云南民族自治地方金融排斥的治理还应重视信用体系建设。这些地区的弱势群体往往缺乏信用记录，这无疑限制了其获取金融产品，我国征信系统的不完善和个人征信记录的缺失是金融系统当前存在较严重的评估排斥和条件排斥的主要原因。政府有必要加强对征信系统的完善，为改善金融排斥打造信用环境，奠定信用基础。

第七章 云南民族自治地方金融排斥治理政策建议

金融排斥影响着地区的经济和社会结构，从以上云南民族自治地方金融排斥评价和金融排斥效应分析，我们可以清楚地看到：云南民族自治地方的金融排斥与其社会排斥交融，进一步加深了其社会排斥程度，从而深刻地影响着这些地区的社会关系和社会稳定。如果不能遏制金融排斥态势的发展，对其实行有效的治理，不仅会直接影响云南民族自治地方的经济、金融发展，也会影响其社会发展和全国的稳定。

然而，云南民族自治地方金融排斥表现在多个层面，金融排斥的性质、种类和发生机制不同，另外，民族特质深刻影响着云南民族自治地方的金融环境和金融政策，由此其金融排斥及其效应也有其特殊性，所以我们在研究这些地方的金融排斥治理路径时，是根据云南民族自治地方的金融排斥特征，更多地从其自身社会经济、金融发展实际情况出发，同时从其金融体系的供给方、需求方以及行政力量三个方面对金融排斥进行治理。我们也从相关理论和经济体的发展实践认识到，金融排斥治理理论主要从两个主要线索展开：一是传统的小额信贷理论；另一个是金融普惠体系。小额贷款我们已经实践较多。金融普惠体系框架是：一是服务对象的特定性，普惠制金融体系以价格相对合理的产品为中小企业、微型企业、农户等低收入群体提供服务。二是金融服务产品和功能的全面性，普惠制金融不仅为客户提供贷款服务，还为其提供存款和保险、汇款、养老金等全方位的金融服务。三是金融机构的多样性、体系的多层次性和保持适度竞争。所以，目前对于金融排斥治理的研究与金融普惠研究不谋而合，作为强调民生概念、强调民众可得的金融发展理念，普惠金融对于民族众多、经济发展相对落后的云南民族自治地方而言，其现实意义显得更加明确和重要。本章将根据前文研究的这些结论和基础，从云南民族自治地方金融排斥治理路径的思路出发，从外部环境、市场主体、金融商品三个层面探讨云南民族自治地方金融排斥治理的政策方向。

第一节 云南民族自治地方金融排斥治理政策的原则

在阐述具体建议前，首先要对政策建议过程中所遵循的几项原则进行解释。目前，关于金融普惠式实现路径的讨论逐步增加，思路和建议多种多样，我们在针对云南省的近况进行政策思考时，依靠这些原则判断轻、重、缓、急，依靠这些原则评估政策的现实可行性，这些原则包括：

一、遵循需求规律原则

关于金融普惠供给的建议多种多样，其中涉及银行信贷、金融理财、保险、证券、期权期货、信托等等。我们认为，金融理财产品供给要遵循需求层次递增的原则，逐步向上发展。金融产品的需求层次与当地的经济发展水平、收入水平息息相关，一般来说，随着经济发展，居民的金融需求从固定收益类产品向浮动收益类产品延伸，从低风险产品向高风险产品延伸，从最基础层次的银行信贷向保险、信托、基金、期权期货等复杂性较高的产品延伸。我们在提供政策建议时强调关注当地的经济水平，其实质就是关注当地的金融需求层次，并据此提出差异化的政策建议。

二、强调因地制宜原则

云南经济发展不平衡的现象比较明显，这里面存在两个层次的差异：一是地区与地区间的差异，在八个民族地区中，既有大理、楚雄等经济位居全省前列，辖内县份、人口众多的地州，也有迪庆、怒江等经济发展程度低，辖内县份、人口较少的地州。二是县与县之间的差异，即使在同一个地州内，一般州府所在地的经济水平也要明显高于一些贫困县。这种地区差异是政策制定者面临的现实状况，也决定了任何一个政策建议都不可能适用于全部地区。我们认为,在提供政策时,忌讳采用"一刀切"的方式,千篇一律,处处一致。政策方案既要体现出省一级决策者的统领、引导作用,也要给各地州、各县市自主选择,自由裁量的空间。也就是说,在政策方案中既要有"规定动作",也要有"可选动作"。"规定动作"是指那些具有普遍适用性的政策,比如信用环境的构建;"自选动作"是指那些体现地方特色的政策,比如生产合作社发达的地方倾向于发展合作社联合抵押信贷,个体生产普遍的地方倾向于发展农户抵押贷款,等等。

三、发挥既定优势原则

目前,云南省金融市场主体呈现出"倒金字塔"型的机构,在昆明的金融市场上,国有商业银行分支机构、股份制银行分支机构、城市商业银行、农村信用社多家经营机构并存;在州府所在地金融市场上,部分国有商业银行分支机构、部分股份制银行分支机构、城市商业银行分支机构、农村信用社分支机构并存;在县级城镇金融市场,农村信用社分支机构,农业银行分支机构并存;到乡镇金融市场,只有农村信用社分支机构在办理业务。与此机构相对应的是,金融机构缺乏的地方,往往是民族地区、贫困地区、金融排斥严重地区,金融普惠推广需求高的地区。在现有的格局下,要提升这些地区的金融普惠水平,就要激发目前唯一的遍布云南省城乡的经营网络平台——云南省农村信用社,相比于重新打造的各种经营平台,云南省农村信用社这个平台稳定性好,品牌度高,信息网络畅通,且前期布点成本已经摊回,一旦充分利用,可以发挥比当前更加巨大的优势。

四、把握政策机遇原则

国家对于民族地区的金融业发展出台过较多的政策,通过税收优惠、准入放宽等多种方式鼓励民族地区经济金融发展。比如2013年7月5日,国务院发布《关于金融支持经济结构调整和转型升级的指导意见》明确指出农村金融机构的发展方向是"优化'三农'金融服务,统筹发挥政策性金融、商业性金融和合作性金融的协同作用","鼓励涉农金融机构在金融服务空白乡镇设立服务网点,创新服务方式,努力实现农村基础金融服务全覆盖"。针对农村地区保险发展相对滞后的现状,"国十条"提出"扩大农业保险覆盖范围,推广菜篮子工程保险、渔业保险、农产品质量保证保险、农房保险等新型险种。建立完善财政支持的农业保险大灾风险分散机制"。针对民营资本面临的"弹簧门"、"玻璃门"现象,"国十条"明确要"扩大民间资本进入金融业","尝试由民间资本发起设立自担风险的民营银行、金融租赁公司和消费金融公司等金融机构"。总之,国家的政策为民族地区的发展指出了方向,提供了动力,减少了成本。普惠式金融的发展和国家当前的经济金融政策结合得越好,越能够减少政策执行阻力,提高政策的支持力度。因此,要尽可能把国家提出的有助于发展民族地区金融市场的政策用好、用足、用到位,尽可能多地挖掘政策含金量,尽可能广地拓宽政策执行范围,尽可能深地加大政策执行力度。

第二节 外部环境的营造——提升效率上限,夯实安全下限

此处所说的外部环境,包括法律环境、信用环境和金融设施环境等等。我们认为,这些环境既是金融服务的效率上限,又是金融服务的安全下限。如果一个地区的金融政策制度安排、金融操作基础设计都不完善,这个地区的金融运行效率一般是低下的,同样,如果这个地区的金融政策制度安排漏洞百出,或者金融基础设施操作风险遍布,这个地区的金融安全一定得不到保障。

目前,云南省民族地区金融外部环境中还存在一些问题,主要体现在如下几个方面。

一、普惠金融市场法律环境有待进一步完善

法制环境对维护金融市场秩序的稳定至关重要,法制环境的缺乏将使金融活动难以持续健康发展。历史上看,云南省的金融法律制度发展一直相对滞后,目前云南地区普惠金融信用法律制度不完善,对和普惠金融息

息相关的业务还没有出台相应的法律法规。因此，培养良好的金融信用环境，必须加快普惠金融立法的步伐，考虑到云南农村地区自身条件的限制和约束，金融事业起步晚、发展水平低，因此建议充分利用农村信用社在普惠金融方面建立的规章制度，如项目融资业务指引、农户贷款管理办法、农村合作金融机构社团贷款指引等已经在实践中运用并得到检验的规章制度，吸取其中有益的部分组合修改，由省一级层面出台对普惠金融相关业务的管理指引。

二、普惠金融市场监管环境有待进一步优化

普惠金融市场主体众多，涉及商业银行、股份制银行、信用社、村镇银行、资金互助合作社等等，在对这些机构的监管中，对一些新型机构的监管还处于不清晰、不成熟的状态，比如对农民资金互助合作社的监管才刚刚开始探索；对一些机构的监管处于"九龙治水"的状态，比如农村信用社既要受到人民银行、银监局的监管，也要接受地方政府的管理，中间存在较高的监管沟通成本；又如，未来的农村金融普惠金融极有可能发展到使用互联网金融的层次，而目前金融监管部门针对互联网金融的监管还处于空白状态。总之，对普惠制金融的监管还存在进一步提升的空间。

三、普惠金融市场的金融设施环境建设有待进一步升级

健全的结算和中介服务是完善金融体系的必备条件，支付结算手段的发达才能保证金融体系成长。虽然近些年来云南省大力推广惠农POS机的布放，但是从布放面积上看，还没有完全实现村村都有POS机；从自助工具上看，自助工具还局限于POS机这样的简单自助工具，CRS、ATM等较为高级的自助工具即使在乡镇一级都没有得到大规模使用。不够健全的农村支付清算服务过程中既降低了提高资金使用率，又降低了提高支付安全性，减少了交易发生，还使得银行不能及时掌控农户家庭收支状况和农户贷款资金使用情况，增加了信息收集成本。

基于以上分析，云南省政府应当采取有效措施来完善云南省普惠外部环境建设，提供一个相对规范安全的环境，促进普惠金融的发展。

四、健全普惠式金融监管制度

普惠式金融监管有三个方面的工作需要加强：一是要做好各家金融监管部门的协调工作和职责划分。行政监管主要以中国人民银行昆明中心支行、云南银监局、云南证监局、云南保监局等部门共同监管，在具体监督过程中，由于行政职能划分上存在模糊地带，存在着同一个领域多家机构重复监督，或者某一领域无机构关注的情况。而且随着金融行业的深化，越来越多的金融业务呈现"你中有我，我中有你"的情况。当前的金融发展态势需要金融监管部门之间建立更加紧密的协调机制，提高信息共享程度。二是要提高信息科技在金融普惠监管上的运用，降低监管成本。从当前的金融监管趋势上看，越来越多的现场监管正逐步向非现场监管发展，报表类监管手段正在向动态追踪监管的手段发展。利用信息科技手段，对监管对象实行实时的、动态的、全过程的监管，其监管成本低于现场监管，而其监管效果要强于现场监管。此类监管措施值得大力推广。三是要强化行业自律组织的作用。目前的金融行业自律的主要任务是提高普惠金融行业人员的整体素质，定期组织人员培训，但是金融行业自律组织的潜能还没有得到发挥，监管部门应该把更多在价格监督和市场营销策略上的监督交给行业自律组织，通过行业自律条约的形式来予以规范，相应的，也要给予行业自律组织更多的行业自律惩罚权，使行业自律惩罚对各家金融机构形成震慑力。

五、升级和普及自助类金融交易操作设施

目前，我省民族地区的金融交易操作设施建设存在两个方面的问题：一是部分偏远地区还没有实现基础金融交易操作设施的布放，已布放的地区金融交易操作设施品种单一。二是可提供的自助金融产品简单、认知度低、普及率不高。我们的建议是：对目前尚未布放金融自助设备的偏远贫穷地区，云南省政府要加大财政补贴，可以通过财政补贴招标的方式，选择愿意到这些地区布放设备、开展业务的金融机构；对于已有布放的地区，云南省政府鼓励金融机构布放更加多样化的自助设备，比如现金循环机、自助填单机、网银体验机、自助补登折机等等，具体措施上可以把低保资金发放、新农保、新农合的代缴代收业务和各家银行的布放力度结合起来，用业务指标吸引金融机构加大布放力度。此外，云南省农村地区第三产业近几年发展迅速，这些产业对于新兴结算业务如银行卡、网络银行和手机银行的潜在需求非常巨大，囿于传统金融观念的固存、现代金融观念尚未普及等现实情况，很多民族地区居民没听过、不了解、不会用、不敢用新型的业务工具。仅仅依靠各家金融机构的自我推广，不具备大范围、大规模的影响力，且老百姓对商业银行的推广缺乏权威认同感。建议由云南省政府出面牵头，抽调各金融机构人员，在各金融机构营业网点集中半年到一年的时间组织统一的新型金融工具大宣传，介绍自助设备、网上银行、手机银行等金融工具的使用方法，同时灌输金融风险防控理念。

六、优化普惠金融信用环境

良好的社会信用是经济社会健康发展的前提。要采取各种方法，探索社会信用体系建设的有效方式。一是强化社会信用体系建设工作机制。目前，云南省已经建立了由省发改委、人民银行昆明中心支行牵头、35家省级部门组成的联席会议制度，要强化这个机制，把它确立为全省信用体系建设工作的"最高指挥部"。二是推动信用数据建设、信息共享和信息应用。加大企业和个人信用信息基础数据库，并为中小企业建立信用档案，将信用信息、信用报告作为在经济活动中进行奖励惩戒的主要依据之一，为金融机构贷前审批和贷后风险管理提供重要参考。积极开展农村信用体系建设试点，为农村居民建立信用档案，建立信用村、信用乡镇，并将农户信用状况作为融资的基本条件，防范和化解金融风险，促进农村信贷供给市场的规范化。三是探索建立跨部门失信联动惩戒机制。建立法院执行案件信息与金融信用信息基础数据库信息共享机制，积极推进股权投资领域的诚信建设，推动信用报告在股权投资、贷款贴息项目审核、法院执行、企业评优等非银行领域发挥积极作用，加大对被执行人的联合惩戒力度，实现司法案件信用信息在金融领域的惩戒联动。

第三节 市场主体的培育——多元化和规范化的道路

由于历史和制度因素,云南民族地区的金融服务供给力量一直很薄弱。目前,民族地区的金融市场主体呈现出以下几个特征:

一、国有商业银行和政策性银行收缩战线

随着国有企业改革的深入,四家国有银行遵循市场化和商业化的改制政策,一方面,大量收缩云南民族地区的经营机构,地理排斥加剧;另一方面,为这些地区提供的信贷资金不与其吸收的存款相匹配,表现为严重的营销排斥。上市后的中国农业银行虽然把县域经济作为发展的区域战略,但县域经济的指向并不等同于低收入群体,其条件排斥、评估排斥和价格排斥依然严重。而作为政策性银行的中国农业发展银行基于自身的定位没有为多数弱势个体提供零售金融业务。

二、农村信用社逐步成长为支农惠农的支柱力量

云南省农村信用社省联社从2005年成立至今,连续八年快速发展,不仅将历年亏损消化完毕,而且在存贷款规模、不良占比、资本充足率等方面取得了显著成绩。截至2013年6月底,云南省农村信用社各项存款余额在全国排第11位;各项贷款余额在全国排第10位;实现净利润38亿元,排全国第7位;不良占比为2%,排全国第12位;资本充足率为12%,排全国第15位;拨备覆盖率为216%,排全国第12位;资产利润率为0.4%,排全国第8位。目前,云南省农村信用社已经具有全省最大的存款规模、最大的贷款规模、最大的清算规模、最大的发卡规模、最大的网点规模,形成了网点遍布城乡的发展局面。

三、村镇银行、小贷公司等新型贷款类金融机构异军突起

目前,云南省内村镇银行建设取得初步成效,由富滇银行等省内金融机构发起设立的文山民丰村镇银行、玉溪红塔兴和村镇银行、昭通昭阳富滇村镇银行、曲靖惠民村镇银行、楚雄禄丰龙城富滇村镇银行、楚雄兴彝村镇银

行、丽江古城区富滇和大理海东村镇银行已经开始营业并赢利;由上海农村商业银行、中国民生银行、浙江稠州银行、上海浦东发展银行、重庆农村商业银行分别发起设立的 17 家村镇银行正在紧锣密鼓地筹建。村镇银行的设立增加了云南省农村金融服务力量,为农业、农村、农民和中小微企业带来全新金融服务。与此同时,我省小额贷款公司的县域覆盖率、成立数量和发展速度已走在了全国前列,截至 2011 年 12 月底,全省小额贷款公司发展 373 家,开业 323 家,已覆盖 16 个州市、124 个县(市、区),县域覆盖率 96.12%;三年累计发放贷款超过 320 亿元,其中发放"三农"贷款 231 亿元,占贷款总额的 72%,微小及创业贷款 208 亿元(包括涉农贷款中的微小及创业贷款部分),占贷款总额的 65%,使近 4 万农户、创业者和小微企业受益。

四、政策性农业保险业务有所发展

2012 年,云南省涉农商业保险为全省涉农单位和个人提供了 670.73 亿元的风险保障,全省总保费规模达到 7.8 亿元(包括养殖业、种植业、森林火灾)。其中森林保险覆盖面达 100%,甘蔗保险覆盖面达 81%,藏系羊保险覆盖面达 94.9%,牦牛保险覆盖面达 94%,均远高于全国平均水平。农户受益数从 2009 年的 20 余万户次快速增长至 2012 年的 32 余万户次,年均增速达 15%。经过多年不断探索尝试,云南省的烟叶保险、农房保险形成了具有全国示范意义的发展模式。其中烟叶保险实现了玉溪、曲靖、昆明、大理等四个主产区全覆盖;农房保险自 2007 年开展至今已累计承保农户 1433 万户次,年均覆盖面达 63%。目前云南省农业保险财政补贴的品种涉及养殖业、种植业和林业三大类共 12 个,农业保险保费补贴范围已覆盖全省 16 个州市和 3 个省直管县。2012 年中央和省级财政对农业保险的保费补贴达到 5.3 亿元。

我们认为,云南民族地区金融普惠机制建构的金融供给方面,应该突破一般的条条框框,结合民族地区的特质和相关优惠政策,从促进中小金融机构健康发展、加快发展民营金融机构视角出发,尽快建立多层次、多形式、功能完善、运转高效、安全的现代金融服务供给体系。由于云南民族地区的弱势金融群体具有规模小、效益低、货币收入不确定等特点,往往容易受到商业性金融机构的金融排斥。通过行政力量的介入，政府可以扶持具有政策属性的金融机构，直接向弱势产业和落后地区注入信贷资金，对在特殊情况下某些暂无经济来源的弱势群体给予一定时期非营利性的资金融通，政府也可以通过放宽准入条件和制定优惠政策，调动正规金融机构与民间金融资本参与弱势金融的积极性。

五、以构建统一高效的云南农商行为契机，强化民族地区的信贷支持力度

信贷业务是目前民族地区最为主流的金融业务，云南省农村信用社在信贷业务方面是云南支农惠农的主力军，尽管政府鼓励各种新型农村金融机构的发展，但在现有的格局下，这些新型金融机构不可能在短期内取代或超越云南省农村信用社的地位。因此，云南省农村信用社的生存和发展对于民族地区、农村地区的金融普惠制度影响重大。引领云南省农村信用社更好地发展是云南省推进金融普惠制度的切实举措和应有之义。

目前，尽管云南省农村信用社发展取得了明显的成绩，但是其面临的制约也越来越突出。一是国家对银行类金融机构的资本约束越来越严格。受金融危机影响，全球金融监管部门都提高了对银行类金融机构的监管力度，我国监管部门对于资本充足率、拨备覆盖率等指标也要求有所提升。由于农信社近年来的业务发展速度较快，且主要以信贷业务为主，对于资本的消耗速度较快。要在符合监管部门对资本充足率要求的前提下快速发展业务，农信社必须采取多种途径扩充资本，但囿于体制限制，农信社无法通过债券、股票等方式补充资本。二是法人治理虚化，内部人控制明显。尽管当前的各级县联社在机构上设立了"三会"，但在实际运作中，社员大会、理事会和监事会发挥制衡作用的意愿和能力比较低，管理层拥有极大的决定权，"内部人控制"风险偏高。三是中间业务和资金营运的资质受到限制。商业银行一般都是股票、基金、保险、信托等多种金融产品的销售平台，其资金营运的渠道也较为丰富。而农信社在获取中间业务经营资质方面相对困难，并且在资金营运渠道方面的限制比商业银行多，一般只能投资债券和同业拆借、同业存放。目前，云南农村信用社在营业网点、资金规模上都有很强的优势，但囿于产权模式的限制，不能充分发挥网点优势和资金优势。以上提及的这些问题，都是表现出的"现象"，其根源是农信社产权制度的安排，因此，要从根本上解决这些问题，就必须抓住产权制度安排这个"核心问题"，核心目标就是建立统一、高效的云南省农村商业银行。

当前，学术界对农信社改革有很多的议论和分析。我们认为，一种制度安排的好坏，最根本的论证依据是这个行业或单位的发展业绩。云南省农村信用社61年的改革探索和8年的飞速发展证明，采取统一完整、上下一致的管理模式更加符合云南省信用社的发展规律，更能够促进云南省农村信用社的发展，更能够发挥云南农信社支农惠农的历史任务。改制为云南省农村商业银行，用统一独立法人体制代替现行的多级法人体制，其制度优势至少体现在以下几个方面：第一，建立更合适的股权结构。股份制改革强调消除资格股，引入投资股，在保持适度的股权分散程度基础上，积极引入资本实力雄厚的战略投资者，重点是当地有实力的企业。随着股权的相对集中，股东实力的增强，"三会"的实际监督制衡能力也会得到强化，民主管理的可能性提高。第二，拓宽资本扩充渠道。转制为商业银行后，农商行可以采取上市渠道融资，对于加强资本实力，扩张业务规模，提升资本充足率意义重大。第三，提升资质优势。随着农民财富的增加，其财富管理多元化的需求也会进一步增加，农信社亟需抓住此机会，尽早开展理财业务。这也倒逼着农信社要尽快挣脱产权模式带来的困扰，而农商行的资质无疑可以带来更丰富的中间业务资格和更多元的投资渠道。第四，彰显规模效应。整体资源的聚合带来的效率一般都大于单社运行，特别是在可贷资金规模、信息系统、资金清算、产品设计、人员培训等方面体现得更为明显。第五，强化总行意志。统一法人的农商行在人力、财务、规划等方面的管控能力更加强势，有助于总部发展战略和意志的贯彻执行，有助于整体效率的提升。

在具体的实现路径上，我们建议云南省参照北京农商行、上海农商行、重庆农商行的改制模式。设计新的股权结构，通过合并设立的方式，将现有的多级法人体制变为统一法人体制，新成立的云南省农村商业银行继承原有的云南省农村信用社所有债权、债务。在组织结构上，云南省农村信用社省联社转变为云南农商行总行；昆明、曲靖市联社和各地州办事处转变为云南农商行各地州分行；州府所在地联社转变为云南省农商行各地州分行营业部；

其他县级联社转变为云南农商行县级支行。云南农商行的股权结构要较云南省农村信用社的股权结构进一步集中，引入云投集团、红塔集团等云南省大型企业持股，避免股权过于分散而形成的内部控制。

六、以发起设立农业保险公司为契机，加大对政策性农业保险业务的引领和扶持

云南省是农业大省、林业大省和特色生物资源强省，但是云南省的农业保险的发展水平相对滞后。2011年全省农业保险收入仅为6.05亿元，农险保费收入在全省保险业总收入中的占比仅为3.25%，在全省财产险保费收入占比仅为5.56%，在全国农业险保费收入占比仅为3.48%，这与云南省2011年第一产业增加值达1407.8亿元，占GDP比重达16.1%，高于全国平均水平6.1个百分点的农业大省地位不相吻合。同时，全省政策性农业保险业务经营方式单一，商业性农业保险规模偏小且亏损，专业农业保险公司缺乏、经营主体间合作层次较低，巨灾风险准备机制尚未建立，保险公司综合成本率居高不下等问题持续困扰着云南省农业保险市场。

基于此，我们建议云南省应当发起成立一家专业的农业保险公司，专业从事种植业保险、养殖业保险、林业保险、涉及农村农民的财产保险业务和上述业务的再保险业务。成立专业农业保险公司的意义体现在：第一，是云南省抓住政策机遇加快自我发展的具体举措。2013年7月5日，国务院发布《关于金融支持经济结构调整和转型升级的指导意见》要"扩大农业保险覆盖范围，推广菜篮子工程保险、渔业保险、农产品质量保证保险、农房保险等新型险种。建立完善财政支持的农业保险大灾风险分散机制"。同时，云南省委省政府提出了建设绿色经济强省、打造精品农庄、发展高原特色农业的战略部署。因此，建立一家专农保公司，有利于创新金融服务产品，优化农村金融服务方式，满足农村地区日益增长的保险需求，提高农村基础金融服务水平，更好更全面地支持云南省"三农"发展大局。第二，是云南省构建农业保险新型经营模式的积极探索。农业保险是具有极强的社会效益，同时经营成本较难控制，无法完全依靠市场化运作的特殊险种。对于云南省而言，现阶段农业保险市场呈现两方面的"缺乏"：一是在承保名单中缺乏地方性保险公司，从而使中央和地方财政不断增加的补贴资金（2012年全省将投入政策性农业保险保费补贴 7.8 亿元）易外流出省；二是承保保险公司采用了联合共保体的形式增强实力，但缺少与银行等强大金融资源深度的联通融合。第三，是云南省发展地方性金融控股集团的有益尝试。云南省实现"两强一堡"战略需要强有力的金融支持，一家资本实力雄厚、接受省委省政府领导、合资控股或参股各类型金融企业的地区性金控集团符合地方经济发展的需要。而成立农业保险公司正是云南省农村信用社积极探索省联社转变成为金融控股公司和培育云南大型区域性保险集团的新思路和新途径，将助力云南农信社全力支持全省"三农"事业发展，为云南全面建成小康社会和加快"两强一堡"建设提供新动力。

在发起设立农业保险公司的具体路径上，我们建议由云南省农村信用社作为牵头发起人，以借助其在经营网络、人力资源、资金规模方面的优势，云南省农村信用社有四大方面的优势可以为农业保险公司的发展提供强大支撑。一是银保协同优势。在当前贷款利率上下限放开的新政策下，农业保险公司可以把农保业务拓展和云南农信社贷款利率市场化探索相结合，凡是购买了综合林木保险、农房保险、花卉保险、水果保险等险种的农户或生产合作社在申请信用社林权抵押贷款、房屋抵押贷款、宅基地使用权抵押贷款等相关信贷业务时可获评更高的授信额度和更低的贷款利率。农业保险公司还将把缴费和理赔环节与云南农信社银行卡业务相连接，争取金碧惠农卡或金碧一卡通实现"四保合一"，即与农村居民密切相关的新农保、新农合、低保、农业保险的代收代发业务都集合在云南农信社的一张借记卡上，真正实现农村保险"一卡通"。二是经营网络优势。和其他财产保险相比，农业保险的展业、查勘都必须亲临现场，云南山高路远的地理和保险公司经营触角至多延伸到县级的客观情况造成各家保险公司展业、查勘成本高昂，这是云南省政策性农险长期处于累计亏损状态的重要原因（农业保险 2006 年到 2010 年承保持续亏损，直到 2011 年才开始扭亏为盈）。云南农信社是全省唯一一家将经营触角延伸到乡镇的金融机构，农业保险公司可借助云南农信社的经营网络展业、查勘、核赔，最大程度地压缩经营成本。三是人缘地缘优势。农业保险公司可充分借用农村居民对云南农信社所积累的品牌认同和服务依赖，继承云南农信社的服务理念、市场理念、合规理念、文化理念，发挥云南农信社基层网点员工源于当地、熟悉村情、亲属众多的地缘人缘优势，高效、快速地展开保险营销、信息核对、现场查勘和后续理赔工作。四是信息数据优势。农业保险公司可借助云南农信社现有的全省联网的信息系统和强大的研发、维护力量，节约公司信息系统投资成本。同时尽可能利用云南农信社在农村地区深耕细作50多年所建立起的农户信贷信息档案，尤其是种植、养殖业农户的单产数据，用于险种的费率测算。

七、以鼓励民营资本进入金融领域为契机，推动民营银行、村镇银行、资金互助社等新型金融机构规范化发展

国务院推出的"国十条"专门针对民营资本面临的"弹簧门"、"玻璃门"现象提出了要求，明确要"扩大民间资本进入金融业"，"尝试由民间资本发起设立自担风险的民营银行、金融租赁公司和消费金融公司等金融机构"。这是对民营资本效率的肯定，也反映出民营资本效率发挥受限的现实。

从我国几十年的发展经验看，民营银行的资本性质决定了其可以较为有效地避免政企不分、股东股权虚置等问题，成为责、权、利统一的现代企业，形成资金的硬化约束。民营银行在发展普惠金融方面具有明显的信息对称优势和市场效率优势，能够推动我国金融服务的差异化，形成有效的市场竞争。因此，积极鼓励、引导和推动民间金融的规范化成长，为现代化民间金融机构的迅速发展提供宽松的政策、制度和社会环境，是普惠制金融发展的应有之义。

目前，云南省抓住金融发展转型和国家鼓励新型金融机构成立的契机，正在大力发展村镇银行、小贷公司、民营银行等具有民营资本属性的金融机构。但在发展过程中出现了一些问题，需要予以关注和纠正：

一是要争取为新型金融机构创造公平竞争环境。当前，村镇银行等新型金融机构在两个环节上面临隐形歧视政策。一个环节是市场准入，中国银监会发布的《村镇银行管理暂行规定》第25条限定了"村镇银行最大的股东或唯一股东必须是银行业金融机构"，这一规定使云南民族地区的民间资本无法大规模地通过参股村镇银行的方式，为当地金融需求者提供信贷资金。另一个环节是支付渠道连接，很多村镇银行在申请开通央行现代化支付渠道时遇到长时间的拖延，不得不委托当地商业银行代理大小额汇划；

很多村镇银行不能加入征信查询系统，给贷款业务带来困难和不便，存在风险隐患。这种行业准入上的现实限制，让村镇银行无法充分参与银行业的市场竞争。

二是要引导村镇银行向存贷款来源稳定、支农惠农产品丰富的方向发展。从金融机构自身来看，村镇银行等新型农村金融机构经营发展面临一定困难，村镇银行存款来源不稳定、波动大，大多数是依靠地方政府的政策性存款，以及地方政府下属企业的指令性存款生存，同时缺少适合当地特点的贷款产品，涉农支农贷款业务开展缓慢。作为支农主力军的农村中小金融机构目前的经营理念、服务方式和金融产品不能有效满足县域农业生产发展的需要，弃农、脱农倾向和资金"农转非"现象时有发生。监管部门应当把涉农贷款指标作为考核村镇银行的重要项目，地方政府在为村镇银行提供政策性贷款时应当对贷款的取向范围作出某种要求，限制村镇银行对需要扶持的弱势群体缺乏兴趣的道德风险。

第四节　金融商品的创新——差异设计、逐层发展

根据金融产品的发展历程，金融需求可以大致划分为三个层次：第一层次是存、贷、汇基础性金融服务；第二层次是农户信贷的担保抵押、农业保险等信贷附属类或者风险管理类金融产品；第三层次是股票、债券、基金、信托等投资类金融产品。前文提到，云南省民族地区金融市场发展层次参差不齐，既有大理、楚雄等金融发展水平较高的地区，也有德宏、怒江等金融发展欠缺地区。在较为发达的一些民族地区，已经开始需要信托、基金等金融产品，而在大部分贫困和偏远的民族地区，金融的需求还停留在简单的存款、取款和借贷需求上。因此，在建设普惠性农村金融体系的过程中，需要根据当地经济发展情况，充分了解当地农户的实际需求，落后于或超前于客户金融需求的发展步伐，都不能很好地体现同时还要保证满足基本的金融需求，发挥金融对当地农村经济的支持作用。

一、下大力气发展具有普惠金融属性的信贷类产品

当前并在较长的一段时间内,信贷需求仍然是民族地区最主要的金融需求。但随着生产经营方式的变化,居民的信贷需求会有所改变,同时外部政策环境也不断变化,因此,要针对生产的实际情况和政策提供的空间,实施好和开发好普惠金融的信贷类产品。

一是要积极推动发放农户小额信用贷款和联保贷款,推广农户联保和中小企业联保等信贷品种,进一步完善推广"贷免扶补"创业小额贷款,此类产品主要满足一般农户、种养殖户、林农、大学生村官、返乡农民工以及农村个体工商户的信贷需求。二是积极开展新型贷款产品,比如农民建房及装修贷款业务,探索"信贷+财政补贴+农户自筹+担保"的农民建房贷款新模式,以及推进家电、汽车、农机具、助学等农村消费信贷产品。三是加大"三权三证"抵押贷款工作,全面推进以林权、土地承包经营权、宅基地使用权及农房"三权三证"抵押融资为重点的农村金融改革,全力提速宅基地使用权及农房产权登记颁证工作,推动建立现代农村产权制度,为激活农村金融奠定基础。四是多方联动,银行、申请贷款人、生产合作社、保险公司等机构之间要积极推动和发展"公司+农户+信贷"、"公司+中介组织(农民专业合作组织、协会)+农户+信贷"、"公司+专业市场(或基地)+农户+信贷"、"农户+信用协会(或政府补偿基金)+保险+信贷"、"涉农企业+联保协会+保险+信贷"、"仓单+保证金+保险+信贷"等金融服务新产品,增强金融服务"三农"的合力。

二、发展具有普惠性质的保险业务

云南省农业保险业务当前应重点发展以下四类业务:

第一类是政策性保险业务。积极参与云南省政策性农险招标活动,大规模开展政策性农业保险业务并参与建立云南省农业巨灾风险准备资金池,探索一套更具经济效益、更符合云南利益和实际的政策性农业保险业务经营模式。

第二类是已在全省铺开,但覆盖面不够广或保险责任不够全的险种。比如林木保险,公司将把目前未被承保的虫灾、风灾、冰雹等风险纳入林木保

险承保责任,并与云南农信社正在推广的林权抵押贷款形成互动。

第三类是已纳入中央财政补贴范围,但云南省正在或尚未申报的政策性险种。如小麦、棉花、马铃薯、青稞、育肥猪等。

第四类是未纳入中央财政补贴范围,但属于云南省支柱农产品的商业性险种。立足于云南花卉、咖啡、核桃、茶叶等农产品产量位居全国前列的客观情况,借云南省大力建设烟糖茶胶、花菜果药、畜禽水产、木本油料等特色原料基地的大好时机,推出花卉种植保险、核桃林种植保险、茶叶种植保险、水果种植保险、骡马保险、松脂保险、薯类种植保险等险种。

三、提供具有普惠性质的中间业务

发展综合性普惠金融服务。除了基本的储蓄、贷款、汇兑、支付等金融服务外,金融机构还要探索提供保险、证券、理财、租赁、信托、黄金交易、期货等服务,以加大对市场的开发力度。业务创新包括渠道创新和产品创新两个方面。渠道创新主要是通过提高电子网络技术,提供更加方便的存贷款金融产品和中间产品;产品创新包括注重个人金融业务产品创新,如发展委托、金融咨询、企业投资顾问、个人投资理财、电子商务、期货,投资基金等多种中间业务和衍生品业务。

对于云南省而言,目前大部分民族地区的金融需求还没有发展到衍生品这一层次,但是对于保本理财、保险等产品的需求是存在的。考虑到大部分金融机构都未在乡镇一级设立物理网点的现实情况,建议云南省政府鼓励云南省农村信用社借助遍布城乡的网点大力发展代售业务,通过2400多个经营网点把人身保险、财产保险、银行理财产品、固定收益类基金等风险较低、符合民族地区金融需要的产品提供给广大民族地区居民。与此同时,云南省政府牵头加大对网上银行、手机银行、电话银行等创新渠道的宣传推广工作,引导有需求的居民通过网络、电话等渠道购买新型金融产品。总之,云南省要根据普惠金融发展的需求提供适宜的外部环境,引导金融机构向业务创新方向转变,提高普惠金融服务的效率和质量。

结　语

发展始终是民族问题中最本质最核心的问题。金融发展与经济增长互为因果的关系已为实践证明，因而云南民族自治地方的经济社会发展也必须很大程度上依赖其金融发展。但是，从本书建立的背景框架中，我们分析了云南民族自治地方的金融发展水平、金融生态环境和经济金融政策方面，从中可以看到：由于云南民族自治地方有着独特的经济地理和人文生态环境，其金融发展路径别具特色，加之长期以来制度因素和外部环境的异化，使得这些地区的金融发展严重滞后，其金融排斥趋势日益加剧，成为制约其社会发展和经济发展的重要原因。

云南民族自治地方金融发展的症结集中表现为这些地区的金融排斥态势日趋加剧，进一步使其金融发展从宏观到微观都呈现出弱势格局。第一，金融产品供给不足。在市场化取向的中国金融体制改革的背景下，云南民族自治地方公民作为弱势群体和低收入人群，民族自治地方中小企业（特别是民营企业）作为制度性信贷配给的直接对象，他们接触到的金融产品越来越少，得到的金融服务机会越来越小。第二，金融机构供给不足。国有商业银行逐渐收缩撤并县及县以下的网点，云南民族自治地方面临着银行业金融机构网点覆盖率低、金融有效供给不足、竞争不充分、资金净流出等问题，金融排斥程度十分严重。第三，金融资源流失严重。金融机构融资是云南民族自治地方获得资金的主要途径，由于目前这些地区金融体系存在诸多问题，金融资源配置的效率低下，金融资源在云南民族自治地方并没有进行合理、有效的配置，更多是以净流出的方式扮演着储蓄动员的角色。通过本书构建的评价云南民族自治地方金融排斥态势的指标体系和案例体系，对云南民族自治地方金融排斥的实证研究表明：从云南民族自治地方金融排斥共性的经典维度指标和个性深入实际的田野调查案例数据指标分析两个方面来实际评价云南民族自治地方金融排斥的确非常显著。

金融排斥是金融功能异化的表现。本书在分析金融排斥效应的一般理论基础上，仍然采用田野调查的方法，结合案例调查的相关数据，实证分析云南民族自治地方的金融排斥效应，论证了云南民族自治地方的金融排斥与其社会排斥交融，进一步加深了其社会排斥程度，从而深刻地影响着这些地区的社会关系和社会稳定。如果不能遏制金融排斥态势的发展，对其实行有效的治理，不仅会直接影响云南民族自治地方的经济、金融发展，也会影响其社会发展和全国的稳定，因而必须研究云南民族自治地方切实有效的金融排斥治理方法。

走出金融排斥，就是要走进金融普惠。普惠金融通过政府、市场和社会组织的合作，以温和改良、循序渐进的方式，帮助贫困者获取适当的、长久的金融资源，将社会弱势群体纳入经济社会的循环体系中，其秉持的是"包容性"的价值取向，其营造的是可持续的"造血机制"。可以说，金融普惠政策践行的改良正是在汇聚国家治理体系和治理能力现代化的点滴实践。本研究从供给、需求和制度三个方面提出了云南民族自治地方金融排斥治理路径。最后，本书的政策建议为：

从多年来云南省的实践经验看，金融普惠政策的设计和推广必须符合"四项原则"：遵循需求规律原则、把握政策机遇原则、发挥既定优势原则和强调因地制宜原则。而在具体的实现路径上，要突出"三条主线"和"三个关键词"。

一是外部环境营造要把握"优化"二字。要进一步完善普惠金融市场法律环境，进一步优化普惠金融市场监管环境，进一步健全普惠式金融监管制度，进一步升级和普及自助类金融交易操作设施，进一步优化普惠金融信用环境。

二是市场主体培育要突出"多元"二字。要以构建统一高效的云南农商行为契机，强化民族地区的信贷支持力度；要以发起设立农业保险公司为契机，加大对政策性农业保险业务的引领和扶持；要以鼓励民营资本进入金融领域为契机,推动民营银行、村镇银行、资金互助社等新型金融机构规范化发展。

三是金融商品创新要紧扣"需求"二字。要下大力气发展具有普惠金融属性的信贷类产品;要不遗余力地发展具有普惠性质的保险业务;要探索提供具有普惠性质的中间业务。

附 录

附录1 《云南省农村信用社金融需求情况调查问卷(一)》

尊敬的受访人：

您好！为正确把握金融市场，了解客户需求，特进行此次问卷调查。我们承诺全部资料仅用于研究使用，并将对您提供的信息严格保密。请客观填写以下问卷，以便我们今后为您提供更好的产品和服务，谢谢！

年龄：_____ 家庭人数：_____

所在县（市、区）：_____

性别：男□ 女□ 户口：城镇□ 农村□

文化程度：初中及以下□ 高中□ 大专□ 本科□ 本科以上□

职业：1. 公务员□ 2. 农业生产□ 3. 工业生产□ 4. 个人经商□
　　　5. 其他□

月收入情况：1. 2000元以下□　　　2. 2000—5000元□
　　　　　　3. 5000—10000元□　　4. 10000元以上 □

一、离您住处最近的金融机构是_____，从您家步行约需_____分钟。

1. 农村信用社　2. 农业银行　3. 工商银行　4. 建设银行　5. 中国银行　6. 邮政储蓄银行　7. 政策性银行（农发展、国开）　8. 村镇银行　9. 地方城市商业银行　10. 其他金融机构

二、银行提供的下列业务，对您和家庭的重要性（在相应栏内划√）：

业务	非常重要	重要	一般	不重要	非常不重要	不知道或未办理过
存款取款						
转账汇款						
结汇/购汇						
网上支付						
代收业务（水电费、话费、罚款等）						
基金业务						
理财产品						
保险代理						
贵金属投资						
外汇买卖						
国债业务						
第三方存管业务						
信用卡业务						

三、您是否开通了电子银行业务？

　　1．是□　　　　　　　　　2．否□

四、您是否开通了手机银行业务？

　　1．是□　　　　　　　　　2．否□

五、您是否使用过电话银行服务？

　　1．是□　　　　　　　　　2．否□

六、您是否办理了信用卡？

　　1．是□　　　　　　　　　2．否□

七、您认为自己的金融需求是否得到了满足？

　　1．是□　　　　　　　　　2．否□

八、您认为银行网点存在的问题主要是？

1．离居住地远　2．营业网点少　3．办理业务速度慢　4．金融产品、服务类型少　5．ATM（自助取款机）等自助设备配置不足　6．网上银行、手机银行等新式工具不能使用　7．员工专业水平低或服务态度差　8．其他

　　最多选择三项并按其重要性排序：第一位____　第二位____　第三位____

九、您希望银行网点能更多提供什么服务，以满足您的金融需求？

1．增加投资、理财产品种类　2．增加营业网点　3．增设 ATM（自助取款机）等自助设备　4．推广电子银行、手机银行　5．为 VIP 大客户提供专用通道　6．提供保险代理　7．普及金融知识　8．其他

最多选择三项并按其重要性排序：第一位____第二位____第三位____

十、您对于改善您所在区域的金融服务有什么希望和建议？

附录2　《云南省农村信用社金融需求情况调查问卷（二）》

尊敬的受访人：

您好！为正确把握金融市场，了解客户需求，特进行此次问卷调查。我们承诺全部资料仅用于研究使用，并将对您提供的信息严格保密。请客观填写以下问卷，以便我们今后为您提供更好的产品和服务，谢谢！

年龄：_____　　　　　　　　家庭人数：_____

所在县（市、区）：_____

性别：男□　女□　　　　　　户口：城镇□　农村□

文化程度：初中及以下□　高中□　大专□　本科□　本科以上□

职业：1．公务员□　2．农业生产□　3．工业生产□　4．个人经商□

　　　5．其他□

月收入情况：1．2000 元以下□　　　2．2000—5000 元□

　　　　　　3．5000—10000 元□　　4．10000 元以上□

一、您贷（借）款的主要用途是：

1．不需要贷（借）款　2．生意周转　3．建房　4．子女读书　5．农业生产　6．买房　7．承包工程　8．养殖　9．结婚　10．治病　11．其他

二、目前的借款能满足您的资金需要的：

1．全部　2．三分之一　3．二分之一　4．三分之二　5．完全不能满足　6．其他比例

三、您获得的贷款期限是：____年；您最需要的贷款是____年期。

四、您现在更倾向从哪里贷（借）款：

1. 金融机构　2. 村民集资　3. 其他

五、您的主要收入来源是？

1. 工资收入　2. 农业生产　3. 实业投资　4. 金融投资　5. 其他

最多选择三项并按其重要性排序：第一位____第二位____第三位____

六、目前影响您致富的主要因素是？

1. 缺少必要的政策支持　2. 缺少资金　3. 缺少市场信息　4. 缺少有效的社会关系　5. 缺乏经营能力　6. 缺少技术　7. 环境制约　8. 其他

最多选择三项并按其重要性排序：第一位____第二位____第三位____

七、近年来您曾经向哪个渠道贷（借）款？

1. 农村信用社　2. 农业银行　3. 工商银行　4. 建设银行　5. 中国银行　6. 邮政储蓄银行　7. 政策性银行（农发展、国开）　8. 其他村　9. 因主动不愿借款而没有借款经历　10. 因被动无渠道借款而没有借款经历　11. 其他渠道

最多选择三项并按其重要性排序：第一位____第二位____第三位____

八、您觉得从银行或者信用社贷款是否困难？

是□　　　　　　　　　　否□

如果填是，原因是下面哪些？

1. 手续复杂，时间太长　2. 缺乏抵押物或担保人　3. 贷款手续费太高　4. 根本不向我们贷款

选择三项并按其重要性排序：第一位____第二位____第三位____

九、您获得银行贷款，主要采取什么担保方式？

1. 信用　2. 房产抵押　3. 集体所有土地抵押　4. 集体所有林地抵押　5. 担保公司　6. 联保贷款　7. 其他

最多选择三项并按其重要性排序：第一位____第二位____第三位____

十、您认为目前的银行贷款利率

1. 可以接受　2. 有一点偏高　3. 无法接受　4. 无所谓，只要能贷到款

十一、金融机构提供的借款种类能满足您的要求吗？

1. 能□　　　　　　　　　　2. 不能□

您曾经通过小额贷款公司、借贷行等机构借钱吗？

1．是□   2．否□

付给小额贷款公司、借贷行的利息是沉重负担吗？

1．是□   2．否□

您能接受的最高贷（借）款年利率是：_____

您目前的负债中，银行贷款占____%，小额贷款公司贷款占____%，借贷行借款占____%

十二、您认为担保机构对您筹款

1．很有帮助   2．费用太高，无力投保   3．没有帮助

十三、您觉得办理贷款存在的问题主要是？

1．贷款金额太小   2．担保品要求过高   3．审批速度太慢   4．贷款利率或费率过高   5．银行员工专业水平低或服务态度差   6．离居住地距离太远   7．其他

最多选择三项并按其重要性排序：第一位____第二位____第三位____

十四、您希望金融机构能更多提供什么服务满足您的贷款需求？

1．加快审批速度   2．降低小额贷款门槛   3．提供担保渠道   4．提供有针对性的贷款产品（创新）   5．上门服务   6．提供农业保险、理财产品等   7．增加金融知识宣传力度   8．其他

最多选择三项并按其重要性排序：第一位____第二位____第三位____

十五、您对于改善您所在区域的金融服务有什么希望和建议？

附录3 《云南省农村信用社金融供给情况调查问卷》

一、所在县有以下哪几个金融机构：

1．农村信用社   2．农业银行   3．工商银行   4．建设银行   5．中国银行   6．邮政储蓄银行   7．政策性银行（农发展、国开）   8．村镇银行   9．地方城市商业银行   10．其他

按各自在当地的重要性从高到低排序_____；对信用社的竞争性按强度依次是_____

二、下列业务对本联社发展的重要性(在相应栏内划√):

业务	非常重要	重要	一般	不重要	非常不重要
电子银行					
代收代缴业务					
基金代理					
理财产品					
保险代理					
贵金属业务					
外汇业务					
国债业务					
第三方存管业务					
信用卡业务					
农户贷款					
中小企业贷款					
创新型的贷款业务					

三、决定是否给客户贷款时,主要衡量客户的哪些条件?

1.信用 2.还款能力 3.借贷历史 4.财产抵押 5.其他

最多选择三项并按其重要性排序:第一位____第二位____第三位____

四、给农户贷款最担心的是:

1.风险大 2.金额小造成办理成本高 3.农户信用低 4.农户还贷能力低 5.贷款的挪用 6.其他

最多选择三项并按其重要性排序:第一位____第二位____第三位____

五、目前本联社在农户信贷工作方面最困难的是:

1.农户自有资金少 2.缺乏担保 3.缺乏抵押 4.无法对农户信用评级 5.对农户贷款的使用监督难 6.追还贷款难 7.金融机构人力不足 8.其他

最多选择三项并按其重要性排序:第一位____第二位____第三位____

六、本联社对农户资金需求情况的调查方式主要是:

1.从来不对资金需求进行了解 2.问卷调查 3.派信贷员入户了解情

况 4. 其他

七、本联社最主要的业务宣传方式：

1. 从未宣传过 2. 发宣传单 3. 报纸及广播 4. 入户讲解 5. 其他

八、您觉得目前农村信用社在市场竞争中的劣势主要是？

1. 存款份额太少 2. 贷款份额太少 3. 业务办理效率不高 4. 经营成本过高 5. 网上银行等新式工具推广不足 6. 人力资源问题 7. 中间业务发展不足 8. 金融产品创新力度弱 9. 宣传力度不够 10. 其他

最多选择三项并按其重要性排序：第一位＿＿第二位＿＿第三位＿＿

九、您认为联社未来发展的重点是？

1. 提高存款市场份额 2. 提高贷款市场份额 3. 提高业务办理效率 4. 降低经营成本 5. 提供有针对性的金融创新产品 6. 改善人力资源结构 7. 提供农业保险产品等其他金融产品 8. 能够增加金融知识宣传力度 9. 其他

最多选择三项并按其重要性排序：第一位＿＿第二位＿＿第三位＿＿

十、您希望国家对于加强农村金融服务更多出台哪方面的政策？

1. 土地流转 2. 林权抵押 3. 民间金融合法化、阳光化 4. 设立更多村镇银行 5. 利率市场化 6. 其他

最多选择三项并按其重要性排序：第一位＿＿第二位＿＿第三位＿＿

附录4 云南民族自治地方案例分析田野调查数据表[①]

1. 楚雄彝族自治州案例分析数据表

（1）会计类科目指标

[①] 本附录表格数据来源均为：《云南省农村信用社金融需求情况调查问卷（一）》，针对信贷客户的《云南省农村信用社金融需求情况调查问卷（二）》和针对银行管理人员的《云南省农村信用社金融供给情况调查问卷》。（详见附件1、2、3）

表 1.1.1　2012 年楚雄彝族自治州会计类科目指标表（一）

地区	联社	柜员	信贷员	ATM	CRS	BST	POS（7月）	企业客户数	电子银行企业客户数
楚雄	楚雄市联社	226	282	35	11	8	525	3818	405
楚雄	禄丰县联社	201	101	17	1	10	187	972	112
楚雄	双柏县联社	87	34	7	2	2	134	498	37
楚雄	永仁县联社	73	36	10	0	1	117	718	34
楚雄	大姚县联社	130	59	12	4	6	116	900	57
楚雄	姚安县联社	88	60	14	0	0	63	588	66
楚雄	南华县联社	114	50	18	2	1	205	1193	77
楚雄	武定县联社	159	67	12	1	0	141	769	74
楚雄	元谋县联社	84	35	11	2	3	154	883	68
楚雄	牟定县联社	78	36	10	0	0	197	623	90
楚雄	合计	1240	760	146	23	31	1839	10962	1020

表 1.1.2　2012 年楚雄彝族自治州会计类科目指标表（二）

地区	联社	个人客户数	电子银行个人客户数	2012年存款业务流水量（万笔）	2012年存款业务交易额（亿元）	2012年贷款业务流水量（万笔）	2012年贷款业务交易额（亿元）	2012年转账业务流水量（万笔）	2012年转账业务交易额（亿元）
楚雄	楚雄市联社	524609	6431	197.64	189.11	2.81	39.19	22.54	729.43
楚雄	禄丰县联社	378053	2902	131.07	91.27	3.35	26.35	10.90	231.43
楚雄	双柏县联社	162763	911	55.73	30.78	1.41	9.61	4.44	189.50
楚雄	永仁县联社	106156	707	41.88	23.83	0.83	7.10	3.61	43.17
楚雄	大姚县联社	353118	968	90.83	51.62	2.13	17.73	7.60	134.08
楚雄	姚安县联社	235762	1356	80.98	52.36	1.59	14.03	5.19	77.28
楚雄	南华县联社	251801	1219	85.99	66.88	1.79	15.11	10.66	243.01
楚雄	武定县联社	272132	1340	96.93	65.77	1.02	11.77	10.67	281.74
楚雄	元谋县联社	206301	1286	69.03	61.67	1.17	8.43	6.85	160.16
楚雄	牟定县联社	205613	1242	64.76	37.13	1.70	13.42	4.04	81.67
楚雄	合计	2696308	18362	915	670	18	163	87	2171

表1.1.3 2012年楚雄彝族自治州会计类科目指标表（三）

地区	联社	2012年保险、理财业务流水量（笔）	2012年保险、理财业务交易额（万元）	2012年电费代理流水量（笔）	2012年电费代理交易额（元）	2012年烟叶收购流水量（笔）	2012年烟叶收购交易额（元）
楚雄	楚雄市	1370	318.68608	208137	6745938.56	307038.00	424789568.29
楚雄	禄丰县	336	29.03606	74	31485.09	57279.00	74355739.93
楚雄	双柏县	70	5.5835	1	24.76	28925.00	43558753.60
楚雄	永仁县	2	15	2	143.43	24586.00	35053381.17
楚雄	大姚县	132	87.94725				
楚雄	姚安县	376	113.5166				
楚雄	南华县	185	48.960125	251	15388.19	202615.00	262445069.59
楚雄	武定县	33	24.2025			184835.00	264859459.13
楚雄	元谋县	36	16.2575				
楚雄	牟定县	53	2.487225	151201	3730753.34		
楚雄	合计	2593	661.67684	359666	10523733	805278	1105061972

表1.1.4 2012年楚雄彝族自治州会计类科目指标表（四）

地区	联社	2012年移动代理流水量（笔）	2012年移动代理交易额（元）	2012年交通罚款流水量	2012年交通罚款交易额	2012年其他中间业务流水量（笔）	2012年其他中间业务交易额（元）
楚雄	楚雄市	48073.00	201955187.74	91.00	20050.00	849548	604875827.2
楚雄	禄丰县	29731.00	87156164.53	6.00	850.00	601284	208189191.9
楚雄	双柏县	8749.00	26890401.56	3.00	700.00	402157	106236496.1
楚雄	永仁县	8874.00	20752496.00			249050	87470582.47
楚雄	大姚县	17657.00	47362811.14	27.00	4900.00	699927	157292412.1
楚雄	姚安县	13757.00	25963329.03			423033	94109755.95
楚雄	南华县	16669.00	40345140.40	5.00	1150.00	594841	121075775.7
楚雄	武定县	4394.00	8755752.32	17.00	4550.00	483540	147447549.7
楚雄	元谋县	12258.00	41598431.19	94.00	17919.00	281799	130595962.5
楚雄	牟定县	10022.00	22771649.79			483503	74105934.04
楚雄	合计	170184	523551364	243	50119	5068682	1731399488

(2) 贷款可得性调查指标：

表 1.2.1 2012 年楚雄彝族自治州贷款可得性指标表（一）

地区	联社	3000 元以下				3000—5000 元			
		申贷户数	申贷金额	批准贷款户数	批准贷款金额	申贷户数	申贷金额	批准贷款户数	批准贷款金额
楚雄	楚雄市	92	175257.99	91	175256.99	290	1089830	289	1085080
楚雄	禄丰县	82	138408	80	137408	199	718800	199	718800
楚雄	双柏县	24	39581.01	23	39581.01	498	1989800	498	1989800
楚雄	永仁县	29	57233.42	29	57233.42	56	212400	56	212400
楚雄	大姚县	164	332503.62	164	332503.62	271	1031130	271	1031130
楚雄	姚安县	22	30859.25	21	30659.25	43	161900	43	161900
楚雄	南华县	26	44896	25	44886	79	296600	79	296600
楚雄	武定县	42	79740.48	40	79815.96	75	282800	75	282800
楚雄	元谋县	59	110586	58	109586	141	515750	140	512250
楚雄	牟定县	104	193032	102	191022	174	664000	174	664000
楚雄	合计	644	1202097.8	633	1197952.3	1826	6963010	1824	6954760

表 1.2.2 2012 年楚雄彝族自治州贷款可得性指标表（二）

地区	联社	5000—10000 元				1 万—10 万元			
		申贷户数	申贷金额	批准贷款户数	批准贷款金额	申贷户数	申贷金额	批准贷款户数	批准贷款金额
楚雄	楚雄市	901	5003500	899	4993500	8465	303091300	8436	301446300
楚雄	禄丰县	668	4443000	668	4443000	9279	369693200	9267	368803200
楚雄	双柏县	636	4760700	635	4753700	4671	161440500	4668	160980500
楚雄	永仁县	178	1147300	178	1147300	2324	93753600	2313	93363600
楚雄	大姚县	673	4443600	673	4443600	7989	315388700	7984	314843700
楚雄	姚安县	140	1029300	140	1029300	4103	174833400	4101	174733400
楚雄	南华县	203	1383200	201	1372200	6784	271671300	6773	271071300
楚雄	武定县	201	1225400	201	1225400	4754	141749650	4752	141710650
楚雄	元谋县	426	2628280	423	2612280	5353	186502900	5347	186152900
楚雄	牟定县	473	3325490	473	3325490	6525	252548850	6502	250967850
楚雄	合计	4499	29389770	4491	29345770	60247	2270673400	60143	2264073400

表 1.2.3 2012 年楚雄彝族自治州贷款可得性指标表（三）

地区	联社	10万—30万元				30万元以上			
		申贷户数	申贷金额	批准贷款户数	批准贷款金额	申贷户数	申贷金额	批准贷款户数	批准贷款金额
楚雄	楚雄市	1522	197762000	1515	196492000	478	1130550000	469	1111425000
楚雄	禄丰县	1131	136118700	1121	134042000	257	557992000	257	557992000
楚雄	双柏县	914	115910000	913	115260000	71	181735000	69	179365000
楚雄	永仁县	659	83138000	657	82675000	138	118028000	138	118028000
楚雄	大姚县	864	105390000	859	104540000	195	440580000	193	435080000
楚雄	姚安县	1746	235912000	1746	235792000	59	119120000	59	117120000
楚雄	南华县	605	86157000	602	85157000	199	413050000	196	411150000
楚雄	武定县	829	142968500	824	142138500	284	269700000	284	269700000
楚雄	元谋县	668	96410000	664	95810000	161	167095000	160	165695000
楚雄	牟定县	692	109423000	681	107200000	301	254694000	300	254194000
楚雄	合计	9630	1309189200	9582	1299106500	2143	3652544000	2125	3619749000

（3）贷款结构性调查指标：

表 1.3.1 2012 年楚雄彝族自治州贷款结构性指标表（一）

地区	联社	个人住房贷款		个人汽车贷款		个人综合消费贷款		个人助学贷款		个人生产经营贷款	
		笔数	金额	笔数	金额	笔数	金额	笔数	金额	笔数	金额
楚雄	楚雄市	113	55224000	2	299000	331	66793000			997	393321600
楚雄	禄丰县	126	24149000	51	5541040	102	9166000			776	130460500
楚雄	双柏县	99	14145000	4	375000	73	9001000			907	125330300
楚雄	永仁县	234	53323000	1	70000	222	27201800			502	63785500
楚雄	大姚县	32	5130500			417	35096500	1	30000	3287	302436480
楚雄	姚安县	15	2773000	2	150000	47	4198000			633	77256007.83
楚雄	南华县	83	23200000	2	300000	451	56888400			735	212329500
楚雄	武定县	285	59353500	8	740000	201	26311008.2			1195	193114700
楚雄	元谋县	90	18180000	49	4464000	218	24955000			830	111169800
楚雄	牟定县	91	17093000	12	2684000	357	45367498			1524	226659340
楚雄	合计	1168	272571000	131	14623040	2419	304978206	1	30000	11386	1835863728

表1.3.2 2012年楚雄彝族自治州贷款结构性指标表（二）

地区	联社	农户一般贷款		企业流动资金贷款		企业项目贷款		企业房地产开发贷款		小企业贷款	
		笔数	金额	笔数	金额	笔数	金额	笔数	金额	笔数	金额
楚雄	楚雄市	10147	410424137	78	685700000	1	5000000				
楚雄	禄丰县	10420	563857868	51	303673000					9	29600000
楚雄	双柏县	5518	208440581	6	59700000	2	48400000				
楚雄	永仁县	2347	105388233.4	1	1000000					15	48650000
楚雄	大姚县	6399	235913453.6	46	283950000	1	4500000				
楚雄	姚安县	5302	360484251.4	30	82800000					3	6000000
楚雄	南华县	6573	248784086	21	219700000	1	10000000				
楚雄	武定县	4503	211116568.3	15	62450000					1	8000000
楚雄	元谋县	5575	248825216	12	31300000					6	16550000
楚雄	牟定县	6180	243867124	20	86920000						
楚雄	合计	62964	2837101519	280	1817193000	5	67900000	0	0	34	108800000

表1.3.3 2012年楚雄彝族自治州贷款结构性指标表（三）

地区	联社	企业其他贷款		抵押贷款		质押贷款		保证贷款		信用贷款	
		笔数	金额	笔数	金额	笔数	金额	笔数	金额	笔数	金额
楚雄	楚雄市			589	712566000	13	1746000	221	451276000	10811	450029137
楚雄	禄丰县	2	4800000	391	461941000	17	63110000	413	84319000	10682	457156408
楚雄	双柏县			108	141305000	47	10412000	839	126938300	5683	185903281
楚雄	永仁县			321	112949000	28	8945000	282	31127000	2718	142772533.4
楚雄	大姚县			308	360617500	74	19249000	564	111565000	9146	373606433.6
楚雄	姚安县			29	59500000	1	2000000	65	58273000	5922	409394259.3
楚雄	南华县			295	397219700	8	6859000	25	20790000	7512	344282286
楚雄	武定县			916	283615500	26	3156000	231	119585600	4987	148829976.5
楚雄	元谋县			488	195424000	51	4056000	28	9363000	6175	242278516
楚雄	牟定县			310	187746000	8	8448000	84	14821800	7552	405766562
楚雄	合计	2	4800000	3755	2912883700	273	127981500	2752	1028058700	71188	3160019393

2. 红河哈尼族彝族自治州案例分析数据表
（1）会计类科目指标

表 2.1.1　2012 年红河哈尼族彝族自治州会计类科目指标表（一）

地区	联社	柜员	信贷员	ATM	CRS	BST	POS(7月)	企业客户数	电子银行企业客户数
红河	蒙自县联社	222	70	16	17	2	226	943	169
红河	个旧市联社	253	48	12	12	3	189	1,540	221
红河	开远市联社	186	55	18	5	1	128	1,367	174
红河	建水县联社	293	92	27	7	4	214	1,197	135
红河	石屏县联社	165	57	10	1	0	80	656	51
红河	弥勒市联社	207	76	18	5	5	278	1,056	161
红河	泸西县联社	179	60	17	4	1	140	731	74
红河	屏边县联社	74	22	8	2	1	68	412	47
红河	元阳县联社	119	20	12	1	1	61	428	29
红河	金平县联社	154	17	18	1	0	57	544	73
红河	红河县联社	102	55	7	1	0	35	215	19
红河	绿春县联社	83	48	8	1	1	65	227	33
红河	河口县联社	99	20	10	4	1	82	475	58
红河	合计	2136	640	181	61	20	1623	9791	1244

表 2.1.2　2012 年红河哈尼族彝族自治州会计类科目指标表（二）

地区	联社	个人客户数	电子银行个人客户数	2012年存款业务流水量（万笔）	2012年存款业务交易额（亿元）	2012年贷款业务流水量（万笔）	2012年贷款业务交易额（亿元）	2012年转账业务流水量（万笔）	2012年转账业务交易额（亿元）
红河	蒙自县联社	393943	3622	164.45	146.63	2.94	29.70	15.73	514.16
红河	个旧市联社	310745	3332	140.16	162.29	3.12	82.62	11.33	458.44
红河	开远市联社	268627	2014	144.40	122.38	2.06	44.61	16.31	575.62

(续表)

地区	联社	个人客户数	电子银行个人客户数	2012年存款业务流水量（万笔）	2012年存款业务交易额（亿元）	2012年贷款业务流水量（万笔）	2012年贷款业务交易额（亿元）	2012年转账业务流水量（万笔）	2012年转账业务交易额（亿元）
红河	建水县联社	300802	2827	174.89	195.44	9.22	51.50	16.12	643.27
红河	石屏县联社	267596	1656	119.35	89.03	2.80	20.38	8.00	433.06
红河	弥勒市联社	489516	4047	221.84	226.05	8.37	52.76	17.13	934.22
红河	泸西县联社	384635	1882	139.17	104.74	4.41	21.70	8.27	526.19
红河	屏边县联社	133986	1162	56.06	28.99	1.05	8.03	4.54	130.48
红河	元阳县联社	234363	1281	67.31	52.39	0.77	8.76	6.51	103.19
红河	金平县联社	282804	2068	87.15	58.59	0.66	9.98	8.48	262.09
红河	红河县联社	245452	985	59.39	28.08	1.03	7.23	2.71	53.57
红河	绿春县联社	146151	1054	59.69	34.81	0.87	5.16	4.02	125.75
红河	河口县联社	83218	1359	58.70	47.01	0.79	9.91	7.09	173.48
红河	合计	3541838	27289	1493	1296	38	352	126	4934

表2.1.3　2012年红河哈尼族彝族自治州会计类科目指标表（三）

地区	联社	2012年保险、理财业务流水量（笔）	2012年保险、理财业务交易额（万元）	2012年电费代理流水量（笔）	2012年电费代理交易额（元）	2012年烟叶收购流水量（笔）	2012年烟叶收购交易额（元）
红河	蒙自县联社	36	1.46625	8	253.08		
红河	个旧市联社	1	0.075	2880	362325.44		
红河	开远市联社	98	1.336613	2	116.03		
红河	建水县联社	1270	60.236475	87389	3064705.88		
红河	石屏县联社	364	16.261	29667	680812.32		

（续表）

地区	联社	2012年保险、理财业务流水量（笔）	2012年保险、理财业务交易额（万元）	2012年电费代理流水量（笔）	2012年电费代理交易额（元）	2012年烟叶收购流水量（笔）	2012年烟叶收购交易额（元）
红河	弥勒市联社	6	1.1025	1	5.4		
红河	泸西县联社	179	2.41275				
红河	屏边县联社	356	6.4121	1	31.82		
红河	元阳县联社	62	2.94875				
红河	金平县联社	47	4.9545	5	70.81		
红河	红河县联社	18	0.2215	1	33.3		
红河	绿春县联社	9	0.245	4	111.08		
红河	河口县联社	154	1.7645	14922	1446200.48		
红河	合计	2600	99.436938	134880	5554665.6	0	0

表2.1.4 2012年红河哈尼族彝族自治州会计类科目指标表（四）

地区	联社	2012年移动代理流水量（笔）	2012年移动代理交易额（元）	2012年交通罚款流水量	2012年交通罚款交易额	2012年其他中间业务流水量（笔）	2012年其他中间业务交易额（元）
红河	蒙自县联社	24925.00	80998069.35	16200.00	2361803.00	327091	182406688.2
红河	个旧市联社	19344.00	78443109.59	13.00	2456.00	337512	187580199.2
红河	开远市联社	19658.00	60250570.67	31.00	13059.00	304910	114764223.2
红河	建水县联社	27901.00	74435801.48	9.00	1300.00	294313	325216160.8
红河	石屏县联社	19702.00	49829202.47	29.00	8595.00	548802	190797226.1
红河	弥勒市联社	34495.00	82706656.13	25.00	4550.00	790253	239204893.1
红河	泸西县联社	24481.00	71184325.96	18.00	7766.50	755989	268897954.2
红河	屏边县联社	9055.00	29793187.00	8.00	1064.00	246312	57283312.65
红河	元阳县联社	13729.00	47783408.16	7.00	1250.00	369691	220396521.5
红河	金平县联社	18075.00	55663415.22	5.00	1850.00	1054853	290928625.7
红河	红河县联社	12196.00	31068356.97			458541	66014904.34
红河	绿春县联社	16971.00	35544737.34			234728	179105759
红河	河口县联社	12091.00	36871881.39	14.00	2840.00	68107	178585266.9
红河	合计	252623	734572722	16359	2406533.5	5791102	2501181735

(2) 贷款可得性调查指标：

表 2.2.1　2012 年红河哈尼族彝族自治州贷款可得性指标表（一）

地区	联社	3000 元以下				3000—5000 元			
		申贷户数	申贷金额	批准贷款户数	批准贷款金额	申贷户数	申贷金额	批准贷款户数	批准贷款金额
红河	蒙自县联社	29	52072	29	52072	98	347300	98	347300
红河	个旧市联社	107	188627.36	107	187677.36	274	960020	274	960020
红河	开远市联社	35	57328.31	34	57328.31	57	201500	57	201500
红河	建水县联社	789	1438440.5	787	1436140.5	1171	4148200	1168	4136700
红河	石屏县联社	229	419953.32	226	415952.72	442	1554700	442	1554700
红河	弥勒市联社	259	456655.15	258	455655.15	598	2082900	598	2082900
红河	泸西县联社	199	361302.1	196	360255.1	716	2575650	714	2568150
红河	屏边县联社	27	58700	26	56700	104	395600	104	395600
红河	元阳县联社	61	116781.6	61	116781.6	158	624400	158	624400
红河	金平县联社	4	53.52	4	53.52				
红河	红河县联社	25	40278.27	25	40278.27	69	261529.5	69	261529.5
红河	绿春县联社	15	18193.57	15	18193.57	29	113900	29	113900
红河	河口县联社	16	27730.78	16	27730.78	72	277400	72	277400
红河	合计	1795	3236116.5	1784	3224818.9	3788	13543100	3783	13524100

表 2.2.2　2012 年红河哈尼族彝族自治州贷款可得性指标表（二）

地区	联社	5000—10000 元				1 万—10 万元			
		申贷户数	申贷金额	批准贷款户数	批准贷款金额	申贷户数	申贷金额	批准贷款户数	批准贷款金额
红河	蒙自县联社	403	2644200	401	2632200	6858	280145120	6851	279806120
红河	个旧市联社	985	7111230	985	7111230	3845	165416200	3843	165188200
红河	开远市联社	602	4347200	602	4347200	5416	186257300	5407	185747300
红河	建水县联社	3415	25634750	3415	25626750	12114	521570000	12099	520537000
红河	石屏县联社	1600	10939800	1600	10939800	9719	367808200	9713	367526200
红河	弥勒市联社	2155	14516300	2155	14516300	19146	728581300	19146	728501300
红河	泸西县联社	6449	52970300	6446	52935300	15044	439463150	15028	438556850
红河	屏边县联社	363	2496790	363	2496790	4871	192942150	4869	192852150

（续表）

地区	联社	5000—10000元				1万—10万元			
		申贷户数	申贷金额	批准贷款户数	批准贷款金额	申贷户数	申贷金额	批准贷款户数	批准贷款金额
红河	元阳县联社	318	2336800	317	2330800	3473	162870100	3467	162388100
红河	金平县联社	10	71000	10	71000	2115	111225000	2111	110927000
红河	红河县联社	190	1235400	190	1235400	4836	192045050	4825	191254050
红河	绿春县联社	188	1271900	188	1271900	3901	139281050	3897	139111050
红河	河口县联社	360	2467900	360	2467900	2661	91146900	2659	91096900
红河	合计	17038	128043570	17032	127982570	93999	3578751520	93915	3573492220

表2.2.3 2012年红河哈尼族彝族自治州贷款可得性指标表（三）

地区	联社	10万—30万元				30万元以上			
		申贷户数	申贷金额	批准贷款户数	批准贷款金额	申贷户数	申贷金额	批准贷款户数	批准贷款金额
红河	蒙自县联社	1605	259655000	1604	259055000	393	839381000	392	823381000
红河	个旧市联社	2613	357327400	2607	356377400	730	2709823000	726	2690323000
红河	开远市联社	1291	201484400	1287	200684400	673	1564151000	673	1561751000
红河	建水县联社	5136	589483000	5125	588283000	334	454950000	333	454650000
红河	石屏县联社	1275	157281000	1269	156481000	306	497508000	305	497008000
红河	弥勒市联社	1438	230591000	1437	230491000	514	1539259000	514	1539259000
红河	泸西县联社	87	14230000	87	14230000	112	442750000	112	442750000
红河	屏边县联社	285	46051000	285	46051000	127	104390000	127	104390000
红河	元阳县联社	180	26140000	180	26140000	73	121680000	73	121680000
红河	金平县联社	754	121213000	754	121053000	199	280290000	198	279990000
红河	红河县联社	248	37459000	245	36539000	81	80715000	80	80415000
红河	绿春县联社	292	46860000	289	46460000	64	50417000	64	50417000
红河	河口县联社	329	52548000	329	52548000	216	346663000	216	346663000
红河	合计	15533	2140322800	15498	2134392800	3822	9031977000	3813	8992677000

(3) 贷款结构性调查指标：

表 2.3.1　2012 年红河哈尼族彝族自治州贷款结构性指标表（一）

地区	联社	个人住房贷款		个人汽车贷款		个人综合消费贷款		个人助学贷款		个人生产经营贷款	
		笔数	金额	笔数	金额	笔数	金额	笔数	金额	笔数	金额
红河	蒙自县联社	24	8770000	385	70620601	333	90469001			1895	521587022
红河	个旧市联社			1	100000	215	31347000			1688	1004887500
红河	开远市联社	26	5360000	602	186716400	294	42288000			1038	544124500
红河	建水县联社	24	4020000	111	20980000	443	52160500			1721	188798824
红河	石屏县联社			83	18117000	149	16218800			1011	233836200
红河	弥勒市联社	51	33975000	25	1653000	647	72864529			2324	389427048
红河	泸西县联社	1	50000			147	11054600			1451	152481100
红河	屏边县联社	7	330000	19	3966000	130	22885400			925	89991500
红河	元阳县联社	54	7684000			206	25110500			829	112501100
红河	金平县联社					32	3480000			1187	227480024
红河	红河县联社	33	1352000	10	1258000	226	13862000			458	79214048.78
红河	绿春县联社	1	20000	1	50000	14	499000			678	58775010.72
红河	河口县联社	11	3468000			9	690000			844	249329800
红河	合计	232	65029000	1237	303461001	2845	382929330	0	0	16049	3852433678

表 2.3.2　2012 年红河哈尼族彝族自治州贷款结构性指标表（二）

地区	联社	农户一般贷款		企业流动资金贷款		企业项目贷款		企业房地产开发贷款		小企业贷款	
		笔数	金额	笔数	金额	笔数	金额	笔数	金额	笔数	金额
红河	蒙自县联社	6708	357248068	20	287700000	1	10000000	1	10000000	1	2000000
红河	个旧市联社	6447	1036797027	82	1183610000					4	27470000
红河	开远市联社	5954	437549828.3	55	502390000					33	246000000
红河	建水县联社	20032	1114982067	17	195500000					2	22800000
红河	石屏县联社	12117	735623652.7	8	35700000						
红河	弥勒市联社	20770	1020946578	56	803565000			6	153000000	9	35600000
红河	泸西县联社	20403	552158355.1	21	237900000						
红河	屏边县联社	4691	208750340	5	21950000						
红河	元阳县联社	3161	144016481.6	2	12500000					1	8000000
红河	金平县联社	1849	274796029.5	1	2000000						
红河	红河县联社	4693	189850209	6	15080000	1	2000000			3	10100000
红河	绿春县联社	3784	174114032.9	1	5000000						
红河	河口县联社	2761	118168130.8	22	103480000			2	5700000	1	330000
红河	合计	113370	6365000800	296	3406375000	2	12000000	9	168700000	54	352300000

表 2.3.3 2012年红河哈尼族彝族自治州贷款结构性指标表（三）

地区	联社	企业其他贷款		抵押贷款		质押贷款		保证贷款		信用贷款	
		笔数	金额	笔数	金额	笔数	金额	笔数	金额	笔数	金额
红河	蒙自县联社	1	14000000	1720	943113058	28	26386000	2498	193007401	5129	205250233
红河	个旧市联社	4	4600000	3835	1224411759	191	1577863000	1097	258780408.5	3524	194579359.9
红河	开远市联社	6	53700000	1627	1066071900	31	93949000	383	586175000	6000	216139828.3
红河	建水县联社			804	456441036	11	2033000	559	112905000	20937	1024610555
红河	石屏县联社			704	541592400	36	2948300	923	66964500	11740	425755452.7
红河	弥勒市联社	4	14900000	1695	1574288936	54	35795000	10365	555592694.2	12111	351646525
红河	泸西县联社			175	432480000	12	21720000	4436	197082950	17714	302953605.1
红河	屏边县联社			622	138939500	11	12489000	339	17649000	4804	177434740
红河	元阳县联社	2	4600000	670	148247500	19	14902800	1725	88596320.7	1840	61583460.9
红河	金平县联社	1	4900000	682	316690009.8	16	6139000	2040	166905043.7	332	22697000
红河	红河县联社	1	1100000	408	112468000	6	1940000	204	15220000	4793	180307257.8
红河	绿春县联社			217	70132000	2	1020000	834	57830650	3424	108729393.6
红河	河口县联社	2	13000000	616	398398309	8	945000	443	24725000	2595	69337621.79
红河	合计	21	110800000	13775	7423274408	425	1798130100	25846	2341433968	94943	3341025033

3. 文山壮族苗族自治州案例分析数据表

（1）会计类科目指标

表3.1.1　2012年文山壮族苗族自治州会计类科目指标表（一）

地区	联社	柜员	信贷员	ATM	CRS	BST	POS(7月)	企业客户数	电子银行企业客户数
文山	文山县联社	209	86	19	6	3	266	1,027	113
文山	砚山县联社	133	55	17	1	0	166	658	57
文山	麻栗坡县联社	147	58	4	4	0	52	356	57
文山	马关县联社	177	41	8	3	0	86	419	66
文山	邱北县联社	130	41	9	1	0	147	539	69
文山	富宁县联社	159	55	11	1	1	151	849	44
文山	广南县联社	212	88	10	2	1	53	717	71
文山	西畴县联社	134	43	5	0	0	44	448	58
文山	合计	1301	467	83	18	5	965	5013	535

表3.1.2　2012年文山壮族苗族自治州会计类科目指标表（二）

地区	联社	个人客户数	电子银行个人客户数	2012年存款业务流水量（万笔）	2012年存款业务交易额（亿元）	2012年贷款业务流水量（万笔）	2012年贷款业务交易额（亿元）	2012年转账业务流水量（万笔）	2012年转账业务交易额（亿元）
文山	文山县联社	274709	2903	131.07	170.98	1.37	19.77	15.80	479.26
文山	砚山县联社	227372	3071	102.14	101.41	2.72	13.72	9.75	211.11
文山	麻栗坡联社	186216	1349	82.87	56.75	1.21	8.34	3.95	138.69
文山	马关县联社	262377	1749	100.70	68.59	0.92	13.65	5.60	217.85
文山	邱北县联社	233077	1852	109.95	75.45	1.75	8.91	4.45	326.24
文山	富宁县联社	272280	1593	120.15	72.71	0.75	7.13	7.21	426.69
文山	广南县联社	352256	2369	142.98	89.70	1.09	13.10	8.72	491.52
文山	西畴县联社	148558	1581	69.07	38.73	0.54	5.82	3.56	251.95
文山	合计	1956845	16467	859	674	10	90	59	2543

表 3.1.3 2012 年文山壮族苗族自治州会计类科目指标表（三）

地区	联社	2012年保险、理财业务流水量（笔）	2012年保险、理财业务交易额（万元）	2012年电费代理流水量（笔）	2012年电费代理交易额（元）	2012年烟叶收购流水量（笔）	2012年烟叶收购交易额（元）
文山	文山县联社	106	82.89075				
文山	砚山县联社	507	3.26675				
文山	麻栗坡联社	144	10.4379	1	17.56	14665.00	84378658.46
文山	马关县联社	62	1.3185	3	126.02	30051.00	113783379.61
文山	邱北县联社	1	0.8			117838.00	353336783.06
文山	富宁县联社	93	3.0555				
文山	广南县联社	126	3.7845				
文山	西畴县联社	7	0.4488				
文山	合计	1046	106.0027	4	143.58	162554	551498821

表 3.1.4 2012 年文山壮族苗族自治州会计类科目指标表（四）

地区	联社	2012年移动代理流水量（笔）	2012年移动代理交易额（元）	2012年交通罚款流水量（笔）	2012年交通罚款交易额	2012年其他中间业务流水量（笔）	2012年其他中间业务交易额（元）
文山	文山县联社	38566.00	145054257.68	59.00	19704.00	138843	72195375.18
文山	砚山县联社	25351.00	96357540.13	3.00	350.00	219963	113105684.6
文山	麻栗坡联社	12491.00	42910954.52			432222	81621395.36
文山	马关县联社	18907.00	76145837.00	11.00	1468.00	562272	39364204.39
文山	邱北县联社	21212.00	70461592.00			343851	114510529.9
文山	富宁县联社	25179.00	79688890.00	8.00	3040.00	676601	103502909.3
文山	广南县联社	25688.00	97604136.59	11.00	1300.00	358517	92306305.81
文山	西畴县联社	11875.00	30499478.58			259599	65157596.65
文山	合计	179269	638722687	92	25862	2991868	681764001

（2）贷款可得性调查指标：

表3.2.1　2012年文山壮族苗族自治州贷款可得性指标表（一）

地区	联社	3000元以下				3000—5000元			
		申贷户数	申贷金额	批准贷款户数	批准贷款金额	申贷户数	申贷金额	批准贷款户数	批准贷款金额
文山	文山县联社	26	48639.24	26	48639.24	72	273250	72	273250
文山	砚山县联社	19	36500	18	34000	64	231900	63	228900
文山	麻栗坡联社	176	320014.39	176	320014.39	276	993600	275	990600
文山	马关县联社	13	11461.28	13	11461.28	11	39500	11	39500
文山	邱北县联社	17	34500	17	34500	33	114000	32	110000
文山	富宁县联社	5	1544.46	4	1543.11	21	79700	21	79700
文山	广南县联社	5	440	5	440	5	18000	5	18000
文山	西畴县联社	5	7136	5	7136	15	55600	15	55600
文山	合计	266	460235.37	264	457734.02	497	1805550	494	1795550

表3.2.2　2012年文山壮族苗族自治州贷款可得性指标表（二）

地区	联社	5000—10000元				1万—10万元			
		申贷户数	申贷金额	批准贷款户数	批准贷款金额	申贷户数	申贷金额	批准贷款户数	批准贷款金额
文山	文山县联社	237	1541900	237	1541900	3292	116036400	3291	116016400
文山	砚山县联社	392	2611500	391	2604500	2472	68042800	2463	67598800
文山	麻栗坡联社	944	6581650	941	6563650	5566	226315650	5556	225816650
文山	马关县联社	71	474500	70	469500	2725	117472580	2704	116306080

（续表）

地区	联社	5000—10000元				1万—10万元			
		申贷户数	申贷金额	批准贷款户数	批准贷款金额	申贷户数	申贷金额	批准贷款户数	批准贷款金额
文山	邱北县联社	167	1055940	167	1055940	2635	77974120	2626	77374120
文山	富宁县联社	75	467900	74	462900	2639	114160400	2628	113715400
文山	广南县联社	38	287200	38	287200	4931	222022400	4913	221025400
文山	西畴县联社	53	331200	53	331200	2387	103329800	2379	102931800
文山	合计	1977	13351790	1971	13316790	26647	1045354150	26560	1040784650

表3.2.3 2012年文山壮族苗族自治州贷款可得性指标表（三）

地区	联社	10万—30万元				30万元以上			
		申贷户数	申贷金额	批准贷款户数	批准贷款金额	申贷户数	申贷金额	批准贷款户数	批准贷款金额
文山	文山县联社	1272	212250000	1272	212250000	705	605652000	705	605652000
文山	砚山县联社	425	64781000	425	64531000	313	381601000	313	381601000
文山	麻栗坡联社	804	90388000	802	90188000	104	139398000	104	139398000
文山	马关县联社	435	68644000	431	68074000	418	436198000	416	426998000
文山	邱北县联社	393	59110000	391	58810000	153	171690000	153	171690000
文山	富宁县联社	287	38645000	287	38645000	179	197210000	178	196410000
文山	广南县联社	437	61272000	437	61272000	308	350795000	308	350795000
文山	西畴县联社	189	32140000	188	32040000	208	145790000	208	145790000
文山	合计	4242	627230000	4233	625810000	2388	2428334000	2385	2418334000

(3) 贷款结构性调查指标：

表 3.3.1 2012 年文山壮族苗族自治州贷款结构性指标表（一）

地区	联社	个人住房贷款		个人汽车贷款		个人综合消费贷款		个人助学贷款		个人生产经营贷款	
		笔数	金额	笔数	金额	笔数	金额	笔数	金额	笔数	金额
文山	文山县联社	367	78994012.59	6	2450000	177	38437200			1249	338063806.7
文山	砚山县联社	122	44302000	27	4064000	43	6721800			792	281021000
文山	麻栗坡联社	68	15761500	14	816000	477	39219424.47			1034	101099900
文山	马关县联社	305	72375150	14	2031049.74	37	1950000			1976	465219484.5
文山	邱北县联社	82	26220000	19	1182000	206	45172600			588	120702900
文山	富宁县联社	88	31550000	54	3369000	180	20248100			578	124408700
文山	广南县联社	424	56535400	13	1390000	338	57156500			988	157200500
文山	西畴县联社	720	113435000	29	1479000	123	8515000			640	81175500
文山	合计	2176	439173063	176	16781050	1581	217420624	0	0	7845	1668891791

表 3.3.2 2012 年文山壮族苗族自治州贷款结构性指标表（二）

地区	联社	农户一般贷款		企业流动资金贷款		企业项目贷款		企业房地产开发贷款		小企业贷款	
		笔数	金额	笔数	金额	笔数	金额	笔数	金额	笔数	金额
文山	文山县联社	3756	290299170	22	167000000	1	6000000	2	5600000	1	2000000
文山	砚山县联社	2672	111129400	10	70000000					1	1000000
文山	麻栗坡联社	6234	243322189.9	6	18970000	2	35700000			2	6000000
文山	马关县联社	1329	52057357.04	1	5220000					3	13750000

（续表）

地区	联社	农户一般贷款		企业流动资金贷款		企业项目贷款		企业房地产开发贷款		小企业贷款	
		笔数	金额	笔数	金额	笔数	金额	笔数	金额	笔数	金额
文山	邱北县联社	2463	75607060	10	41600000						
文山	富宁县联社	2309	133219743.1	3	26500000					3	11500000
文山	广南县联社	3962	236155640	13	79500000	5	23000000	2	20000000	1	9000000
文山	西畴县联社	1371	69226336	3	9000000						
文山	合计	24096	1211016796	68	417790000	8	64700000	4	25600000	11	43250000

表3.3.3 2012年文山壮族苗族自治州贷款结构性指标表（三）

地区	联社	企业其他贷款		抵押贷款		质押贷款		保证贷款		信用贷款	
		笔数	金额	笔数	金额	笔数	金额	笔数	金额	笔数	金额
文山	文山县联社	3	9000000	2195	773492219.2	86	9190000	770	84768600	2540	68451370
文山	砚山县联社			1162	458062000	29	9681000	2222	46304300	243	11570900
文山	麻栗坡联社	1	5990000	279	163213007.8	28	1341000	3668	212484118.8	3860	86691787.82
文山	马关县联社	1	2000000	1391	504233649.7	66	6809000	1267	55021881.69	908	46039009.85
文山	邱北县联社			666	218765000	11	2681000	2224	54147560	476	33881000
文山	富宁县联社			473	229984000	10	980000	1528	68029136	1178	50521407.11
文山	广南县联社			951	415076000	16	926000	4427	200702140	309	17003900
文山	西畴县联社			421	178495000	4	650000	2234	94590836	192	7549900
文山	合计	5	16990000	7538	2941320875	250	32258000	18340	816048572	9706	321709275

4．西双版纳傣族自治州案例分析数据表

（1）会计类科目指标

表 4.1.1　2012 年西双版纳傣族自治州会计类科目指标表（一）

地区	联社	柜员	信贷员	ATM	CRS	BST	POS(7月)	企业客户数	电子银行企业客户数
版纳	景洪市联社	160	39	34	4	0	355	1224	441
版纳	勐海县联社	108	55	19	3	1	182	745	116
版纳	勐腊县联社	130	42	24	2	2	182	759	101
版纳	合计	398	136	77	9	3	719	2728	658

表 4.1.2　2012 年西双版纳傣族自治州会计类科目指标表（二）

地区	联社	个人客户数	电子银行个人客户数	2012年存款业务流水量（万笔）	2012年存款业务交易额（亿元）	2012年贷款业务流水量（万笔）	2012年贷款业务交易额（亿元）	2012年转账业务流水量（万笔）	2012年转账业务交易额（亿元）
版纳	景洪市	376372	4763	166.43	187.87	1.91	26.92	13.32	688.77
版纳	勐海县	312493	3068	65.45	71.13	1.73	15.70	7.78	169.46
版纳	勐腊县	199973	3779	123.19	126.86	1.99	22.90	10.43	723.29
版纳	合计	888838	11610	355	386	6	66	32	1582

表 4.1.3　2012 年西双版纳傣族自治州会计类科目指标表（三）

地区	联社	2012年保险、理财业务流水量(笔)	2012年保险、理财业务交易额（万元）	2012年电费代理流水量（笔）	2012年电费代理交易额（元）	2012年烟叶收购流水量（笔）	2012年烟叶收购交易额（元）
版纳	景洪市	940	44.67987	113994	4782004.43		
版纳	勐海县	333	12.04895	79604	4212771.58		
版纳	勐腊县	216	20.099	4985	775845.95		
版纳	合计	1489	76.82782	198583	9770622	0	0

表 4.1.4　2012 年西双版纳傣族自治州会计类科目指标表（四）

地区	联社	2012年移动代理流水量(笔)	2012年移动代理交易额（元）	2012年交通罚款流水量	2012年交通罚款交易额	2012年其他中间业务流水量(笔)	2012年其他中间业务交易额（元）
版纳	景洪市	70035.00	311049438.31	6.00	1000.00	460991	96210702.48
版纳	勐海县	28053.00	98663115.48	6.00	6300.00	504770	116893255.6
版纳	勐腊县	31623.00	139765083.59	4.00	602.00	104692	146082418.6
版纳	合计	129711	549477637	16	7902	1070453	359186377

(2) 贷款可得性调查指标：

表 4.2.1　2012 年西双版纳傣族自治州贷款可得性指标表（一）

地区	联社	3000 元以下				3000—5000 元			
		申贷户数	申贷金额	批准贷款户数	批准贷款金额	申贷户数	申贷金额	批准贷款户数	批准贷款金额
版纳	景洪市	34	54415	33	54414	98	364100	98	364100
版纳	勐海县	58	104194	55	104083.5	156	581400	156	581400
版纳	勐腊县	21	33272	20	32061	58	210200	58	210200
版纳	合计	113	191881	108	190558.5	312	1155700	312	1155700

表 4.2.2　2012 年西双版纳傣族自治州贷款可得性指标表（二）

地区	联社	5000—10000 元				1 万—10 万元			
		申贷户数	申贷金额	批准贷款户数	批准贷款金额	申贷户数	申贷金额	批准贷款户数	批准贷款金额
版纳	景洪市	260	1672900	260	1672900	7214	330890400	7212	330750400
版纳	勐海县	351	2382500	351	2382500	5195	201672500	5186	201107300
版纳	勐腊县	155	993900	155	993900	5884	286358356	5871	285526356
版纳	合计	766	5049300	766	5049300	18293	818921256	18269	817384056

表 4.2.3　2012 年西双版纳傣族自治州贷款可得性指标表（三）

地区	联社	10 万—30 万元				30 万元以上			
		申贷户数	申贷金额	批准贷款户数	批准贷款金额	申贷户数	申贷金额	批准贷款户数	批准贷款金额
版纳	景洪市	3553	511931300	3548	510936300	302	360315000	300	354765000
版纳	勐海县	1221	182510200	1216	181570200	262	332076000	261	328376000
版纳	勐腊县	2895	336744328	2886	334377328	229	349200000	226	347920000
版纳	合计	7669	1031185828	7650	1026883828	793	1041591000	787	1031061000

(3) 贷款结构性调查指标：

表 4.3.1 2012 年西双版纳傣族自治州贷款结构性指标表（一）

地区	联社	个人住房贷款		个人汽车贷款		个人综合消费贷款		个人助学贷款		个人生产经营贷款	
		笔数	金额	笔数	金额	笔数	金额	笔数	金额	笔数	金额
版纳	景洪市	105	42675000	3	238500	266	37946000			1348	235729301
版纳	勐海县	29	4178000	2	130000	199	41135809.5			1005	160817400
版纳	勐腊县	59	28271000			7	259000			1099	210785300
版纳	合计	193	75124000	5	368500	472	79340810	0	0	3452	607332001

表 4.3.2 2012 年西双版纳傣族自治州贷款结构性指标表（二）

地区	联社	农户一般贷款		企业流动资金贷款		企业项目贷款		企业房地产开发贷款		小企业贷款	
		笔数	金额	笔数	金额	笔数	金额	笔数	金额	笔数	金额
版纳	景洪市	9555	770431813	23	95650000					12	21850000
版纳	勐海县	5933	337476274	40	162420000					4	12800000
版纳	勐腊县	7947	629494545	15	100750000					2	7000000
版纳	合计	23435	1737402632	78	358820000	0	0	0	0	18	41650000

表 4.3.3 2012 年西双版纳傣族自治州贷款结构性指标表（三）

地区	联社	企业其他贷款		抵押贷款		质押贷款		保证贷款		信用贷款	
		笔数	金额	笔数	金额	笔数	金额	笔数	金额	笔数	金额
版纳	景洪市			314	217308000	4	800000	893	178142000	10084	808568114
版纳	勐海县	1	290000	430	267904000	14	24255000	1256	165624900	5519	258012583.5
版纳	勐腊县			542	284558900	167	22863984	596	132686300	7857	529737661
版纳	合计	1	290000	1286	769770900	185	47918984	2745	476453200	23460	1596318359

5. 大理白族自治州案例分析数据表

（1）会计类科目指标

表 5.1.1 2012 年大理白族自治州会计类科目指标表（一）

地区	联社	柜员	信贷员	ATM	CRS	BST	POS(7月)	企业客户数	电子银行企业客户数
大理	云龙县联社	158	46	18	4	3	270	802	53

（续表）

地区	联社	柜员	信贷员	ATM	CRS	BST	POS(7月)	企业客户数	电子银行企业客户数
大理	大理农合行	453	130	55	19	28	294	1,820	248
大理	祥云县联社	154	52	17	7	7	100	626	60
大理	宾川县联社	161	44	16	2	2	145	827	99
大理	弥渡县联社	110	44	11	4	1	265	779	75
大理	鹤庆县联社	146	90	18	5	3	163	560	45
大理	剑川县联社	129	40	10	2	4	207	653	70
大理	洱源县联社	106	27	12	2	2	156	553	56
大理	漾濞县联社	83	33	6	4	1	80	260	24
大理	永平县联社	106	39	8	2	2	142	814	60
大理	巍山县联社	115	52	9	2	1	151	662	59
大理	南涧县联社	141	66	8	4	0	126	460	34
大理	合计	1862	663	188	57	52	2099	8816	883

表5.1.2　2012年大理白族自治州会计类科目指标表（二）

地区	联社	个人客户数	电子银行个人客户数	2012年存款业务流水量（万笔）	2012年存款业务交易额（亿元）	2012年贷款业务流水量（万笔）	2012年贷款业务交易额（亿元）	2012年转账业务流水量（万笔）	2012年转账业务交易额（亿元）
大理	云龙县联社	212223	1848	91.11	62.57	4.51	21.32	9.06	194.69
大理	大理农合行	548558	5177	246.06	314.04	6.83	93.13	27.09	1135.06
大理	祥云县联社	338945	1859	96.25	140.44	2.77	22.23	7.74	359.62
大理	宾川县联社	225750	1944	121.86	119.01	5.88	22.13	6.68	247.37
大理	弥渡县联社	308201	2243	104.32	88.88	5.10	23.34	14.37	276.04
大理	鹤庆县联社	256648	1494	92.99	74.20	2.16	14.73	5.21	136.14

（续表）

地区	联社	个人客户数	电子银行个人客户数	2012年存款业务流水量（万笔）	2012年存款业务交易额（亿元）	2012年贷款业务流水量（万笔）	2012年贷款业务交易额（亿元）	2012年转账业务流水量（万笔）	2012年转账业务交易额（亿元）
大理	剑川县联社	110934	1306	51.91	50.78	2.90	10.99	4.71	181.66
大理	洱源县联社	274308	1531	100.75	79.55	3.16	16.60	6.64	217.87
大理	漾濞县联社	102845	706	40.94	24.88	2.42	8.53	2.29	50.85
大理	永平县联社	112030	1320	56.71	53.39	3.27	14.32	4.97	386.66
大理	巍山县联社	192581	1628	84.58	86.57	5.81	18.97	6.61	419.97
大理	南涧县联社	200852	1151	65.18	51.67	5.27	19.67	3.77	97.52
大理	合计	2883875	22207	1153	1146	50	286	99	3703

表 5.1.3　2012 年大理白族自治州会计类科目指标表（三）

地区	联社	2012年保险、理财业务流水量（笔）	2012年保险、理财业务交易额（万元）	2012年电费代理流水量（笔）	2012年电费代理交易额（元）	2012年烟叶收购流水量（笔）	2012年烟叶收购交易额（元）
大理	云龙县联社	2357	17.398025	4	190.44	58613.00	115937681.44
大理	大理农合行	296	4.312325	43	1763.9	39585.00	83784691.99
大理	祥云县联社	10	3.81	1	17.1		
大理	宾川县联社	750	7.5085	8	207.89		
大理	弥渡县联社	153	2.190875	1	7.66		
大理	鹤庆县联社	1593	83.67308	171835	7620753	46537.00	85861852.49
大理	剑川县联社	71	1.159625	5747	110449.05	72067.00	124872951.33

（续表）

地区	联社	2012年保险、理财业务流水量(笔)	2012年保险、理财业务交易额(万元)	2012年电费代理流水量(笔)	2012年电费代理交易额(元)	2012年烟叶收购流水量(笔)	2012年烟叶收购交易额(元)
大理	洱源县联社	19	0.32075	27	1046.36		
大理	漾濞县联社	100	2.3	1	38.7	29876.00	57380609.72
大理	永平县联社	1698	25.3522			75796.00	140073501.76
大理	巍山县联社	4121	30.362727				
大理	南涧县联社	302	3.278838				
大理	合计	11470	181.66695	177667	7734474.1	322474	607911289

表5.1.4　2012年大理白族自治州会计类科目指标表（四）

地区	联社	2012年移动代理流水量(笔)	2012年移动代理交易额(元)	2012年交通罚款流水量	2012年交通罚款交易额	2012年其他中间业务流水量(笔)	2012年其他中间业务交易额(元)
大理	云龙县联社	12971.00	43466869.94	1.00	150.00	469265	184868426.7
大理	大理农合行	57251.00	200927311.78	17.00	7660.00	739646	326885612.1
大理	祥云县联社	39739.00	90991154.17	2.00	600.00	464068	152246289.8
大理	宾川县联社	24742.00	76493093.04	1.00	1200.00	175464	80655354.25
大理	弥渡县联社	17248.00	48571128.93	42.00	6350.00	388998	138907660.3
大理	鹤庆县联社	25606.00	57937269.04	13.00	3780.00	481192	119135395.7
大理	剑川县联社	12115.00	26800143.61	6.00	3700.00	265571	56706667.55
大理	洱源县联社	25298.00	50096300.28	3.00	2500.00	443797	158669012.5
大理	漾濞县联社	5798.00	20960735.00	1.00	50.00	202349	45434687.63

(续表)

地区	联社	2012年移动代理流水量(笔)	2012年移动代理交易额(元)	2012年交通罚款流水量	2012年交通罚款交易额	2012年其他中间业务流水量(笔)	2012年其他中间业务交易额(元)
大理	永平县联社	13379.00	39649327.52	2.00	550.00	138972	89253260.97
大理	巍山县联社	20787.00	53310153.19	2.00	200.00	268260	252630456.1
大理	南涧县联社	18931.00	39550546.68	2.00	350.00	329942	89431573.4
大理	合计	273865	748754033	92	27090	4367524	1694824397

（2）贷款可得性调查指标：

表5.2.1 2012年大理白族自治州贷款可得性指标表（一）

地区	联社	3000元以下				3000—5000元			
		申贷户数	申贷金额	批准贷款户数	批准贷款金额	申贷户数	申贷金额	批准贷款户数	批准贷款金额
大理	云龙县联社	31	48380	31	48380	81	286800	80	283800
大理	大理农合行	26	25320	15	4320	26	85000	17	58000
大理	祥云县联社	161	295826	159	292126	320	1216900	317	1205400
大理	宾川县联社	25	14126.78	25	14126.78	29	102000	29	102000
大理	弥渡县联社	89	153364	89	153364	117	416600	117	416600
大理	鹤庆县联社	11	20090	11	20090	32	115200	32	115200
大理	剑川县联社	6	6796	6	6796	22	81700	22	81700
大理	洱源县联社	23	14569.5	22	14069.5	47	168380	47	168380
大理	漾濞县联社	12	21500	12	21500	39	143700	39	143700
大理	永平县联社	24	27101	24	27101	57	209300	57	209300

（续表）

地区	联社	3000元以下				3000—5000元			
		申贷户数	申贷金额	批准贷款户数	批准贷款金额	申贷户数	申贷金额	批准贷款户数	批准贷款金额
大理	巍山县联社	44	63471	42	60871	32	121710	32	121710
大理	南涧县联社	36	49222	32	48110	58	219079.5	58	219079.5
大理	合计	488	739766.28	468	710854.28	860	3166369.5	847	3124869.5

表5.2.2　2012年大理白族自治州贷款可得性指标表（二）

地区	联社	5000—10000元				1万—10万元			
		申贷户数	申贷金额	批准贷款户数	批准贷款金额	申贷户数	申贷金额	批准贷款户数	批准贷款金额
大理	云龙县联社	368	2598900	368	2598900	10468	430438300	10450	429058300
大理	大理农合行	117	742000	98	614000	15692	530667500	15672	530190500
大理	祥云县联社	917	6189400	916	6184400	12788	463033600	12774	462314600
大理	宾川县联社	343	2017200	343	2017200	16231	539813500	16219	539143500
大理	弥渡县联社	436	2768850	434	2754850	10517	307750600	10487	306163600
大理	鹤庆县联社	158	1001200	158	1001200	8237	310559200	8234	309924200
大理	剑川县联社	113	723000	113	723000	5286	211210200	5282	211040200
大理	洱源县联社	516	3189980	516	3189980	8864	271569700	8858	271277700
大理	漾濞县联社	433	2908400	433	2908400	5911	188745450	5910	188635450
大理	永平县联社	317	2085600	316	2080600	9441	337330400	9424	336295400
大理	巍山县联社	317	2026930	317	2026930	10340	275317545	10332	274623995
大理	南涧县联社	245	1653953	245	1653953	7022	275303621.4	7016	274862276.4
大理	合计	4280	27905413	4257	27753413	120797	4141739616	120658	4133529721

表 5.2.3　2012 年大理白族自治州贷款可得性指标表（三）

地区	联社	10万—30万元				30万元以上			
		申贷户数	申贷金额	批准贷款户数	批准贷款金额	申贷户数	申贷金额	批准贷款户数	批准贷款金额
大理	云龙县联社	190	32235000	188	31625000	219	425737000	217	424857000
大理	大理农合行	2941	403072000	2937	402572000	1400	2335626000	1400	2335026000
大理	祥云县联社	1536	200351000	1533	199951000	324	530450000	324	530450000
大理	宾川县联社	438	53150000	432	52550000	109	99579000	109	99579000
大理	弥渡县联社	445	63996000	437	62696000	223	153690000	217	143190000
大理	鹤庆县联社	1408	158203000	1404	157383000	182	271505000	181	271105000
大理	剑川县联社	688	85625000	686	85075000	63	72820000	63	72820000
大理	洱源县联社	1185	136253000	1180	135553000	260	245680000	260	245680000
大理	漾濞县联社	208	26390000	207	26140000	51	55200000	51	55200000
大理	永平县联社	500	72710000	495	72060000	226	170760000	224	169660000
大理	巍山县联社	250	31425000	247	31095000	104	279660000	104	269660000
大理	南涧县联社	2261	257992960	2257	257472960	83	124400000	81	108400000
大理	合计	12050	1521402960	12003	1514172960	3244	4765107000	3231	4725627000

(3) 贷款结构性调查指标：

表 5.3.1　2012 年大理白族自治州贷款结构性指标表（一）

地区	联社	个人住房贷款		个人汽车贷款		个人综合消费贷款		个人助学贷款		个人生产经营贷款	
		笔数	金额	笔数	金额	笔数	金额	笔数	金额	笔数	金额
大理	云龙县联社	99	25807000	3	418000	208	24338500			1269	110333006
大理	大理农合行	72	32536000			954	228353010			759	433065000
大理	祥云县联社			1	200000	154	22000000			1597	422517050
大理	宾川县联社					333	43050000			920	131653048.8
大理	弥渡县联社					53	13350000			422	88797500
大理	鹤庆县联社	24	5210000			84	14233000			1413	129977000
大理	剑川县联社	16	4090000			308	40088260			741	65363500
大理	洱源县联社	12	7410000			773	87606020			799	132726020
大理	漾濞县联社					47	4930000			688	62138000
大理	永平县联社	125	24840000	1	50000	799	90025490			844	90817500
大理	巍山县联社	4	2000000	2	70000	299	32010000			765	111594000
大理	南涧县联社	1	209600	1	150000	1043	134960880			1388	161538344.5
大理	合计	353	102102600	8	888000	5055	734945160	0	0	11605	1940519969

表 5.3.2　2012 年大理白族自治州贷款结构性指标表（二）

地区	联社	农户一般贷款		企业流动资金贷款		企业项目贷款		企业房地产开发贷款		小企业贷款	
		笔数	金额	笔数	金额	笔数	金额	笔数	金额	笔数	金额
大理	云龙县联社	9775	413838624	37	187420000					30	122030000
大理	大理农合行	18249	1346630810	61	1233400000						
大理	祥云县联社	14230	593530476	11	166500000					1	2000000
大理	宾川县联社	15849	504122778	1	15000000						
大理	弥渡县联社	11301	381316914	9	32970000						
大理	鹤庆县联社	8525	455366690	11	110000000	3	8500000	1	10000000	1	3800000
大理	剑川县联社	5092	223234936	5	27700000					4	9600000
大理	洱源县联社	9242	336771089.5	8	67250000					2	19300000
大理	漾濞县联社	5866	177038050	6	30000000						
大理	永平县联社	8740	328564911	3	35000000	1	8000000			2	4000000
大理	巍山县联社	9963	241714506	17	182300000	1	10000000				
大理	南涧县联社	7203	320934898.9	3	28000000						
大理	合计	124035	5323064683	172	2115540000	5	26500000	1	10000000	40	160730000

表 5.3.3 2012年大理白族自治州贷款结构性指标表（三）

地区	联社	企业其他贷款		抵押贷款		质押贷款		保证贷款		信用贷款	
		笔数	金额	笔数	金额	笔数	金额	笔数	金额	笔数	金额
大理	云龙县联社	1	8950000	288	265053500	79	143376000			10936	480391880
大理	大理农合行			3664	2276048086	26	4766000	2369	456595086	14066	541645648
大理	祥云县联社			930	620141000	11	2270000	687	75310500	14322	503836026
大理	宾川县联社			109	85549000	4	226000	248	25768000	16735	581942826.8
大理	弥渡县联社			316	128067500	15	1390000	2028	107415500	9908	281109414
大理	鹤庆县联社	1	5000000	191	226585000	9	6290000	8	24320000	9760	483383690
大理	剑川县联社			37	45910000	36	6121000	259	34825000	5808	283120696
大理	洱源县联社	2	5700000	98	161873000	94	22202200	47	10725000	10584	461232929.5
大理	漾濞县联社			97	51930000	16	1922000	1010	38797300	5520	181411750
大理	永平县联社	1	1800000	247	147448000	7	997000	36	6700000	10184	425537401
大理	巍山县联社			542	286684200	15	3089000	145	17976000	10385	270019306
大理	南涧县联社			561	159539000	4	545000	431	20930656.9	8673	462620222
大理	合计	5	21450000	7080	4454828286	316	193194200	7268	819363043	126881	4956251789

6. 德宏傣族景颇族自治州案例分析数据表

（1）会计类科目指标

表6.1.1　2012年德宏傣族景颇族自治州会计类科目指标表（一）

地区	联社	柜员	信贷员	ATM	CRS	BST	POS(7月)	企业客户数	电子银行企业客户数
德宏	芒市联社	250	67	19	6	7	190	779	92
德宏	梁河县联社	73	27	5	4	2	251	534	54
德宏	陇川县联社	92	48	8	10	7	146	550	70
德宏	瑞丽市联社	106	55	8	3	4	327	694	104
德宏	盈江县联社	136	22	9	10	2	336	1,030	40
德宏	合计	657	219	49	33	22	1250	3587	360

表6.1.2　2012年德宏傣族景颇族自治州会计类科目指标表（二）

地区	联社	个人客户数	电子银行个人客户数	2012年存款业务流水量（万笔）	2012年存款业务交易额（亿元）	2012年贷款业务流水量（万笔）	2012年贷款业务交易额（亿元）	2012年转账业务流水量（万笔）	2012年转账业务交易额（亿元）
德宏	芒市联社	268947	1918	127.93	121.37	1.84	17.21	9.29	417.47
德宏	梁河县联社	129172	1405	72.37	45.52	1.43	10.83	3.24	175.19
德宏	陇川县联社	165557	1265	94.39	59.77	1.35	10.83	6.05	138.08
德宏	瑞丽市联社	133525	1853	86.00	178.60	0.97	23.91	11.05	497.13
德宏	盈江县联社	240893	1442	138.72	119.34	4.26	19.96	9.71	318.49
德宏	合计	938094	7883	519	525	10	83	39	1546

表6.1.3　2012年德宏傣族景颇族自治州会计类科目指标表（三）

地区	联社	2012年保险、理财业务流水量（笔）	2012年保险、理财业务交易额（万元）	2012年电费代理流水量（笔）	2012年电费代理交易额（元）	2012年烟叶收购流水量（笔）	2012年烟叶收购交易额（元）
德宏	芒市	308	15.0875	2	63.46		
德宏	梁河	2	0.018				
德宏	陇川	24	0.68575	1	15.76		
德宏	瑞丽	22	1.37075				
德宏	盈江	54	1.49825				
德宏	合计	410	18.66025	3	79.22	0	0

表6.1.4　2012年德宏傣族景颇族自治州会计类科目指标表（四）

地区	联社	2012年移动代理流水量（笔）	2012年移动代理交易额（元）	2012年交通罚款流水量	2012年交通罚款交易额	2012年其他中间业务流水量（笔）	2012年其他中间业务交易额（元）
德宏	芒市	32125.00	88163077.90	2.00	300.00	742791	197044933.5
德宏	梁河	17194.00	32241835.00	2.00	400.00	234747	48990099.54
德宏	陇川	27229.00	56582278.01	1.00	500.00	243266	140492946.2
德宏	瑞丽	46840.00	145907037.37	15.00	4350.00	66640	50399506.75
德宏	盈江	45291.00	96557487.65	7.00	1254.50	619928	393366034.1
德宏	合计	168679	419451716	27	6804.5	1907372	830293520

（2）贷款可得性调查指标：

表6.2.1　2012年德宏傣族景颇族自治州贷款可得性指标表（一）

地区	联社	3000元以下				3000—5000元			
		申贷户数	申贷金额	批准贷款户数	批准贷款金额	申贷户数	申贷金额	批准贷款户数	批准贷款金额
德宏	芒市	41	78487.76	41	78487.76	133	471000	133	471000
德宏	梁河	25	49600	25	49600	104	378300	104	378300
德宏	陇川	20	35766	20	35766	68	247900	68	247900
德宏	瑞丽	19	35936	19	35936	76	265200	76	265200
德宏	盈江	66	106539	66	106539	261	876400	261	876400
德宏	合计	171	306328.76	171	306328.76	642	2238800	642	2238800

表6.2.2　2012年德宏傣族景颇族自治州贷款可得性指标表（二）

地区	联社	5000—10000元				1万—10万元			
		申贷户数	申贷金额	批准贷款户数	批准贷款金额	申贷户数	申贷金额	批准贷款户数	批准贷款金额
德宏	芒市	440	2776700	440	2776700	6892	308833500	6890	308713500
德宏	梁河	313	1962500	313	1962500	3310	128878500	3310	128878500
德宏	陇川	278	1800605	277	1791605	3960	157129599	3955	156878099
德宏	瑞丽	419	2503625	419	2503625	2177	67881060	2173	67596060
德宏	盈江	1336	8256695	1335	8248695	13015	449078019	13014	448988019
德宏	合计	2786	17300125	2784	17283125	29354	1111800678	29342	1111054178

表6.2.3　2012年德宏傣族景颇族自治州贷款可得性指标表（三）

地区	联社	10万—30万元				30万元以上			
		申贷户数	申贷金额	批准贷款户数	批准贷款金额	申贷户数	申贷金额	批准贷款户数	批准贷款金额
德宏	芒市	1809	198865000	1809	198865000	225	391780000	225	391780000
德宏	梁河	92	13165000	92	13165000	109	235330000	109	235330000
德宏	陇川	525	74483600	523	74033600	124	149566200	123	149066200
德宏	瑞丽	174	30412475	173	30212475	387	1198786420	387	1190786420
德宏	盈江	638	91884058	638	91884058	151	309318664	151	309318664
德宏	合计	3238	408810133	3235	408160133	996	2284781284	995	2276281284

（3）贷款结构性调查指标：

表6.3.1　2012年德宏傣族景颇族自治州贷款结构性指标表（一）

地区	联社	个人住房贷款		个人汽车贷款		个人综合消费贷款		个人助学贷款		个人生产经营贷款	
		笔数	金额	笔数	金额	笔数	金额	笔数	金额	笔数	金额
德宏	芒市	42	27455000	13	2015000	166	23647000			2025	379109430
德宏	梁河	50	8655000	1	200000	204	13977000			421	202275000
德宏	陇川	148	35485000	2	90000	109	24607500			276	81080000
德宏	瑞丽	165	100160000			39	9830000			473	916546000
德宏	盈江	243	31410000			286	21750500			1638	256670650
德宏	合计	648	203165000	16	2305000	804	93812000	0	0	4833	1835681080

表6.3.2 2012年德宏傣族景颇族自治州贷款结构性指标表（二）

地区	联社	农户一般贷款		企业流动资金贷款		企业项目贷款		企业房地产开发贷款		小企业贷款	
		笔数	金额	笔数	金额	笔数	金额	笔数	金额	笔数	金额
德宏	芒市	7247	369798257.8	15	96750000	1	4500000			1	2000000
德宏	梁河	3252	125436900	4	12600000			1	17000000		
德宏	陇川	4274	208243170	8	28500000	2	10000000				
德宏	瑞丽	2513	110463716	15	161300000					1	9000000
德宏	盈江	13205	467284277	11	56800000	2	28700000				
德宏	合计	30491	1281226321	53	355950000	5	43200000	1	17000000	2	11000000

表6.3.3 2012年德宏傣族景颇族自治州贷款结构性指标表（三）

地区	联社	企业其他贷款		抵押贷款		质押贷款		保证贷款		信用贷款	
		笔数	金额	笔数	金额	笔数	金额	笔数	金额	笔数	金额
德宏	芒市	1	1000000	396	403432030	9	2485000	305	31317000	8755	465570657.8
德宏	梁河			100	145020000	23	2905000	893	50612500	2948	182013400
德宏	陇川			145	123500000	18	640300	2593	143156536	2267	115482134
德宏	瑞丽			344	1107870000	78	17865000	270	95330280	2526	71134436
德宏	盈江			415	314465000	47	3777000	6559	283933425	8910	263458950
德宏	合计	1	1000000	1400	2094287030	175	27672300	10620	604349741	25406	1097659578

7. 怒江傈僳族自治州案例分析数据表

（1）会计类科目指标

表7.1.1 2012年怒江傈僳族自治州会计类科目指标表（一）

地区	联社	柜员	信贷员	ATM	CRS	BST	POS(7月)	企业客户数	电子银行企业客户数
怒江	兰坪县联社	105	20	11	2	0	66	474	77
怒江	泸水县联社	128	76	9	1	0	108	351	72
怒江	福贡县联社	52	16	4	1	1	47	275	27
怒江	贡山县联社	31	4	1	0	0	15	92	2
怒江	合计	316	116	25	4	1	236	1192	178

表 7.1.2 2012 年怒江傈僳族自治州会计类科目指标表（二）

地区	联社	个人客户数	电子银行个人客户数	2012年存款业务流水量（万笔）	2012年存款业务交易额（亿元）	2012年贷款业务流水量（万笔）	2012年贷款业务交易额（亿元）	2012年转账业务流水量（万笔）	2012年转账业务交易额（亿元）
怒江	兰坪县联社	184543	1065	66.38	32.14	1.01	7.99	3.16	83.76
怒江	泸水县联社	103152	1114	47.50	27.03	0.91	6.62	3.78	73.79
怒江	福贡县联社	46318	609	24.41	14.63	0.24	2.77	1.91	73.43
怒江	贡山县联社	24674	167	10.67	3.89	0.03	0.91	0.49	9.51
怒江	合计	358687	2955	149	78	2	18	9	240

表 7.1.3 2012 年怒江傈僳族自治州会计类科目指标表（三）

地区	联社	2012年保险、理财业务流水量(笔)	2012年保险、理财业务交易额（万元）	2012年电费代理流水量（笔）	2012年电费代理交易额（元）	2012年烟叶收购流水量（笔）	2012年烟叶收购交易额（元）
怒江	兰坪县	2	0.0045				
怒江	泸水县	60	0.503446	2	34.66		
怒江	福贡县	9	0.20865				
怒江	贡山县	8	0.666				
怒江	合计	79	1.382596	2	34.66	0	0

表 7.1.4 2012 年怒江傈僳族自治州会计类科目指标表（四）

地区	联社	2012年移动代理流水量(笔)	2012年移动代理交易额（元）	2012年交通罚款流水量	2012年交通罚款交易额	2012年其他中间业务流水量(笔)	2012年其他中间业务交易额（元）
怒江	兰坪县	14157.00	57671097.08			44980	38831036.71
怒江	泸水县	15672.00	56183503.70	7.00	3000.00	63496	84114071.52
怒江	福贡县	6310.00	22213265.32			123325	27351807.64
怒江	贡山县	3991	12605064			4863	11258921
怒江	合计	40130	148672930	7	3000	236664	161555837

（2）贷款可得性调查指标：

表 7.2.1　2012 年怒江傈僳族自治州贷款可得性指标表（一）

地区	联社	3000 元以下				3000—5000 元			
		申贷户数	申贷金额	批准贷款户数	批准贷款金额	申贷户数	申贷金额	批准贷款户数	批准贷款金额
怒江	兰坪县	8	12316.62	8	12316.62	12	43000	12	43000
怒江	泸水县	0	0			1	4000	1	4000
怒江	福贡县	2	2500	2	2500	3	10500	3	10500
怒江	贡山县	0	0						
怒江	合计	10	14816.62	10	14816.62	16	57500	16	57500

表 7.2.2　2012 年怒江傈僳族自治州贷款可得性指标表（二）

地区	联社	5000—10000 元				1 万—10 万元			
		申贷户数	申贷金额	批准贷款户数	批准贷款金额	申贷户数	申贷金额	批准贷款户数	批准贷款金额
怒江	兰坪县	32	219600	32	219600	2007	85786700	2003	85596700
怒江	泸水县	4	28900	4	28900	2033	93679050	2020	92999050
怒江	福贡县	22	157000	22	157000	865	30992300	865	30992300
怒江	贡山县					119	3958200	119	3958200
怒江	合计	58	405500	58	405500	5024	214416250	5007	213546250

表 7.2.3　2012 年怒江傈僳族自治州贷款可得性指标表（三）

地区	联社	10 万—30 万元				30 万元以上			
		申贷户数	申贷金额	批准贷款户数	批准贷款金额	申贷户数	申贷金额	批准贷款户数	批准贷款金额
怒江	兰坪县	80	11688000	80	11688000	61	102385000	61	102385000
怒江	泸水县	244	27192000	243	27092000	33	73630000	33	71640000
怒江	福贡县	113	18449500	112	18289500	63	41860000	63	41860000
怒江	贡山县	22	3830000	22	3830000	7	9090000	7	8500000
怒江	合计	459	61159500	457	60899500	164	226965000	164	224385000

(3) 贷款结构性调查指标：

表 7.3.1 2012 年怒江傈僳族自治州贷款结构性指标表（一）

地区	联社	个人住房贷款		个人汽车贷款		个人综合消费贷款		个人助学贷款		个人生产经营贷款	
		笔数	金额	笔数	金额	笔数	金额	笔数	金额	笔数	金额
怒江	兰坪县	2	355000			351	18256508.31			300	44910000
怒江	泸水县	6	760000	1	80000	239	18132050			121	30898200
怒江	福贡县	230	14804200	7	264000	285	29138100			147	22441000
怒江	贡山县	25	3025700	2	100000	67	2337500			31	7358000
怒江	合计	263	18944900	10	444000	942	67864158	0	0	599	105607200

表 7.3.2 2012 年怒江傈僳族自治州贷款结构性指标表（二）

地区	联社	农户一般贷款		企业流动资金贷款		企业项目贷款		企业房地产开发贷款		小企业贷款	
		笔数	金额	笔数	金额	笔数	金额	笔数	金额	笔数	金额
怒江	兰坪县	1535	107988108.3	10	27170000					1	1000000
怒江	泸水县	1932	106363700	6	35900000						
怒江	福贡县	416	16424500							1	10000000
怒江	贡山县	23	2797000	2	950000					1	600000
怒江	合计	3906	233573308	18	64020000	0	0	0	0	3	11600000

表 7.3.3 2012 年怒江傈僳族自治州贷款结构性指标表（三）

地区	联社	企业其他贷款		抵押贷款		质押贷款		保证贷款		信用贷款	
		笔数	金额	笔数	金额	笔数	金额	笔数	金额	笔数	金额
怒江	兰坪县	1	475000	87	70823000	13	30170000	46	10778000	2050	90523616.62
怒江	泸水县			61	68174000	8	5020000	1	150000	2228	118419950
怒江	福贡县			135	41270000	1	200000	38	889000	879	48982800
怒江	贡山县			33	11850000	4	310000			109	4128200
怒江	合计	1	475000	316	192117000	26	35700000	85	11817000	5266	262054567

8. 迪庆藏族自治州案例分析数据表

(1) 会计类科目指标

表 8.1.1　2012 年迪庆藏族自治州会计类科目指标表（一）

地区	联社	柜员	信贷员	ATM	CRS	BST	POS(7月)	企业客户数	电子银行企业客户数
迪庆	香格里拉县联社	138	60	12	4	3	76	486	26
迪庆	维西县联社	108	19	13	4	0	41	391	26
迪庆	德钦县联社	82	22	4	1	0	23	265	24
迪庆	合计	328	101	29	9	3	140	1142	76

表 8.1.2　2012 年迪庆藏族自治州会计类科目指标表（二）

地区	联社	个人客户数	电子银行个人客户数	2012年存款业务流水量（万笔）	2012年存款业务交易额（亿元）	2012年贷款业务流水量（万笔）	2012年贷款业务交易额（亿元）	2012年转账业务流水量（万笔）	2012年转账业务交易额（亿元）
迪庆	香格里拉社	154839	770	63.39	62.78	1.26	12.21	4.68	161.18
迪庆	维西县联社	154077	814	51.22	31.99	0.48	6.57	3.35	133.80
迪庆	德钦县联社	55579	502	23.70	17.41	0.82	6.36	2.59	64.82
迪庆	合计	364495	2086	138	112	3	25	11	360

表 8.1.3　2012 年迪庆藏族自治州会计类科目指标表（三）

地区	联社	2012年保险、理财业务流水量(笔)	2012年保险、理财业务交易额(万元)	2012年电费代理流水量(笔)	2012年电费代理交易额(元)	2012年烟叶收购流水量(笔)	2012年烟叶收购交易额(元)
迪庆	香格里拉	1	0.09	2	31.96		
迪庆	维西县	51	2.3025				
迪庆	德钦县			4	185.42		
迪庆	合计	52	2.3925	6	217.38	0	0

表8.1.4 2012年迪庆藏族自治州会计类科目指标表（四）

地区	联社	2012年移动代理流水量(笔)	2012年移动代理交易额(元)	2012年交通罚款流水量	2012年交通罚款交易额	2012年其他中间业务流水量(笔)	2012年其他中间业务交易额(元)
迪庆	香格里拉	818.00	2687739.00	5.00	1800.00	225337	96288716.97
迪庆	维西县	2.00	4500.00	3.00	550.00	183748	60825382.8
迪庆	德钦县	337.00	272651.00			64147	8092540.15
迪庆	合计	1157	2964890	8	2350	473232	165206640

（2）贷款可得性调查指标：

表8.2.1 2012年迪庆藏族自治州贷款可得性指标表（一）

地区	联社	3000元以下				3000—5000元			
		申贷户数	申贷金额	批准贷款户数	批准贷款金额	申贷户数	申贷金额	批准贷款户数	批准贷款金额
迪庆	香格里拉	19	36012	19	36012	45	170800	45	170800
迪庆	维西县	1	12	1	12	15	50500	15	50500
迪庆	德钦县	2	33	2	33	2	7700	2	7700
迪庆	合计	22	36057	22	36057	62	229000	62	229000

表8.2.2 2012年迪庆藏族自治州贷款可得性指标表（二）

地区	联社	5000—10000元				1万—10万元			
		申贷户数	申贷金额	批准贷款户数	批准贷款金额	申贷户数	申贷金额	批准贷款户数	批准贷款金额
迪庆	香格里拉	147	987662.5	147	987662.5	4861	220188844	4854	219573704
迪庆	维西县	36	205000	36	205000	1805	84724000	1803	84584000
迪庆	德钦县	1	5000	1	5000	1660	71364100	1660	71364100
迪庆	合计	184	1197662.5	184	1197662.5	8326	376276944	8317	375521804

表 8.2.3 2012 年迪庆藏族自治州贷款可得性指标表（三）

地区	联社	10万—30万元				30万元以上			
		申贷户数	申贷金额	批准贷款户数	批准贷款金额	申贷户数	申贷金额	批准贷款户数	批准贷款金额
迪庆	香格里拉	453	69236496	452	69136496	201	210023322	201	204023322
迪庆	维西县	359	55455000	359	55455000	141	136522000	141	136522000
迪庆	德钦县	529	70176000	529	70176000	85	111803000	85	111803000
迪庆	合计	1341	194867496	1340	194767496	427	458348322	427	452348322

（3）贷款结构性调查指标：

表 8.3.1 2012 年迪庆藏族自治州贷款结构性指标表（一）

地区	联社	个人住房贷款		个人汽车贷款		个人综合消费贷款		个人助学贷款		个人生产经营贷款	
		笔数	金额	笔数	金额	笔数	金额	笔数	金额	笔数	金额
迪庆	香格里拉	101	39017000	13	1625000	115	23937000			889	147827600
迪庆	维西县	204	43902000	3	400000	209	47015000			660	71049000
迪庆	德钦县	14	4494000			30	4805000			312	29420024
迪庆	合计	319	87413000	16	2025000	354	75757000	0	0	1861	248296624

表 8.3.2 2012 年迪庆藏族自治州贷款结构性指标表（二）

地区	联社	农户一般贷款		企业流动资金贷款		企业项目贷款		企业房地产开发贷款		小企业贷款	
		笔数	金额	笔数	金额	笔数	金额	笔数	金额	笔数	金额
迪庆	香格里拉	4598	230601396.5	15	53210000					1	800000
迪庆	维西县	1289	58759512	6	20500000					2	37000000
迪庆	德钦县	1900	155836809	1	1000000	2	56000000			1	2000000
迪庆	合计	7787	445197718	22	74710000	2	56000000	0	0	4	39800000

表 8.3.3　2012 年迪庆藏族自治州贷款结构性指标表（三）

地区	联社	企业其他贷款		抵押贷款		质押贷款		保证贷款		信用贷款	
		笔数	金额	笔数	金额	笔数	金额	笔数	金额	笔数	金额
迪庆	香格里拉			365	208687000	87	14189800	1103	72086981.5	4176	199484215
迪庆	维西县			276	155532000	39	3643000	490	40137000	1553	77604512
迪庆	德钦县			82	104753009	5	330000	312	47201000	1870	101271824
迪庆	合计	0	0	723	468972009	131	18162800	1905	159424982	7599	378360551

9. 云南省昆明地区案例分析数据表

（1）会计类科目指标：

表 9.1.1　2012 年云南省昆明市会计类科目指标表（一）

地区	联社	柜员	信贷员	ATM	CRS	BST	POS(7月)	企业客户数	电子银行企业客户数
昆明	营业部	24	25	12	2	1	173	876	355
昆明	五华区联社	322	156	58	15	12	563	4338	1009
昆明	盘龙区联社	451	152	93	16	18	825	5001	1948
昆明	官渡农合行	501	666	130	22	34	733	8724	1697
昆明	西山区联社	318	254	87	19	28	690	13526	1181
昆明	安宁市联社	271	58	35	8	3	446	3440	539
昆明	呈贡区联社	264	180	77	32	5	630	3143	573
昆明	石林县联社	179	46	35	4	7	473	1408	271
昆明	嵩明县联社	255	81	25	3	3	381	2571	292
昆明	宜良县联社	167	59	27	3	2	427	1457	218
昆明	晋宁县联社	125	66	28	9	13	370	2780	225
昆明	富民县联社	115	35	18	2	3	254	2072	242
昆明	禄劝县联社	186	84	19	1	0	396	1523	172
昆明	东川区联社	160	74	20	0	0	254	1641	118
昆明	寻甸县联社	255	71	27	0	5	403	1685	192
昆明	合计	3593	2007	691	136	134	7018	52500	9032

表9.1.2 2012年云南省昆明市会计类科目指标表（二）

地区	联社	个人客户数	电子银行个人客户数	2012年存款业务流水量（万笔）	2012年存款业务交易额（亿元）	2012年贷款业务流水量（万笔）	2012年贷款业务交易额（亿元）	2012年转账业务流水量（万笔）	2012年转账业务交易额（亿元）
昆明	营业部	31137	1034	3.87	271.79	0.15	42.50	3.11	2909.86
昆明	五华区联社	325222	8208	143.03	293.42	0.23	98.37	25.78	1805.40
昆明	盘龙区联社	490706	15998	210.31	373.66	0.51	80.22	35.77	2275.68
昆明	官渡农合行	792624	18806	374.17	750.54	0.67	122.01	53.14	3505.50
昆明	西山区联社	426076	11545	198.63	465.75	0.52	84.20	25.54	1478.24
昆明	安宁市联社	349451	6112	158.74	198.52	1.65	86.37	20.40	2807.05
昆明	呈贡区联社	394792	8362	183.15	329.32	1.36	94.52	13.87	2282.46
昆明	石林县联社	335766	2275	123.11	121.42	1.49	36.82	9.12	451.57
昆明	嵩明县联社	395088	3022	154.78	211.19	6.34	47.03	15.75	489.49
昆明	宜良县联社	448176	2030	146.21	151.01	1.16	37.30	10.30	559.70
昆明	晋宁县联社	343514	2376	139.34	176.48	2.81	36.99	14.02	1779.57
昆明	富民县联社	232862	1620	92.49	88.78	0.71	32.40	11.95	466.63
昆明	禄劝县联社	514709	1842	146.79	124.57	2.48	33.35	11.24	498.94
昆明	东川区联社	264708	1405	120.43	151.69	0.80	33.93	6.93	416.18
昆明	寻甸县联社	565030	2357	155.19	169.32	3.39	55.20	14.18	1823.06
昆明	合计	5909861	86992	2350.25	3877.45	24.27	921.19	256.92	23549.33

表 9.1.3 2012 年云南省昆明市会计类科目指标表（三）

地区	联社	2012年保险、理财业务流水量(笔)	2012年保险、理财业务交易额(万元)	2012年电费代理流水量(笔)	2012年电费代理交易额(元)	2012年烟叶收购流水量(笔)	2012年烟叶收购交易额(元)
昆明	营业部	52721	137234	309	154581.2		
昆明	五华联社	33	18.377	1022	732157.6		
昆明	盘龙联社	66	86.685	20916	7381752		
昆明	官渡农合	45	49.958	29999	29505961		
昆明	西山区社	53	46.955	14649	4267801		
昆明	安宁市社	147	7.6405	10740	6610950		
昆明	呈贡区社	1136	25.45128	230550	15247821		
昆明	石林县社	4271	79.205	1	101.25		
昆明	嵩明县社	115	5.172	3	470.18		
昆明	宜良县社	225	191.04				
昆明	晋宁县社	150	170.26	1	9.9	25615.00	55339217.9
昆明	富民县社	615	15.663				
昆明	禄劝县社	136	30.730	4947	1293208	224071.00	377811891
昆明	东川区社	314	894.28	78	46505.93		
昆明	寻甸县社	545	58.103			333402.00	610427618.00
昆明	合计	535070	138913.8	409875	65241318	583088.00	1043578727

表9.1.4　2012年云南省昆明市会计类科目指标表（四）

地区	联社	2012年移动代理流水量(笔)	2012年移动代理交易额(元)	2012年交通罚款流水量	2012年交通罚款交易额	2012年其他中间业务流水量(笔)	2012年其他中间业务交易额(元)
昆明	营业部	31549.00	122788194.73	16.00	2562.00	686	17122999.38
昆明	五华区联社	21219.00	108471400.83	184.00	34300.50	5018	112569903.6
昆明	盘龙区联社	26942.00	113651422.34	199.00	38348.00	161253	103779819.2
昆明	官渡农合行	52904.00	217389879.45	253.00	39967.50	162583	72795186.68
昆明	西山区联社	29043.00	134956757.85	93.00	14969.50	190502	1227085375
昆明	安宁市联社	21770.00	79201497.08	90.00	12726.00	247706	913381486.6
昆明	呈贡区联社	22312.00	80768785.14	32.00	4603.50	221106	306219151
昆明	石林县联社	16638.00	36015263.73	20.00	4690.00	497854	300584058
昆明	嵩明县联社	4555.00	15554015.02	20.00	11150.00	671818	700671216.5
昆明	宜良县联社	23274.00	78503522.40	4.00	500.00	386692	310122503.4
昆明	晋宁县联社	24241.00	66493662.09	11.00	2050.00	474692	697250199.6
昆明	富民县联社	5387.00	11216231.06	16.00	5224.00	339388	286451461.7
昆明	禄劝县联社	6506.00	21716872.00	2.00	418.00	908340	241495008.5
昆明	东川区联社	17147.00	50250974.50	11.00	2168.00	198332	913980391.9
昆明	寻甸县联社	8533.00	28745164.72	22.00	6529.00	1006766	341009531.8
昆明	合计	312020.00	1042935448.21	951.00	180206.00	5472736	6544518293

(2) 贷款可得性调查指标：

表 9.2.1　2012 年云南省昆明市贷款可得性指标表（一）

地区	联社	3000 元以下				3000—5000 元			
		申贷户数	申贷金额	批准贷款户数	批准贷款金额	申贷户数	申贷金额	批准贷款户数	批准贷款金额
昆明	营业部	0	0						
昆明	五华区联社	0	0						
昆明	盘龙区联社	1	1	1	1	2	8000	2	8000
昆明	官渡农合行	0	0						
昆明	西山区联社	3	6000	3	6000	11	35000	11	35000
昆明	安宁市联社	87	166300	87	166300	290	1092000	288	1084000
昆明	呈贡区联社	1	0			2	7000	2	7000
昆明	石林县联社	2	0			1	4000	1	4000
昆明	嵩明县联社	320	591976.27	320	591976.27	1489	5490000	1488	5486000
昆明	宜良县联社	13	21308.61	13	21308.61	43	159500	43	159500
昆明	晋宁县联社	3	6000	3	6000	9	30000	9	30000
昆明	富民县联社	13	24280	13	24280	37	135900	37	135900
昆明	禄劝县联社	141	224831	141	224831	431	1549000	431	1544300
昆明	东川区联社	21	32509.84	21	32509.84	31	111100	31	111100
昆明	寻甸县联社	33	32971.5	26	31962.5	55	208300	54	204300
昆明	合计	638	1106178.22	628	1105169.22	2401	8829800	2397	8809100

表 9.2.2　2012 年云南省昆明市贷款可得性指标表（二）

地区	联社	5000—10000 元				1 万—10 万元			
		申贷户数	申贷金额	批准贷款户数	批准贷款金额	申贷户数	申贷金额	批准贷款户数	批准贷款金额
昆明	营业部					62	3100000	60	3020000
昆明	五华区联社					275	17110000	275	17110000
昆明	盘龙区联社	9	61000	9	61000	748	30226000	748	30226000
昆明	官渡农合行	41	340000	41	340000	884	41583000	881	41393000
昆明	西山区联社	54	309500	54	309500	968	35766000	967	35646000
昆明	安宁市联社	722	4013500	722	4013500	3966	146141300	3965	146131300
昆明	呈贡区联社	5	39000	5	39000	2191	126172500	2177	125147500
昆明	石林县联社	9	58000	9	58000	375	18784800	369	18476800
昆明	嵩明县联社	5219	35103500	5218	35098500	19507	561768000	19500	561229000
昆明	宜良县联社	136	966900	136	966900	1897	83752400	1895	83642400
昆明	晋宁县联社	142	766000	142	766000	4337	146313000	4319	145893000
昆明	富民县联社	71	458880	71	458880	2617	66888900	2617	66888900
昆明	禄劝县联社	1508	9852800	1508	9852800	11618	371962300	11602	371056300
昆明	东川区联社	49	332000	49	332000	2346	123817400	2346	123817400
昆明	寻甸县联社	201	1412000	197	1387000	7006	327096410	6948	324794410
昆明	合计	8166	53713080	8161	53683080	58797	2100482010	58669	2094472010

表9.2.3 2012年云南省昆明市贷款可得性指标表（三）

地区	联社	10万—30万元				30万元以上			
		申贷户数	申贷金额	批准贷款户数	批准贷款金额	申贷户数	申贷金额	批准贷款户数	批准贷款金额
昆明	营业部	79	13770000	79	13770000	180	5105400000	180	5105400000
昆明	五华区联社	237	46638000	237	46488000	376	4803170000	376	4783170000
昆明	盘龙区联社	447	72623000	446	72423000	701	4091150000	701	4089150000
昆明	官渡农合行	452	80380000	451	80280000	945	7763379000	941	7760719000
昆明	西山区联社	485	86279000	485	86279000	551	4923458000	549	4918048000
昆明	安宁市联社	431	71802500	431	71802500	542	3964156000	539	3898156000
昆明	呈贡区联社	1542	201243000	1527	198893000	771	3996620000	763	3892420000
昆明	石林县联社	420	71089500	413	70219500	450	1550165152	449	1539115152
昆明	嵩明县联社	4014	574570000	4010	573820000	995	1028190000	991	947140000
昆明	宜良县联社	778	143739000	777	143539000	432	1319890000	431	1318530000
昆明	晋宁县联社	437	76534000	436	76354000	499	1368588000	499	1368588000
昆明	富民县联社	244	40148000	244	40148000	276	1343282000	276	1343282000
昆明	禄劝县联社	936	168542000	934	168342000	338	865363000	338	855363000
昆明	东川区联社	1464	200031000	1463	199931000	335	1060346000	333	1027346000
昆明	寻甸县联社	4651	709361800	4633	706261800	1091	1092160000	1086	1084660000
昆明	合计	16617	2556750800	16566	2548550800	8482	44275317152	8452	43931087152

(3) 贷款结构性调查指标：

表 9.3.1 2012 年云南省昆明市贷款结构性指标表（一）

地区	联社	个人住房贷款		个人汽车贷款		个人综合消费贷款		个人助学贷款		个人生产经营贷款	
		笔数	金额	笔数	金额	笔数	金额	笔数	金额	笔数	金额
昆明	营业部					184	79300000			78	37490000
昆明	五华区联社	227	74230000	2	490000	165	47918000			302	97760000
昆明	盘龙区联社	73	55807001	1	100000	299	61350000			719	381545000
昆明	官渡农合行	83	100509000	6	1500000	295	102120000			915	427080000
昆明	西山区联社	43	119122000	8	2885000	609	190675000			403	145995000
昆明	安宁市联社	174	98087000	78	15848000	86	16660000			1312	185875300
昆明	呈贡区联社	16	12960000	1	40000	532	182950000			810	501599000
昆明	石林县联社	88	121387652	1	150000	156	36611820			364	131330000
昆明	嵩明县联社	70	20430000	1	50000	571	67420110			399	69250000
昆明	宜良县联社	446	114066000			74	10451000			906	330966007.6
昆明	晋宁县联社	162	98827000	4	380000	132	25425000			1459	323034000
昆明	富民县联社	107	28033000	3	190000	131	25035500			670	127540400
昆明	禄劝县联社	313	80434000	5	215000	1084	87533700			4369	407604100
昆明	东川区联社	197	44776000	10	1244500	342	62856000			883	312626500
昆明	寻甸县联社	2	260000			181	37662000			1011	185435000
昆明	合计	2001	968928653	120	23092500	4841	1033968130	0	0	14600	3665130308

表9.3.2 2012年云南省昆明市贷款结构性指标表（二）

地区	联社	农户一般贷款		企业流动资金贷款		企业项目贷款		企业房地产开发贷款		小企业贷款	
		笔数	金额	笔数	金额	笔数	金额	笔数	金额	笔数	金额
昆明	营业部			44	1937900000	7	2912500000	1	70000000		
昆明	五华区联社	9	2880000	160	3917050000	2	100000000	2	565000000		
昆明	盘龙区联社	640	60136000	138	2513540000	4	283000000	3	570000000	33	63200000
昆明	官渡农合行	748	116473000	168	4166550000	23	1522200000	3	730000000	48	515110000
昆明	西山区联社	816	50726500	187	3329300000	5	1139000000			6	47550000
昆明	安宁市联社	4149	170393300	223	3439980000	3	95000000	1	70000000	4	7400000
昆明	呈贡区联社	2943	348712500	131	2464800000	6	665000000			1	3000000
昆明	石林县联社	521	235335800	102	969300000	2	25000000				
昆明	嵩明县联社	28828	1577325366	44	303860000	1	50000000			8	50900000
昆明	宜良县联社	1809	292325101	43	429480000			2	272300000	14	73560000
昆明	晋宁县联社	3570	137661000	97	743650000	6	157000000	1	50000000	3	3500000
昆明	富民县联社	2250	108022060	63	702750000	4	60000000	1	70000000		
昆明	禄劝县联社	9294	275311431	37	426300000	7	89000000			4	16000000
昆明	东川区联社	2757	273291509.8	40	421880000			1	50000000	16	165120000
昆明	寻甸县联社	11600	1686966473	16	157800000					5	19600000
昆明	合计	69934	5335560041	1493	25924140000	70	7097700000	15	2447300000	142	964940000

表9.3.3 2012年云南省昆明市贷款结构性指标表（三）

地区	联社	企业其他贷款		抵押贷款		质押贷款		保证贷款		信用贷款	
		笔数	金额	笔数	金额	笔数	金额	笔数	金额	笔数	金额
昆明	营业部	2	85000000	90	2063350000	3	260000000	32	718280000	206	2121060000
昆明	五华区联社	4	42030000	226	2837940000	38	1121850000	326	1005900000	318	51078000
昆明	盘龙区联社	10	205910000	533	3457350000	15	18330000	402	637067000	969	89381001
昆明	官渡农合行	20	211180000	605	6588090000	22	35950000	764	1145072000	923	114120000
昆明	西山区联社	4	27210000	441	4213917000	17	16533000	176	645722000	1455	165011500
昆明	安宁市联社	2	24570000	465	1464966500	43	325702000	443	2153440000	4998	197645100
昆明	呈贡区联社	5	43390000	697	3353520000	181	84867000	554	507325000	3053	293174500
昆明	石林县联社	5	113000000	710	1251922000	33	3030000	254	324471552	237	49049900
昆明	嵩明县联社	1	2700000	240	340640000	6	5425000	5919	1192444100	23967	595406376.4
昆明	宜良县联社	2	24310000	546	1058366808	108	49677900	1809	378849700	826	59964701
昆明	晋宁县联社	4	54170000	536	817320000	84	51805000	655	553017000	4141	169545000
昆明	富民县联社	33	333260000	257	731565600	48	15863900	692	625055400	2263	78453060
昆明	禄劝县联社	1	33000000	640	622093000	39	19998000	5609	597110500	8780	167819731
昆明	东川区联社	1	23000000	642	609906000	42	79317000	1859	420972009.8	1691	256815000
昆明	寻甸县联社	1	38000000	277	180539300	7	690000	9778	1817526252	2796	119093921
昆明	合计	95	1260730000	6905	29591486208	686	2089038800	29272	12722252513	56623	4527617790

参考文献

一、中文文献

北京大学中国社会科学调查中心：《中国报告·民生·2011》，北京大学出版社2011年版。

布赫：《民族理论与民族政策》，内蒙古大学出版社1995年版。

陈国新、杜玉银：《马克思主义民族理论发展史》，云南大学出版社2001年版。

陈国新：《云南少数民族的社会主义发展道路》，云南大学出版社1999年版。

陈志武：《陈志武说中国经济》，山西经济出版社2010年版。

邓小平：《邓小平文选》，人民出版社1994年版。

厄内斯特·盖尔纳：《民族与民族主义》，中央编译出版社2002年版。

富兰克林·艾伦、道格拉斯·盖尔：《比较金融系统》，中国人民大学出版社2003年版。

顾海良：《中国特色社会主义理论体系研究》，中国人民大学出版社2009年版。

国家统计局国民经济核算司、中国人民银行调查统计司：《中国资金流量核算与分析》，中国统计出版社1996年版。

何润：《马克思主义民族理论经典导读》，中央民族大学出版社1998年版。

黄定嵩：《中国——东盟自由贸易区与西南民族经济》，民族出版社2004

年版。

蒋冠:《金融摩擦条件下货币传导机制的微观基础研究》,中国金融出版社2006年版。

金炳镐:《民族理论通论》,中央民族大学出版社2007年版。

金炳镐主编:《中国共产党民族工作发展研究第三编》(广西、云南篇),中央民族大学出版社2007年版。

李澜:《西部民族地区城镇化:理论透视、发展分析、模式构建》,民族出版社2005年版。

李扬、王国刚、何德旭:《中国金融理论前沿》,经济科学出版社2001年版。

梁钊韬:《中国民族学概论》,云南人民出版社1985年版。

刘锷、何润:《民族理论和民族政策纲要》(修订本),中央民族大学出版社1993年版。

刘永佶:《民族经济》,中央民族大学出版社2006年版。

罗美娟、何晓夏:《中国不发达地区金融发展研究》,云南大学出版社2010年版。

马克思、恩格斯:《马克思恩格斯全集》(第1卷),人民出版社1995年版。

麦金农:《经济市场化的次序》,上海三联书店、上海人民出版社1996年版。

毛公宁:《民族问题论集》,民族出版社2000年版。

米什金:《货币金融学》,中国人民大学出版社1996年版。

纳麒等主编:《马克思主义著作和学说史》,云南大学出版社1996年版。

宁骚:《民族与国家》,北京大学出版社1995年版。

王文光:《中国古代的民族识别》,云南大学出版社1998年版。

王希恩:《当代中国民族问题解析》,民族出版社2002年版。

牙含章:《民族问题与宗教问题》,中国社会科学出版社1984年版。

吴仕民:《西部大开发与民族问题》,民族出版社2001年版。

吴仕民:《中国民族政策读本》,中央民族大学出版社1998年版。

杨文安：《民族经济与社会研究》，中国人民公安大学出版社 2001 年版。

易纲：《中国的货币、银行与金融市场：1984—1993》，上海三联书店、上海人民出版社 1996 年版。

尤中：《中国西南民族史》，云南人民出版社 1984 年版。

约瑟夫·斯蒂格利茨、布鲁斯·格林沃尔德：《通往货币经济学的新范式》，中信出版社 2005 年版。

张桥贵：《云南跨境民族宗教社会问题研究》，中国社会出版社 2008 年版。

中共中央统战部：《民族问题文献汇编》，中共中央党校出版社 1991 年版。

中国人民银行农村金融服务小组：《中国农村金融服务报告》，中国金融出版社 2011 年版。

中国少数民族经济研究会：《开拓与发展——民族经济学 20 年》，中央民族大学出版社 1999 年版。

中国社会科学院"中国社会形势分析与预测"课题组：《中国社会蓝皮书：2011 年中国社会形势分析与预测》，社会科学文献出版社 2012 年版。

中央民族学院民族研究所：《马克思恩格斯列宁斯大林民族问题著作选》，中央民族学院出版社 1982 年版。

铁木尔：《当代中国民族政策研究文丛》，民族出版社 2001 年版。

国家统计局：《中国统计年鉴》，中国统计出版社 1997—2013 年版。

陈克贤：《对地方中小金融机构发展问题的调查与思考》，载《西南金融》2000 年第 3 期。

陈克贤：《对加大民族地区资金投入的调研》，载《西南金融》2003 年第 8 期。

陈贻娟、吴映梅、胡秀玉：《云南民族地区经济社会和谐发展研究——以德宏州为例》，载《经济问题探索》2008 年第 12 期。

董积生：《农村信用社"小额信贷"的可持续发展探讨》，载《湖北社会科学》2003 年第 7 期。

杜晓山：《中国农村小额信贷的实践尝试》，载《中国农村经济》2004 年第 8 期。

龚志祥：《浅议民族政策的特征、功能及目标》，载《黑龙江民族丛刊》

2009 年第 6 期。

龚志祥、田孟清：《完善民族区域自治制度的思考与建议》，载《湖北民族学院学报（哲学社会科学版）》2011 年第 1 期。

龚志祥：《论民族政策的创新和发展》，载《中南民族大学学报（人文社会科学版）》2007 年第 3 期。

龚志祥：《民族区域自治制度发展与创新——以恩施土家族苗族自治州为例》，载《湖北民族学院学报（哲学社会科学版）》2012 年第 1 期。

龚志祥：《民族政策的分类及形式构成探讨》，载《黑龙江民族丛刊》2007 年第 1 期。

龚志祥：《新中国成立前中国共产党民族工作的理论与实践》，载《中南民族大学学报（人文社会科学版）》2012 年第 1 期。

何德旭、饶明：《金融排斥性与我国农村金融市场供求失衡》，载《湖北经济学院学报》2007 年第 5 期。

何德旭、饶明：《我国农村金融市场供求失衡的成因分析：金融排斥性视角》，载《经济社会体制比较》2008 年第 2 期。

何德旭、姚战琪：《政策性金融与西部大开发》，载《金融研究》2005 年第 6 期。

何晓夏、章林：《论区域金融发展模式的选择》，载《时代金融》2009 年第 12 期。

何晓夏、章林：《论高新技术产业化的运行机制与发展模式——以云南为研究案例》，载《时代金融》2010 年第 6 期。

何晓夏、章林：《云南省金融结构的指标评价》，载《时代金融》2009 年第 5 期。

何晓夏、章林：《中国区域金融结构差异研究》，载《金融论坛》2010 年第 1 期。

黄承敏：《民族政策与民族发展》，载《黑龙江民族丛刊》1994 年第 1 期。

金炳镐、龚志祥：《论我国民族区域自治的创新与发展的几个问题》，载《黑龙江民族丛刊》2005 年第 1 期。

金雪军、田霖：《金融地理学视角下区域金融成长差异的案例研究》，载《河南师范大学学报（哲学社会科学版）》2004年第2期。

孔秀叶：《金融排斥与我国民间金融的发展》，载《消费导刊》2008年第10期。

李爱喜、章玲：《农村金融生态功能恢复原理与政策研究》，载《财经论丛》2007年第2期。

李灿松、武友德、斯琴：《云南民族地区产业集群与经济增长机制分析》，载《生态经济（学术版）》2007年第2期。

廖群云：《从资本的运动规律看民族地区的招商引资》，载《中南民族大学学报（人文社会科学版）》2003年第5期。

廖群云：《论西部大开发中民族地区资金渠道的拓展》，载《统计与决策》2005年第3期。

廖群云：《论新农村建设与政策性金融制度的完善》，载《时代金融》2008年第8期。

廖群云：《民族地区金融支持弱化问题及其强化对策探讨》，载《中南民族大学学报（人文社会科学版）》2005年第2期。

刘尚智：《少数民族地区金融政策研究（之一）》，载《青海金融》1996年第2期。

刘尚智：《少数民族地区金融政策研究（之二）》，载《青海金融》1996年第3期。

刘尚智：《少数民族地区金融政策研究》，载《广西金融研究》1996年第10期。

任新民、陈娜：《以利益协调为着力点，破解边疆民族地区农村基层社会管理机制创新难题》，载《云南民族大学学报（哲学社会科学版）》2012年第6期。

任新民、沈寿文：《我国民族区域自治"自治权"与国际社会"地方自治权"研究》，载《云南民族大学学报（哲学社会科学版）》2010年第2期。

任新民、周文：《民族心理认同的结构及构建》，载《思想战线》2011年第6期。

田霖：《我国金融排除空间差异的影响要素分析》，载《财经研究》2007年第4期。

田钋平：《我国民族地区优惠政策效应评价与制度建设研究》，载《华东经济管理》2010年第8期。

王伟、田杰、李鹏：《我国金融排除度的空间差异及影响因素分析》，载《金融与经济》2011年第3期。

王修华、曹琛、程锦、胡冠学：《中部地区农村金融排斥的现状与对策研究》，载《河南金融管理干部学院学报》2009年第3期。

王修华、马柯、王翔：《关于我国金融排斥状况的评价》，载《理论探索》2009年第5期。

王修华：《新农村建设中的金融排斥与破解思路》，载《农业经济问题》2009年第7期。

王志军：《金融排斥：英国的经验》，载《世界经济研究》2007年第2期。

谢丽华：《关于农村金融排斥问题的思考》，载《西南金融》2012年第8期。

徐丙琰、朱启才：《云南民族地区对外贸易发展研究》，载《经济研究导刊》2010年第14期。

徐丽华、武友德：《云南民族地区城市化与产业集群关系的研究》，载《云南地理环境研究》2007年第5期。

徐哲：《我国的金融排斥：形成、影响及对策》，载《金融经济》2008年第6期。

许圣道、田霖：《我国农村地区金融排斥研究》，载《金融研究》2008年第7期。

严瑞珍、刘淑贞：《中国农村金融体系现状分析与改革建议》，载《农业经济问题》2003年第7期。

张晓琼、任新民：《中国特色社会主义在边疆民族地区的探索与实践》，载《贵州大学学报（社会科学版）》2010年第2期。

张雄：《金融排斥理论视角下的我国农村金融发展对策》，载《商业时代》2008年第32期。

张湛:《新经济发展理念下的民族经济融合——实现中国各民族共同繁荣的新视角》,载《黑龙江民族丛刊》2007年第3期。

章林、何晓夏:《云南民族地区金融排斥态势与金融普惠机制的建构》,载《思想战线》2013年第3期。

章玲超、李爱喜、张妍婕:《浙江省农村金融发展对农民收入增长的影响——基于VAR模型系统分析》,载《河南金融管理干部学院学报》2008年第3期。

章玲超:《中国农村金融发展问题研究——基于金融生态论》,载《华商》2008年第14期。

周妮笛、肖雨晴、杨彩林:《农村小微企业融资制约因素质性研究——对湖南7名农村小微企业主的深度访谈分析》,载《中南林业科技大学学报(社会科学版)》2013年5期。

周妮笛:《构建和谐农村合作金融生态环境研究——以农村信用合作社为例》,载《金融经济》2008年18期。

周妮笛:《养猪专业户借贷需求的影响因素分析——基于湖南省378个专业户的调查》,载《湖南农业大学学报(社会科学版)》2011年第5期。

黄明、苏晓凤、胡舒予:《我国农村金融排斥问题研究》,见中国管理现代化研究会:《第六届(2011)中国管理学年会——金融分会场论文集》。

周妮笛:《湖南省农村金融生态环境评价研究》,湖南农业大学2009年硕士论文。

李海江:《云南民族地区城乡居民收入差距研究》,云南师范大学2009年硕士论文。

陈永剑:《云南少数民族的社会主义发展道路》,云南大学2010年硕士论文。

邓海滨:《云南民族贫困地区农户储蓄行为研究》,云南财经大学2010年硕士论文。

晏淼:《云南民族地区发展劳务经济的政策选择研究》,云南大学2010年博士论文。

李若青：《云南扶持人口较少民族发展政策的实践对策研究》，云南大学2011年硕士论文。

刘扬：《云南人口较少民族扶贫问题研究》，昆明理工大学2012年硕士论文。

吕怀玉：《边疆民族地区减贫战略研究》，云南大学2013年博士论文。

文娜：《云南民族自治地区"省直管县"财政体制改革风险研究》，云南财经大学2012年硕士论文。

王宇航：《云南少数民族地区区域发展模式研究》，昆明理工大学2013年硕士论文。

徐志超：《边疆少数民族地区贫困治理研究》，云南大学2013年硕士论文。

曲别金曲：《改革开放以来中国少数民族地区扶贫问题研究》，西南财经大学2013年硕士论文。

二、英文文献

Akerlof, George, "The Market for Lemons: Quality Uncertainty and the Market Mechanism", *Quarterly Journal of Economics*, 1970, pp. 488–500.

Alchian, Klein, "On a Correct Measure of Inflation", *Journal of Money*, 1973, pp. 173–191.

Allen, F. and D. Gale, "Financial Markets, Intermediaries, and Intertemporal Smoothing", *Journal of Political Economy*, 1997.

Allen, Stuart D. and Robert A. Connolly, "Financial Market Effects on Aggregate Money Demand", *Journal of Money, Credit, and Banking*, 1989, pp. 158–175.

Beatriz Armendáriz, Aghion, Jonathan Morduch, *The Economics of Microfinance*, Cambridge Massachusetts: The MIT Press, 2005.

Bennett, *Group such Based Financial Systems: Exploring the Links between Performance and Participatio*, World Bank. Asia Techinical Department, 1997.

Bob Annibale, *A Commercial Strategy for Microfinance*, Asia Microfinance Forum, 2006.

Brian Cozzarin, "Organizationzal Structure in Agricultural Production Alliances", *International Food and Agribusiness Management Review*, Vol1, No. 2, 1998.

Cai, Fang and Dewen Wang, "China's Demographic Transition: Implications for Growth, in Garnaut and Son", *The China Boom and Its Discontents*. Canberra: Asia Pacific Press, 2005.

Charles Kwong, PakLee, "Bad Loans Versus Sluggish Rural Industrial Growth: A Policy Dilemma of China's Banking Reform", *Journal of the Asia Pacific Economy*, 2005, pp. 101 – 105.

Daniel Monroe Sullivan, Ann C, Ziebarth, "Changes in Rural Banking Markets in Wisconsin: Implications for Community Development", *Community Development*, 1998, pp. 292 – 293.

Desai, BhupatM, "Rural Banking and Poverty Alleviation: A Case Study of WestBengal Indian", *Journal of Agricultural Economics*, 2008, pp. 631 – 632.

Hans Dieter Seibel, "Rural Finance: Mainstreaming Informal Financial Institutions", *Journal of Developmental Entrepreneurship*, 2001, pp. 201 – 203.

Jonathan Morduch, Barbara Haley, *Analysis of Effects of Microfinance on Poverty Reduction*, NYU Wangner Working Paper Series, 2002.

Jonathan R. Macey, Geoffrey P. Miller, "The Community Reinvestment Act: An Economic Analysis", *Virginia Law Review*, Vol. 79, No. 2, 1993, pp. 318 – 337.

Joseph Hanlon, Armando Barrientos, David Hulme, *Just Give Money to the Poor*, Kumarian Press, An Imprint of Stylus Publishing, 2010.

Kang RaeCho, "Foreign Banking Presence and Banking Market Concentration: the Case of Indonesia", *Journal of Development Studies*, 1990, pp. 271 – 272.

Kasia Pawlak, *Client-Focused Microfinance: A Review of Information Sources*, Microfinance center MFC, 2002.

Mason Andrew, *Population and Asian Economic*, Miracle Asia-Pacific Population & Policy, 1997.

Michael Devaney, WilliamL, Weber, "Productivity Growth, Market Structure, and Technological Change:Evidence from the Rural Banking Sector",*Applied Financial Economics*,2000,pp. 106 – 108.

Mike Devaney, "Local Characteristics,Contestability,and the Dynamic Structure of Rural Banking:Amarketstudy",*Quarterly Review of Economics and Finance*,1995, pp. 353 – 355.

Myers, *The Chinese Peasant Economy:Agricultural Development in Hopei and Shantung*,Harvard University Press,2005.

Nidhiya Menon,Yanav ,Meulen Rodgers, "How Access to Credit Affects Self-employment:Differences by Genderduring India's Rural Banking Reform",*Journal of Development Studies*,2011,pp. 471 – 472.

Okoye,Amon,Okpala, "The History of Community Banking and its Role in Nigerianrural Economic Development",*The Review of Black Political Economy*,2002, p. 291.

Pagan,Mario, "Financial Markets and Growth,An Overview",*Europ,Econ Rev*, Apr,1993,pp. 613 – 22.

Robert Feinberg, "Patterns and Determinants of Entry in Rural County Banking Markets",*Journal of Industry,Competition and Trade*,2009,p. 92.

Sangeeta Arora,Meenu, "The Banking Sector Intervention in the Microfinance World:a Study of Bankers' Perception and out Reach Torural Microfinance in India with Special Reference to the State of Punjab",*Development in Practice*,2012,pp. 227 – 228.

Skinner,G. W. , "1964 – 1965:Marketing and Social Structure in Rural China",*Journal of Asian Studies* ,24,1,pp. 3 – 44;24,2,pp. 195 – 228;24,3,pp. 363 – 399.

Travis A. , Farley, Paul N. , Ellinger, "Factors Influencing Borrowers' Preferences for Lenders",*Agricultural Finance Review*,Emerald Group Publishing,No. 2, vol 67,2007,pp. 211 – 223.

Vergara M. , "Family Planning through Rural Banking," *Population Forum*:

Monthly Newsletter of the Commissionon Population, 1976, pp. 22 – 26.

Watson, Andrew, "Conflicts of Interest: Reform of Rural Credit Cooperatives in China", *Economic Policy in Transitional Economies*, August 1998, pp. 23 – 40.

Yaron, McDonald Benjamin, Gerda Piprek, *Rural Finance Issues, Design and Best Practices*, World Bank Agriculture and Natural Resources Department, 1997.

图书在版编目（CIP）数据

云南民族自治地方金融排斥及其治理政策研究/何晓夏，章林著.
—北京：中央编译出版社，2015.1

ISBN 978-7-5117-2481-6

Ⅰ.①云… Ⅱ.①何…②章… Ⅲ.①民族自治地方
-金融业-研究-云南省 Ⅳ.①F832.774

中国版本图书馆 CIP 数据核字（2015）第 006037 号

云南民族自治地方金融排斥及其治理政策研究

| 出 版 人：刘明清
| 责任编辑：李媛媛
| 责任印制：尹 珺
| 出版发行：中央编译出版社
| 地　　址：北京西城区车公庄大街乙 5 号鸿儒大厦 B 座（100044）
| 电　　话：（010）52612345（总编室）　　（010）52612335（编辑室）
| （010）52612316（发行部）　　（010）52612317（网络销售）
| （010）52612346（馆配部）　　（010）55626985（读者服务部）
| 传　　真：（010）66515838
| 经　　销：全国新华书店
| 印　　刷：北京京华虎彩印刷有限公司
| 开　　本：787 毫米×1092 毫米　1/16
| 字　　数：320 千字
| 印　　张：20.25
| 版　　次：2015 年 1 月第 1 版第 1 次印刷
| 定　　价：50.00 元

| 网　　址：www.cctphome.com　　邮　　箱：cctp@cctphome.com
| 新浪微博：@中央编译出版社　　微　　信：中央编译出版社（ID：cctphome）
| 淘宝店铺：中央编译出版社直销店（http://shop108367160.taobao.com）

本社常年法律顾问：北京市吴栾赵阎律师事务所律师　闫军　梁勤
凡有印装质量问题，本社负责调换。电话：010-55626985